レヴィナス
顔の向こうに

渡名喜庸哲

青土社

レヴィナス　顔の向こうに❖目次

レヴィナス　顔の向こうに

凡例

一、レヴィナスの主な著作からの引用には、以下の略号を用い、（略号、原書頁数（アラビア数字）／日本語訳頁数（漢数字））という形式で表記した。

EE：『実存から実存者へ』
De l'existence à l'existant [1947], J. Vrin, 1990.〔西谷修訳、ちくま学芸文庫、二〇〇五年〕

TI：『全体性と無限』
Totalité et infini. Essai sur l'extériorité, Martinus Nijhoff, 1961, coll. « Le Livre de poche », 1990.〔藤岡俊博訳、講談社学術文庫、二〇二〇年〕

DL：『困難な自由』
Difficile liberté, Albin Michel, 1963 et 1976, coll. « Le Livre de poche », 1984.〔『増補版・定本全訳』合田正人監訳、三浦直希訳、法政大学出版局、二〇〇八年〕

QLT：『タルムード四講話』
Quatre lectures talmudiques [1968], Minuit, 2005.〔『新装版』内田樹訳、人文書院、二〇一五年〕

HAH：『他者のユマニスム』
Humanisme de l'autre homme, Fata Morgana, 1972, coll. « Le Livre de poche », 1987.〔小林康夫訳、書肆風の薔薇、一九九〇年〕

AE：『存在の彼方へ』

Autrement qu'être ou au-delà de l'essence, Martinus Nijhoff, 1974, coll. « Le Livre de poche », 1990.〔合田正人訳、講談社学術文庫、一九九九年〕

EI：『倫理と無限——フィリップ・ネモとの対話』

Éthique et infini. Dialogues d'Emmmanuel Levinas et Philippe Nemo, Fayard, 1982, coll. « Le Livre de poche », 1984.〔西山雄二訳、ちくま学芸文庫、二〇一〇年〕

EN：『われわれのあいだで——《他者に向けて思考すること》をめぐる試論』

Entre nous. Essais sur le penser-à-l'autre, Grasset, 1991, coll. « Le Livre de poche », 1993.〔合田正人・谷口博史訳、法政大学出版局、一九九三年〕

IH：*Les Imprévus de l'histoire*, Fata Morgana, 1994, coll. « Le Livre de poche », 1999.〔『歴史の不測——付論：自由と命令／超越と高さ』合田正人・谷口博史訳、法政大学出版局、一九九七年〕

DMT：『神・死・時間』

Dieu, la mort et le temps, Grasset, 1993, coll. « Le Livre de poche », 1995.〔合田正人訳、法政大学出版局、一九九四年〕

O1：『レヴィナス著作集1　捕囚手帳ほか未刊著作』

Œuvres complètes, tome 1. Carnets de captivité suivi de Écrits sur la captivité et Notes philosophiques diverses, volume publié sous la responsabilité de Rodolphe Calin et Catherine Chalier, Grasset-IMEC, 2009.〔ロドルフ・カラン、カトリーヌ・シャ

リエ監修、三浦直希・渡名喜庸哲・藤岡俊博訳、法政大学出版局、二〇一四年〕

O2：『レヴィナス著作集2　哲学コレージュ講演集』
Œuvres complètes, tome 2. Parole et silence et autres conférences inédites au Collège philosophique, volume publié sous la responsabilité de Rodolphe Calin et Catherine Chalier, Grasset-IMEC, 2011.〔ロドルフ・カラン、カトリーヌ・シャリエ監修、藤岡俊博・渡名喜庸哲・三浦直希訳、法政大学出版局、二〇一六年〕

一、引用訳文中の〔　〕は引用者による補足を示す。
一、引用者による省略は、〔…〕とした。
一、ひとまとまりの表現や文章を示すためや、キーワードを強調するために〈　〉を用いた場合もある。
一、引用は基本的に拙訳である。日本語訳がある場合はできるかぎり該当する頁数を記したが、文脈の都合上、必ずしも既訳に従っていない場合もある。

はじめに

レヴィナスといえば、「他者の倫理」ないし「顔の倫理」を提示した哲学者として知られている。「私」が自分のもつ認識枠組みに従って「他者」を把握するとき、「他者」それ自体を把握しているのではなく、あくまで「私」の認識の範囲内にとどまるものを誤って「他者」と呼んでいるにすぎない。レヴィナスは、ここに「私」の認識による「暴力」があるとすら言う。これに対して、「私」の認識枠組みに収まらない「他者」のことを「顔」と呼び、それに対する「私」の「応答責任」こそが、「倫理」という「第一哲学」の基盤となる——これがレヴィナスのいう「倫理」の考えだ。これによって、レヴィナスの哲学は、従来の哲学(これは「全体性」の哲学とも言われる)に色濃く残っていた主体中心主義を批判し、新たな他者の哲学を展開することができた。

このような思想は、とりわけ「他者」「顔」ないし「応答責任」というキーワードにより、多くの関心を誘ってきた。本書第1章で見るように、とりわけ一九八〇年代以降にこのような読み方が加速する。しかし、近年では逆に、このような思想にはいくつかの批判や疑念や、難点や限界が指摘されるようになってきた。そうした批判的な見解を網羅的にまとめることは筆者の力量に余るし、またそれに対してレヴィナスの代わりに反論し、〈本来のレヴィナス哲学〉を擁護することも本書の目的ではない。むしろ、そうした批判的観点にできるだけ耳を傾けつつ、レヴィナスの思想を新たな方向へ読み替えていこうというのが本書を通じた試みである。場合によっては、それは「顔の倫理」にとどまることはせずに、「顔」の彼岸、「顔」の向こう側へと進むことになるかもしれない。それなりにレヴィナスのテクストに忠実でありつつ、そうであるからこそ、「顔」を超えて歩を進めることは、元来レヴィナスの思想が「私」の意のままにならなさにこだわっていただけに、むしろいっそう忠実な読み方ということもできるかもしれない。

レヴィナスの「顔の倫理」に向けられた疑問として、たとえば以下のようなものがある。

「顔」が倫理的な他者の代名詞となるのなら、「顔」が見えない他者はどのようになるのか。「顔」を覆うことを強いられた他者、マスクをつけて「顔」が見えない他者、パソコンやＳＮＳなどの遠隔通信で声だけしか聞こえない他者との関係はどのようになるのか。

あるいは、「顔」とは、私によって見られるものではなく、聞かれるもの、つまり声を発する他者だとしても、同様の問いは発しうる。「私の声の届く範囲」にいない他者、身体的・心理的な障がいによって「声」を発することができない他者、社会的・政治的な支配・従属体制のなかで「語ることができない」他者はどのようになるのか。結局、レヴィナスの「顔」は、目の前にいる他者にしか当てはまらないのか。

他方でレヴィナスの「顔」は、弱く傷つきやすい「他者」のことだと理解されることもあった。レヴィナスは旧約聖書にたびたび現れる「孤児・寡婦・異邦人」を「他者」の典型的な例として挙げることがある。なるほど、だとすればレヴィナスの倫理は、まさしく苦しむ弱者たちの状況に思いを馳せ、それに救いの手を差し伸べようとする「倫理」となるだろう。だが、トルストイが「幸福な家庭はどれも似たものだが、不幸な家庭はいずれもそれぞれに不幸なものである」と述べたように、「弱者」のかたちもさまざまである。レヴィナスの「他者」はややもすると特定の弱者を特権化することになりはしないか。つまり、場合によっては、まさに応答することが要請されている弱者を看過することにならないか。あるいは逆に、弱き他者への「無限」の責任といったレヴィナスに結びつけられるキーワードは、あまりにも「倫理的」（ないし場合によっては「宗教的」）な印象や、あまりにも「正しい」教えのような印象も与えかねず、ときにはその「正しさ」ゆえに目を背けたくなることもあるかもしれない。

しかも、苦しんでいるのは人間だけではない。レヴィナスの「他者の倫理」が人間の「主体中心主義」を覆すものだったとしても、動物やロボットといった「人間ならざるもの」には、その「応答責任」は及ぶのだろうか。そうではないならば、レヴィナスが「主体中心主義」を批判したにせよ、その思想は「人間主義」あるいは「人間中心主義」にとどまるのではないか。

本書はもともと一冊の本としてまとめることを意図して書かれたものではなく、筆者がさまざまな媒体に書いてきたものをまとめたものであるが、とはいえ振り返ってみると、以上のような問いが一貫して気がかりだったように思われる。そのため、十分な応答はできないかもしれないが、本書の随所でこれらの問いの各々に触れ、考察を進めていきたい。

最後の点についてもう少し付言しておこう。レヴィナスの哲学において「人間的なもの」の問いが中心的な地位を占めていたことは確かだろう。レヴィナス自身が体験した捕虜収容所、そしてその家族や同じ民族の人々を死にいたらしめた「ショア」をはじめとする第二次世界大戦は、とりわけそれを生きた人々にとって、まさしく人間性の剥奪の経験であっただろう。レヴィナスの哲学的な企図を、こうした剥奪の経験からの人間性の復興と特徴づけることは十分に可能だし、それ自体として正当なものだろう。ただし、レヴィナスのいう「人間主義（humanisme）」は、従来の哲学におけるような主体の自律を旨とするそれではない。むしろそこで問題となっているのは、レヴィナスが「他なる人間の人間主義《ヒューマニズム》」と呼んだものだろう。これがどのようなものかは、本書の全体を通じて浮かび上がってくれればと思う。

ただし、本書の意図はこうした「人間主義」の復権にはない。レヴィナスは『全体性と無限』のなかで「人間と人間ならざるものの紙一重の差異」という言い方をしている（TI, 23-4／四三）。つまり、レヴィナスが「人間」と呼ぶものは、模範的・理想的な存在、「人間にふさわしい」存在というより、つねに「人間ならざるもの」へと変転する可能性をもった存在、「ぎりぎり人間である」ような存在のように思われる。それゆえレヴィナスが哲学者として示そうとしたもの、それはけっして「かくあるべき」人間的生のための道徳哲学の構築ではない。「人間」がいつでも「人間ならざるもの」へと変転する可能性をつねに見やりながら、「人間」がさしあたりどのように存在しているのかと問うことこそ、この引用に秘められた要請のように思われる。言い換えれば、「人間」とさしあたり呼ばれる存在者たちの具体的な経験に注目し、「人間と人間ならざるもの」の脆い境界を考えること――さまざまな複雑な概念を繰り出すレヴィナスの根底にはこうした関心があったように思われる。近年レヴィナスに対して向けられる関心のなかで、とくにジェンダー、ケア、教育、ロボット倫理の分野からのものがあるが、こうした関心は、まさに「人間と人間ならざるもの」の境界に関わり、各々の分野の当事者の具体的な経験に呼応しているだろう。

以上のような考えのもと、レヴィナスの「顔の倫理」が何を狙っていたかを改めて確認すると同時に、「顔の倫理」に回収されないようなレヴィナスの哲学の可能性を考えていきたい。

本書は以下のように構成されている。最初の部は、第0部となっているが、その理由は、ここに収められた三つの章は若干理論的な側面が強く、続く議論の理論的な背景ではあるが、先行知識がないと若干わかりにくいと思われるためだ。そのため、ひとまず読み飛ばして第1部から読み進めていただいても構わない。簡単に概要を述べると、第1章では、日本におけるレヴィナスの受容がいわゆる「ポストモダン思想」の受容と同時期であったことに注目している。受容時期と思想の形成期のある種のずれのため、レヴィナスの思想はある意味で誤読されていったように思われるのだが、その過程をスケッチしてみたい。第2章で詳述するように、この過程においてはデリダの影響が決定的である。一方で、従来から、レヴィナスの思想の形成にとってはデリダの影響が決定的だったと言われている。一九六一年のレヴィナスの第一の主著『全体性と無限』から一九七四年の第二の主著『存在の彼方へ』のあいだに、デリダの痛烈な批判を含むレヴィナス論「暴力と形而上学」(一九六四年)が公刊されているが、この論文こそがレヴィナスに「転回」を強いたというのである。こうしたレヴィナスへのデリダの影響はこれまできわめて重視されてきたが、本章では、これに対し若干の疑義を述べるとともに、むしろ一九八〇年代以降には逆にデリダへのレヴィナスの影響と呼びうるものが見られることを検討する。第3章では、いわゆるレヴィナスの「正義論」を取り上げる。レヴィナスのいう「無限の応答責任」の概念は、いつのまにか「無限の正義」として理解されることで、さまざまに受容されていったように思われる。ここではとりわけデリダの影響を受けた英語圏の議論に注目することで、レヴィナスの「正義論」のいくつかの「型」を指摘したい。

続く第1部は、「聞く、読む、集う——音と声をめぐって」と題している。拙著『レヴィナスの企て』で指摘したように、レヴィナスの思想は「見ること」を特権視していた従来の西洋哲学の伝統に対し、それ以外の感性的な関わり方(聞くこと、触れること、食べること等々)を重視していると思われる。ここではまず、レヴィナスが、対面の他者との対話とは正反対に見えるが、「目の前にいない他者の生」を知るために「読書」を重視してきたことを足がかりに、「読書会」という営みに触れてみたい(第4章)。そうすることで「顔の倫理」の輪郭もいくらかはっきりするだろう。さらに、現代フランスのジャン゠リュック・ナンシーの思想との関連を通して、「聞くこと」をはじめとする音声的な側面がどのようにレヴィナスに位置づけられるかを見る（第5章）。

さらに第2部は、「生まれる、愛する、触れる――人間と非人間のあいだで」と題し、動物やロボットなどの「人間ならざるもの」との関係を考察する。レヴィナスのいう「顔」が人間に限定されており、動物をはじめとする「他者」はその「倫理」から漏れているように見えるという批判はこれまで幾度もなされていた。確かにそうした批判はある面では正しい。しかし、そこでは往々にして区別すべきものが混同されているように思われる。第6章でわれわれは、レヴィナスのいう「顔」が「人間」に限定されず「動物」や「ロボット」にも認めうるというときにどのような理路をとりうるかを示したい。第7章では、スタンリー・キューブリック原案・スティーヴン・スピルバーグ監督の映画作品『A.I.』を通じて、人型ロボットは「愛する」ことができるかを検討したい。ここではとりわけ「生まれる」や「愛する」をめぐる「人間と人間ならざるものの紙一重の差異」に関するレヴィナスの思想の一端が見られるだろう。第8章は、コロナ禍に書かれた論考がもとになっている。直接の対面関係が禁じられたこのパンデミックのなか、レヴィナスの「顔」はたびたび言及されることになった。しかし、マスクで隠された顔、遠隔通信によって媒介的に表示される顔には「他者」はいないのだろうか。われわれとしてはそこにも「他者」はいると言いうる、と主張したいのだが、それにはどのような条件が必要になるか。これを示したい。

第3部は「食べる、老いる、ケアする――身体のままならなさについて」と題されている。第2部で問題にしたように、動物やロボット、あるいは遠隔技術で生成される対話相手にも「他者性」

は認めうるというとき、鍵となっているのは基本的に「応答」的な関係にとどまっている。そうした相手にも「他者性」を認めることは、レヴィナスの「顔」概念の定義からすれば十分にできる。しかし、——ここがややこしいところであるが——レヴィナスの「他者」は「顔」に限定されない。「顔」が私が応答するその相手であるとしても、「私」が「他者」と織りなす関係は「応答」には帰着しないからだ。そのことを具体的に示すのは、第9章で取り上げるように、ケアおよび福祉の問題であろう。というのは、日本語において「ケア」という言葉が、たとえば医療や看護の領域におけるように目の前の具体的な他者に対する一対一の対応を指すことが多いと思われるが、こうした対面的な他者との関係性がつきあたりかねないアポリアは——レヴィナス自身においてもそうだが——実践的な場面でも多々見出されるだろう。ところで、実のところ、第9章で論じるように、レヴィナスにはこうした一対一の関係性（応答的ないし倫理的関係性）の問題系を超えて、福祉という制度、介護者・被介護者の身体性、さらにはその根本的な発想にも触れる、いっそう広範な思想が見られるのである。レヴィナスの関心の根底には、第10章で見るように、言語的コミュニケーションや「他人」との関係にとどまらず、「身体」を場とした、広い意味での「他なるもの」——ここには隣人はもとより、動物、植物、環境等々が含まれるだろう——との関わりがあるように思われる。そのことを如実に示すのが「食べること」と「老いること」という問題系である。

以上のように、本書は「顔」の思想にとどまらないレヴィナス思想の姿をさまざまなかたちで描くことを目的としている。そのため、考えるべき問題系を網羅的に扱うものではないし、系統立てて論述しているわけでもない。章ごとの連関はなくはないが、それぞれ比較的独立したもののため、好きなところからお読みいただければと思う。

なお、本書の基本的な理解は、拙著『レヴィナスの企て』をベースにしている。執筆時期も同時期のものが多く、本書のいくつかの章は前書の議論をより具体的な事例に当てはめて論じるという側面ももっている。いくつか同じ話題が繰り返し現れているところもあるがご容赦いただきたい。ただし、前書では踏み込めなかった問題についてさらに考察を進めた章もある（たとえば第5章、第6章、第10章がそうである）。

0　〈他者の倫理〉とは別のしかたで

第1章　レヴィナスと〈ポストモダン〉

レヴィナスは、それほど〈現代思想〉や〈ポストモダン〉と結びつけられてきたわけではない。たとえば〈現代思想〉や〈ポストモダン〉を「フレンチセオリー」や「六八年の思想」と読み替えたとしても、関連の概説書にレヴィナスの名前が登場することはほとんどない。(1)一九〇五年生まれのレヴィナスは、五〇代も後半にさしかかった六一年の『全体性と無限』によってようやく哲学界にデビューしたが、それはメルロ＝ポンティが逝去し、フーコーの『狂気の歴史』が公刊された時期だった。独特の宗教的ないし倫理的な色あいをもつレヴィナスの現象学は、構造主義の台頭を前に時代とのギャップを感じていたのかもしれない。その後、ようやく大学に職を得て、〈六八年五月〉のときには震源地のパリ大学ナンテール校で教鞭をとるも、街頭で抗議する若者には冷淡だったとのエピソードも残されている。(2)

とはいえ、その思想がこうした〈現代思想〉の流れにとって異質かというとそうではない。レヴィナスの哲学的主張を、主体のあらゆる権能を問いに付し、〈自我〉の支配の及ばない〈全き他者〉への責任を説くものと理解すれば、主体中心主義や基礎づけ主義に対する根底的な批判を特徴とする〈ポストモダン〉思想ときわめて相性が良いとも言える。それもあってか、ジャン゠フランソワ・リオタール、ジャック・デリダといった〈ポストモダン〉を代表するとされる思想家はある時期からレヴィナスに積極的に言及を重ねることになる。

さらに、八〇年代以降、オリエンタリズムやポストコロニアリズムへの関心と歩調を合わせるようにして、レヴィナスの「他者」論への注目が集まった(3)。九六年に公刊された英語圏の読者に向けた解説書で、コリン・デイヴィスはその要点を次のようにまとめている。「レヴィナスの倫理が今日これほど注目を浴びるようになった理由は、何よりもまず、それが「他者性」の問題に決定的な役割を演じたことにある〔…〕。それゆえに、レヴィナスの省察は、彼本来の関心領域を超えるさまざまな分野――たとえば、フェミニズム、人類学、ポストコロニアル・スタディーズ、ゲイ・レズビアン理論など――にまで波及することになった(4)」。こうした趨勢は、日本でも見られた。なかでも、九〇年代の「戦争責任論」をめぐっては、「他者」への「応答責任」という観点からレヴィナスへの言及が盛んになった(5)。「主体」の自由意志も目指すべき大文字の「目的」も瓦解し、いっさいの超越的な価値が問いに付されるという「ポストモダン・ニヒリズム」という状況にあって、レヴィナスの思想(とりわけデリダの脱構築によって引き継がれたそれ)には、ニヒリズム的な状況

を克服する新たなる「倫理」の道を照らすものとの期待も寄せられることになった。(6)

他方で、レヴィナスの思想に対するある種の違和感や批判もまた、このような〈ポストモダン〉の文脈での受容の裏返しのようなかたちで発せられるようになったとも言える。その際、レヴィナスの「無限の応答責任」という、その思想の中心に宿ると思われる要請そのものに疑義が呈されていることにその特徴がある。たとえば、二〇一二年の東浩紀と千葉雅也の対談では次のように言われる。従来の「道徳」が特定の価値を唱えていたのに対し、〈レヴィナス＝デリダ〉的な無限責任論は、さまざまな「他者」に対するまさしく無限の尊重を説こうとしているが、そのこと自体が強迫的となっている。「他者に応答せよ」という命法は、それこそ無際限に応答すべきことになるからだ。そうした発想は、「ポストモダン左翼」なる人々にとっては聞こえがよいかもしれないが、実際には人間の有限な資源からすると非実践的ではないか、というわけだ。(7)

こうした捉え方について言えば、本書の随所で述べるように、レヴィナス自身の見解の解釈としてはあまり適当ではないと思われる。レヴィナスにおける「無限の責任」とは、現象学的に理解されるべきものであって、(8)通常の意味での「倫理」的な、「無限に応答せよ」という要請ではないし、「他者」を「尊重せよ」という規範ですらないからだ。ただし、興味深いのは、右のような見方は単なる誤解や誤読にはとどまらないことだ。これから見ていくように、レヴィナスから「無限の責任」を取り出しその「他者論」を多種多様な側面に援用するような見方も、それに対する疑念や忌避感も、いずれも同じ〈レヴィナスのポストモダン的読解〉と呼ぶべき磁場から生まれているように思われるのである。

本章では、上記のような背景を念頭に置きつつ、まずはレヴィナスが〈ポストモダン〉の文脈のなかでどのように読まれていたのかを確認したい。ここではとりわけ、デリダ、そして〈ポストモダン〉という用語の発案者の一人とも言うべきリオタールのレヴィナス読解に焦点を当て、〈ポストモダン〉の「倫理的転回」という枠組みのなかでレヴィナスへの積極的な言及がどのようになされたかを確認したい。

続けて、必ずしも〈ポストモダン〉の枠には収まらないが、こうした「倫理的転回」が惹起したいくつかの反応――多くは批判的な反応――を見ていこう。これらの作業を通じて、長きに亘ってレヴィナス読解を規定していた磁場がどのようなものだったのかが最終的に浮かび上がってくるだろう。

1 〈ポストモダン〉の「倫理的転回」

思い起こすと、日本における最初期のレヴィナス受容は、むしろ〈ポストモダン思想〉としてのものだった。七七年のせりか書房「現象学文庫」の『フッサールとハイデガー』（今日では『実存の発見』という邦題で知られる）を貴重な例外とすれば、レヴィナスの本格的な導入は、リオタールの

『ポストモダン通信』やドゥルーズの『ニーチェ』を世に送りだした朝日出版社の「ポストモダン叢書」の『倫理と無限』(八五年)や『実存から実存者へ』(八七年)からはじまる。この朝日出版社版『倫理と無限』、さらに八六年の法政大学出版局版『時間と他者』の訳者であり、日本における初期のレヴィナス受容に貢献した原田佳彦が、いみじくも「ポストモダンの哲学・序説」と題された論考の副題を「エマニュエル・レヴィナスの〈他者〉にふれて」としているのは興味深い[9]。原田は、リオタールにおける大きな物語への不信に特徴づけられる〈ポストモダンの哲学〉を例証するために、レヴィナスの「他者」概念に依拠する。「イリヤ」という非人称的世界からの脱出、他人の「顔」への「無限の責任」といった、「主体」の自己同一性を揺るがす非対称的関係における「他者」という発想こそ、〈ポストモダンの哲学〉の新たな切り口となるというのである。日本の〈ポストモダン〉思想の展開において決定的な役を演じた雑誌『エピステーメー』が八六年の特集号でレヴィナスを取り上げたことはこうした趨勢を決定づけるものだっただろう。

日本の状況から離れてみても、〈ポストモダン〉という文脈とレヴィナスの受容はけっして無関係ではなかった。そのなかで重要なのは、やはりデリダとリオタールである。

このような影響の特徴を言い当てるのは、「フランス・ポストモダン哲学の倫理的転回」という表現だろう[10]。ここで「転回」があったとされるのは、ほかならぬデリダである。デリダ自身は自らの思想にそのような「転回」があったことは否定しているが[11]、八〇年代以降のデリダのテクストにそうした特徴を認めること自体はできなくはない。とりわけ、こうした解釈に先鞭をつけたものとして、サイモン・クリッチリーの『脱構築の倫理――デリダとレヴィナス』がある。[12] それによれば、レヴィナスのいう無限の応答責任の倫理に対し、デリダの脱構築の思想はそこに倫理的責任ばかりでなく政治的責任をも志向しうる広がりをもたらしたとされる。このような解釈は、実際に、「赦し」、「歓待」、はたまた「メシアニズム」等々といった、「レヴィナス的」と言ってもよいような語彙を積極的に活用するようになる八〇年代以降のデリダのテクスト群とともに、大きな影響をもたらすことになった。他所で論じたように、[13] そもそも、レヴィナスそれ自体が専門研究者を離れ幅広い層に受容されることになるのは、日本だけでなくフランスや諸外国でもせいぜい八〇年代からのことだった。まだその読み方を迷っていた読者に対し、〈レヴィナス＝デリダ〉という枠組みで、「無限の責任」と「脱構築としての正義」とを結びつける視座は決定的な方向づけを与えたと言ってもよいだろう。

レヴィナスとデリダの関係については次章でよりくわしく見ることにし、以下ではリオタールに触れておきたい。意外なことにこれまであまり注目されてこなかったが、『ポストモダンの条件』（七九年）によってまさしく〈ポストモダン〉概念を普及させたリオタールもまた、実は同著刊行の前後からレヴィナスに関心を寄せていた。[14] そこには「フランス・ポストモダン哲学の倫理的転回」の特徴がいっそう明瞭に現れているだろう。

リオタールのレヴィナスへの言及としてこれまでよく知られていたものに、以下の三つがある。

第一に、八〇年に公刊されレヴィナスの名を世に知らしめた論集『エマニュエル・レヴィナスのためのテクスト』に寄せた「レヴィナスの論理」と題された抜粋原稿。[15]第二に、これと内容的には重複するが、八三年の『文の抗争』のまさに「レヴィナス」と題された補説。[16]第三に、八六年にパリのサントル・セーヴルというイエズス会系の教育・研究施設で開かれたレヴィナスをめぐるシンポジウムに参加したリオタールがレヴィナスと交わした質疑応答の記録である。[17]

リオタールのレヴィナスへの関心にはさまざまな論点があるが、なかでもこのシンポジウムの発言は注目に値する。そこでリオタールは従来からレヴィナスについて抱いていた自身の関心を次のように呈示している。

一つ目は、享受の主体のような「自律」と、つねに他者に先立たれた「他律」という、レヴィナスにおける「主体」が併せもつ二つの側面に関わる。[18]前者の側面は、『全体性と無限』で展開された「享受」をめぐる議論をはじめとして、「主体」の存在様態を現象学的に論じる際に見られるものである。後者は、タルムード講話で触れられる「了解する前に為せ」という聖書由来の考えや、神からの呼びかけに対し「我ここに」と呼びかけるというその応答自体が「主体」性を構成するという議論に見られる。ここでは神の「掟＝律法」を聴取し、それに従うことが主体の自発性に先行するとされる。リオタールによれば、これら二つの関係は、レヴィナスにおける現象学と聖書という二重の伝統のあいだのゆらぎを示している。リオタールはここからさらに、「主体」を「他律」との関係で捉えるためには、聖書的伝統に依拠しなければならないのか、むしろ、それを現象学的に考えることはできないかと問うのである。

第二の問いは、たびたび指摘される問題だが、倫理と存在論の関係、とりわけレヴィナスによるハイデガー批判の妥当性に関わる。リオタールによれば、「レヴィナスにおける他者はハイデガーにおける存在と何か共通したものをもっている」。とりわけ後期のハイデガーにおいても、現存在は存在の「呼びかけ」に対して開かれ、それに耳を傾けるという契機が含まれるのだから、ハイデガーの存在論を基盤にしても、そうした「他者」への「応答」は思考できるのではないか。ハイデガーの存在の「退引」の思想もまた「レヴィナスが属している思想の伝統」、つまり、ヘブライ的聖書に由来する倫理の思想に近しいのではないか、とリオタールは問いかける。[19]

こうした問いの背景には、すぐ後で触れるように、リオタール自身がこの時期に「倫理」の問題に取り組んでいたという事情がある。つまりリオタールは、自分自身の「倫理」の問いに対峙したときにレヴィナスに関心を寄せ、その考えの筋道には基本的に同意するのだが、その際、レヴィナスにはどうしても残る聖書的・ヘブライ的な伝統の影響を経由しないかたちで、「倫理」の問いを検討できるのではないかというのだ。

リオタールの問いにレヴィナスは正面から応答はしていないが、とはいえそれらは興味深い射程を有している。とりわけ重要なのは第一の問いのほうだ。というのも、レヴィナスがタルムード講話で指摘した「了解する前に為せ」という聖書由来の発想それ自体は(QLT, 92／一〇二)[20]、リオタールにとっては、さまざまな言説の「抗争」のなかに「義務」を語る規定的・命令的な言表をどのように位置づけるかという当時彼が取り組んでいた問題に（カントとともに）一つの参照項を与えるものだからだ。事実、「レヴィナスの論理」においても、『文の抗争』においても、レヴィナスの「しなければならない（il faut）」への注目とあわせて、「了解する前に為せ」に言及がなされている。そこで問題になっているのはつねに、「言説」が、三人称的に理解される記述的な命題ではなく、二人称的な命令ないし「義務」を発する命法に、なかんずく「倫理的言説」になる可能性である。つまり、リオタールのレヴィナス読解の関心には、このようなレヴィナスの「倫理」を自らの言表理論に接続するという展望のもと、それをあくまで「現象学」という枠組みのなかで理解するために、まず「聖書的伝統」との錯綜を取り払い、次いでレヴィナスのハイデガー批判の構図を崩して現象学的存在論にも適切な連携が保てるようにするという目論見がある。

以上のように、細部にはさまざまな議論があれど、デリダにせよリオタールにせよ、〈ポストモダンの哲学〉なるものが「倫理」や「正義」の問題に取り組む際にレヴィナスの思想が一定の効果を発揮したこと自体は疑いない。そこでは、〈ポストモダン〉の時代の新たな「倫理」の構築のために、レヴィナスの「他者の倫理」が援用されている、と言ってもよいかもしれない。別の言い方で言えば、問いは次のようになるだろう――「差異」や「コード」の「戯れ」のなかであらゆる価値が相対化されつつある時代に、「倫理」や「正義」を語るためにはどうすればよいのか。大局的には、こうした見地から、レヴィナスの思想が、「他者の倫理」として読まれることになったように思われる。

2 〈アウシュヴィッツ〉の「例外性」

こうした読解の背景として、〈六八年五月〉以降のフランスの社会的変動は無縁ではないだろう。〈六八年五月〉が、従来のような資本主義対共産主義という二つの大きなイデオロギーの対立そのものを揺るがし、第三世界主義、フェミニズム、環境運動、地域主義等々、これまでは大きな対立項の影で塗りつぶされてきたさまざまな「差異」や「他者」へのまなざしを開く契機になったことはつとに指摘される。(21) 同時に、一九七〇年代以降、ソルジェニーツィン事件、ソ連によるアフガニスタン侵攻、パリ郊外の共産党市長がブルドーザーで移民を排斥した「ヴィトリーのブルドーザー事件」、さらにはアルチュセールの妻殺害事件といった具体的な出来事もあいまって、それまでフランスの思想界に影響力を発揮していた共産党を基盤とするマルクス主義が退潮し、新たな思想的な潮流が評価されるようになった。こうしたある種の地殻変動を受けて、フランスにおいて、ヤン・パトチュカ、ハンナ・アーレント、レオ・シュトラウスといった思想家が読まれるようになっていったが、ほかならぬレヴィナスもまたこの時期から本格的に受容されるようになっていった。

こうした趨勢のなかで「フランス・ポストモダン哲学の倫理的転回」に重くのしかかっていたのが、「アウシュヴィッツ」の影だっただろう。八〇年代のフランスは、クラウス・バルビー裁判

（八二年）、クロード・ランズマンの『ショアー』公開（八五年）といった出来事はもとより、歴史修正主義の台頭に対し「否認主義」（アンリ・ルッソ）、「記憶の暗殺者たち」（ヴィダル＝ナケ）の問題がクローズアップされ、まさしく「アウシュヴィッツ」の問題が再燃する。隣国ドイツでも八六年に「歴史家論争」が勃発し、さまざまな論者を巻き込み、九〇年のシンポジウム「アウシュヴィッツと表象の限界」に結実する。いずれにおいても焦点となっていたのは、まさしく〈ポストモダン〉時代における「アウシュヴィッツ」をめぐる記憶、証言、表象の可能性と不可能性の問いであった。

そこにリオタールは無縁ではなかった。リオタールが『文の抗争』において記したような、あらゆる文は抗争して組み合わさり、それこそ無限の展開が開かれたネットワークを構成していくという発想自体は、言表や記号の「戯れ」の無際限な錯綜を説く〈ポストモダン〉的な考えとまとめられるかもしれない。だが、こうした考えを推し進めていくと、たとえば「ガス室はなかった」という言説ですら、その当否を評価することができなくなる。この種のジレンマを解消すべくリオタールがとったのは、「アウシュヴィッツ」という名を例外とするという立場であった(22)。こうした主張をどのように評価するにせよ、ここにもまた、〈ポストモダン〉があらゆる価値を相対化したニヒリズムに行きつかないために、ある一定の「倫理」ないし「正義」が要請されるという事態が現れていると見ることもできるかもしれない。

こうした「アウシュヴィッツ」の特権化にはレヴィナスも無関係ではない。ロバート・イーグルストンは、レヴィナスとデリダを筆頭に挙げるかたちで〈ポストモダン〉に「ホロコーストの痕跡」を認め、とりわけレヴィナスについては、その哲学の「すべてがあらゆる意味において、ホロコーストへの応答である」とすら述べている[23]。ただし、その前に確認しておいてしかるべきは、レヴィナスは「アウシュヴィッツ」（あるいは「ホロコースト」や「ショアー」）を主題的に論じたことがほとんどない、という事実だ。たとえば、ある見方からすれば、「ポスト・ホロコーストの哲学」のなかでも、レヴィナスはレオ・シュトラウスと並び、ほとんど「アウシュヴィッツ」に言及しない稀有な存在と評することすらできる[24]。そのレヴィナスにおいてこの問題が明示的に現れるのは、七四年の『存在の彼方へ』の近親者を含むナチズムの犠牲者への献辞以降のことである。まとまった論考としては、七八年の「超越と悪＝苦痛[25]」以降、「悪」をめぐる弁神論的問題系のなかでホロコーストへの言及が幾度かなされるようになる。なかでもきわめて重要なのは、八二年の「無益な苦しみ[26]」という論考だろう。そこでは、「アウシュヴィッツ」が明示的に引き合いに出され、そこにおける「無益な苦しみ」が、「無関心ならざること」や「応答可能性」としての「責任」や、「神の退引」という後期レヴィナスの思想の鍵概念に結びつけられるのである。むろん、これらの議論は、フィリップ・ネモ『ヨブと〈悪〉の過剰』（七八年）、エミル・ファッケンハイム『アウシュヴィッツ以降の人間の条件』の仏訳（八〇年）などに呼応するものであり、レヴィナス自身が主題化したわけではないと言えるかもしれない。とはいえ、こうした八〇年代に特有の状況のなかでのレヴィナスの発言が、それ以前の彼の哲学的な言説と結びつけられることによって、「アウシュヴィッツ以降の哲学」としての〈他者の倫理〉という見方を生じさせる一因となったと言うことはできるだろう。なかでも特徴的なことは、レヴィナスが二〇世紀のさまざまな破局的出来事を列挙したあと、「ホロコーストはこのような人間の故なき苦しみの範例をなしているように見える」として、「アウシュヴィッツ」の「範例（paradigme）」性を肯定することである（EN, 107／一三七）。

ここには、リオタールに課せられた問題が別のかたちで現れている。リオタールにおいては、「抗争」関係に入りうるあらゆる言説のなかで「アウシュヴィッツ」が「例外」とされたのに対し、レヴィナスにとっては、あらゆる「人間の故なき苦しみ」のなかで「アウシュヴィッツ」が「範例」を示す。いずれの側でも、〈ポストモダン〉的な言説において、あらゆるものが「他者」となりうるなか、「アウシュヴィッツ」という名が――そしてとりわけそこで絶滅政策の対象となった「ユダヤ人」という名が――、相対化を拒む倫理的指標となっていくかのようである。

ところで、こうした特権化に対し即座に異議を唱えたのは、ほかならぬデリダであった。デリダをめぐる一九八〇年のシンポジウム『人間の終わり』においてリオタールはアウシュヴィッツを主題とする発表を行なった。それに続く討論で、デリダは、このようにナチスによるユダヤ人の虐殺を焦点化することは、それと同じくらいおぞましくまた西洋的理性を問いに付すような多くの虐殺を「片面化」することにならないか、そこにはある種の「われわれ」を前提とした自民族中心主義があるのではないかと問うた。[27]

ここに現れるのは、〈ポストモダン〉を潜り抜けた「他者の倫理」が出会うことになる次のようなアポリアだろう。西洋的「主体」の支配を逃れる「他者」、しかもあらゆる「他者」に応答すべしという倫理的要請が、単なる価値相対主義的なニヒリズムに陥らないためには、さまざまな「他者」のなかから、ある「他者」に注目するという一定の判断を下す必要がある。だが、そのような区分けは、特定の「他者」の特権化に、とりわけそして同時にそれ以外の「他者」たちの忘却につながりかねない。まさしくこのような型の問いこそ、〈ポストモダン〉以降の「他者の倫理」に――推進側にも批判側にも――まとわりついたものだっただろう。

デリダの場合、他者に対して責任が無限に課せられるという「他者の倫理」は、まさしく無限なる営為としての「脱構築」もしくは「差延」として捉えなおされることになるだろう。「正義」は特定の他者に向けられるまなざしの真摯さにではなく、この主権的なまなざしには見えていない「他者」の「他者」を絶えず探っていく営為にこそ宿ることになる。〈ポストモダン〉以降、さまざまな分野に波及したのは、このようなタイプの「倫理」であったように思われる。

だが、こうした「無限の責任」としての「他者の倫理」は、まさしくその「無限」性ゆえに、さまざまな批判に晒されるようになる。以下ではそのいくつかの型を見ていこう。

3 「他者の倫理」批判のいくつかのかたち

アラン・バディウと「善き他者」

まず指摘すべきは、アラン・バディウによる正面からの批判である。『倫理——〈悪〉の意識についての試論』と題された著作で、バディウがレヴィナス的倫理に対して突きつけるのは、とりわけ次の二つの指摘である。

第一に、レヴィナスの思想が、「同一性の優位という秩序」や「同の専制」への異議申し立てであるにしても、それはギリシア的な思考秩序にユダヤ的倫理を対置するというかたちをとり、そればかりか「全き他者」という〈神〉のような形象をもちだすことによって、哲学や倫理から離れた、「本質的に宗教的」な思想になっている(28)。

第二に、レヴィナスの「倫理」の思想、あるいはより正確には——反レイシズム、反ナショナリズム、反セクシズム、さらには多文化主義というかたちで——そこから「差異の倫理」を取り出そうとする思想全般には、「「差異の権利」というイデオロギー」がある。というのも、ここで尊重されるべき「他者」とは、「私たちとまったく同じではないにせよ」、「善き他者である」ような他者に限られるからだ(29)。

この指摘はきわめて興味深い。ここにあるのは、バディウの言う「差異の倫理」において尊重されるべき他者とは、すでになんらかの文脈のうえでそのように価値付与された特権的な「ある他者」である、という問題だけではない。「他者」が尊重されるべきなのは、「他者」自らが差異を尊重する場合に限られるのであって、もし「他者」が自ら以外には他性や差異を認めようとしない場合、その「他者」は尊重されるべきか、という問題がここには含まれている(念頭に置かれているのは、とりわけ排他的な「原理主義」である)。

デリダであれば同じような「原理主義」的な他者の迎接の問いに対し「自己免疫的民主主義」という発想を練り上げただろうが、バディウの批判は、「差異の倫理」に見え隠れするいわば大文字の〈倫理〉のあり方それ自体に向けられる。すでにそれに対して憐憫の眼差しを向けたり尊重したりすることに価値が置かれているような「善き他者」、ときに神々しさを備えたような「他者」を特別視するのではなく、むしろ、つねにさまざまな状況のなかでさまざまに生成変化して現れる「任意の何者か」に着目した「さまざまな真理の現象学」を素描すべきではないか——ここにバディウによるレヴィナス的「他者の倫理」批判の動機となる問いがあるだろう(30)。

ジュディス・バトラーと「文化的かつ地理的な限定」

「善き他者」ではないような「他者」をどうするか——バディウが発したこの問いは、いっそう具体的な主題をめぐって、繰り返し発せられてきた。なかでも頻繁に問い質されたのは、一九八二年にレヴィナスとサロモン・マルカおよびアラン・フィンケルクロートとのあいだで行なわれた鼎談におけるレヴィナスの発言である。レバノンのパレスチナ人難民キャンプでレバノンの親イスラエル派の民兵組織が行なった虐殺の直後になされたこの対談で、「パレスチナ人」は「他者」なのかと問われたレヴィナスは、「もし隣人が別の隣人を攻撃したり、不正に振る舞うのなら〔…〕、他性は別の性格を見せ、他性のなかで敵が現れうる」と述べた。[31] この発言は、レヴィナスは「パレスチナ人」を「敵」とみなす「シオニスト」ではないかという嫌疑とともに、これまでもとりわけ英語圏の読解においてたびたび取りざたされてきた。

レヴィナスの発言を素朴に読むならば、こうした解釈はかなり難しいと思われる。まず、ここで「敵」と呼ばれているのは「別の隣人を攻撃」している「隣人」なのだから、「パレスチナ人」ではないはずだ。さらに、仮に「パレスチナ人」が「敵」としての「隣人」であるならば、「敵」ではないほうの「隣人」とは誰かという問いが提起されるはずである。もしこの第一の隣人が「イスラエル」ならば、レヴィナスは「イスラエル」とは別の視点で語っていることになる……。いずれにしても、レヴィナスがここで述べているのは「誰が敵か」ではなく、他者が複数いる場合には彼らのなかで比較考量をしなければならず、その際には「責任」とは別の原理が必要になる、という彼のいわゆる「正義論」の一般的な原理だろう。

とはいえこのことは、レヴィナスが「他者」としての「パレスチナ人」に対しほとんど関心を寄せていないこととは別の話である。だとすると、レヴィナスの「他者」の思想は具体的な場面ではかなり限定されるのではないか。このような問いは残るだろう。
レヴィナスの「他者」の思想の理論的な間隙をもっとも的確に突いたのはジュディス・バトラーだ。バトラーの『分かれ道』でのレヴィナス批判の焦点は、次の一文に明瞭に示されている。

哲学的には、レヴィナスが強調する倫理的な場面においては、われわれは、ほとんどの状況下で、他者の生を保護することを義務づけられている。しかも、われわれがそこで出会う他性によって義務づけられている。しかしながら、いっそう仔細に検討してみると、われわれを普遍的に義務づけるように見えたこの場面は、文化的かつ地理的に限定されていることが明らかになる。(32)

普遍的に妥当するはずの「他者の生の保護」という「倫理」の思想は、実のところ、「文化的かつ地理的」に条件づけられている。こうした特殊的な条件づけはまさしく具体的な「他者」との「共棲」の可能性にかかっているだけに、レヴィナスの「他者の哲学」は手放しで受け取ることはできないというのだ。
さらにバトラーは、先に触れた「パレスチナ人」に関するレヴィナスの発言に言及し、レヴィナスはこの「インタビュー」で、パレスチナ人には顔がないと主張した」とする。(33) しかし、急いで付言すれば、レヴィナスは「パレスチナ人には顔がない」とはまったく言っていない。この点ではバトラーは完全に誤っている。もちろん、この引用の誤りについてはすでに指摘されており、バトラーもそれに対しこれは引用ではなく「強調」だと弁明しているが[34]、ともあれバトラーのこの発言が一人歩きしてしまうおそれは当然残るだろう。

ただし、バトラーは、レヴィナスの哲学的主張とその個人的な見解の齟齬をあげつらって、「シオニスト」のレッテルを貼ろうとしているわけではない。むしろ、バトラーは、レヴィナスにおいて理論的に一貫して保持されているいくつかの基本的な考え、とりわけ、「ユダヤ人」ないし「イスラエル」に課されている「選び」や「責任」の要請、とりわけその「メシアニズム」という考えに巣食うジレンマを示すことで、レヴィナスの「イスラエル」観の脱構築を試みるのである。

ジレンマは以下の二つの次元のあいだにある。一方で、レヴィナスの「メシアニズム」は、概念のレベルでは、「歴史的な時間において満たされえないような待望」の経験として理解されるべきもので、現実的な裁定（誰が正しく、誰が悪いのか）やそれに基づく報復を正当化するものではない。それゆえ、それを担うのが「イスラエル」と呼ばれているとしても、それは現実的、歴史的なそれとは区別されるべきもののはずである。他方で、それにもかかわらず、現実的、歴史的な文脈ないし「条件」のなかで現れる「パレスチナ人」が「顔なし」とされている——この懸隔を問うべきだというのである[35]。

それだけではない。歴史的に特徴づけられた「イスラエル」——実在の「イスラエル民族」ないし「イスラエル国家」と結びつけられるそれ——は、「迫害」に晒されたという特殊な歴史的経験を有しているとすれば、話はいっそう複雑になる。つまり、問題は、無限の責任が向かわないような「他者」が場合によっては存在することにとどまらない。究極の問題は、あらゆる〈他者〉へと向かう責任を担うはずの「イスラエル」は、本質的に「迫害された」側にいるのであって、けっして「迫害する」側にはなりえないことになる。「それ自体が歴史的に形成され維持されたイスラエルの役割」は、「永遠かつもっぱら迫害されており、定義上、けっして迫害することはない」というわけだ。(36)

ここでは、「無限の責任」が向かうべき「他者」がなんらかの区別を含む場合があるばかりか、「無限の責任」の「主体」のほうが誰でもよい任意の「私」ではなくなることになる。その「倫理」は普遍化可能な理論ではなくなる。だとすると、レヴィナス流の「他者の倫理」は、バディウが指摘したのとは異なる型の帰結を示すようになる。ジジェクが述べるように、それは、「他のすべての者に対する責任を担う一つの個別的な集団を特権視することに帰着」しかねないかもしれないのである。(37)

ベニ・レヴィと「ユダヤへの回帰」

バトラーの批判には大いに耳を傾けるところはあるものの、ただし、時代的にもテーマ的にも同列には並べにくい複数のレヴィナスのテクストを混ぜて論じているため、手放しで受け取ることが難しい面がある。とはいえ、「無限の責任」や「他者の倫理」の「文化的かつ地理的な限定」というバトラーの指摘や、「一つの個別的な集団の特権視」というジジェクの指摘はきわめて重要だろう。実際、こうした特権視は、少なくとも、レヴィナスの継承者を自認する論者のなかにはっきりと認められるのは確かだ。しかも、それもまたある意味で〈ポストモダン〉以降のレヴィナスの読み方の一つの型を示すもののようにも思われる。

それは、「伝統」への「回帰」という旗印のもとで、レヴィナス的倫理は「ユダヤ人」にとってしか担われえないいことを強調する立場である。

この点をいっそう鮮明に示しているのはベニ・レヴィである。レヴィは、一九四五年にカイロで生まれ、フランスおよび晩年はイスラエルで活躍した哲学者である。〈六八年五月〉世代でもある彼は、高等師範学校を卒業後、毛沢東主義に傾倒する。七三年から八〇年までサルトルの秘書を務め、物議をかもしたサルトルとの対談『いまこそ、希望を』を上梓した後、サルトルからレヴィナスへと接近する。そこで彼は、「毛からモーセへ」と自ら名づける転回を果たす。レヴィナスの教えこそ、ユダヤ教というヘブライ的伝統への「回帰」をもたらしたというのだ。その後、九七年にイェルサレムに居を構え、当地で、同じ〈六八年〉世代のベルナール＝アンリ・レヴィやフィンケルクロートとともに「レヴィナス研究所」を設立することになる(38)。

レヴィは、レヴィナスに関する著作をいくつも上梓しているが、その特徴は、レヴィナスが準備した「回帰」の思想を、レヴィナス以上に、ときにレヴィナスに反して、決然と呈示する点にある。つまり、バトラー同様、レヴィもまた「レヴィナスとともに、レヴィナスに抗して」思考しようとするのだが、その行き先はまったく逆だ。レヴィは、レヴィナスにも色濃く残る「西洋」、さらに「哲学」という普遍化可能な要素すら忌避しようとする。レヴィナスは〈西洋〉の〈哲学〉の他者として〈ユダヤ〉を対置しつつも、いまだに〈哲学〉との結びつきをとどめているとし、師レヴィナスをも批判するかたちで〈ユダヤ〉への「回帰」を説こうとするのだ。レヴィナスにおける「回帰」がタルムードにおける賢者たちの対話へのそれであったとすれば、レヴィのそれは「ユダヤ的存在」による「我らの父たちの信」への「回帰」、根本的に反哲学的な「シナイ」における「教え」への「回帰」となる。(39) 逆に言えば、レヴィナスの思想は〈西洋〉に片足を置いているかぎりにおいて、十分に「シナイ」の思想ではないとみなされているのだ。

先に見たように、レヴィナスの「倫理」が、哲学的伝統と聖書的伝統との、ギリシアとヘブライとの緊張関係にあるとすれば、リオタールは前者に向かうかたちでその「倫理」を救い出そうとするのに対し、バトラーはその緊張関係の具体的な湧出を突き止めた。それに対し、レヴィは断固として後者のために両者を切り離す。レヴィからすると、レヴィナスの倫理思想は「本質的に宗教的だ」と述べたバディウの指摘は、逆転したかたちで正当性をもつことになる。そうあらねばならぬからだ。

ただ、こうした「伝統」への「回帰」の立場は、単なる反動や懐古趣味とみなすわけにはいくまい。それは、われわれが今もなお生きる〈ポストモダン〉以降の状況と無縁ではないようにも思われる。事実、レヴィもまた、「西洋近代」の世俗化において〈絶対者〉の次元が抹消されたという

〈ポストモダン〉と共有する認識に基づきつつ、そこから脱するために、「差異の倫理」ではなく、あえて「シナイ」への「回帰」の必要性を説いている(40)。この背景には、カンタン・メイヤスーが相関主義以降も残る「信仰主義」と呼んだ問題が控えているだろう。メイヤスーによれば、相関主義として特徴づけられる近代以降の哲学は、神秘的なものや絶対者への信仰を無効にしたのではない。逆に、「形而上学の終焉は、絶対者への権利要求の合理性を放棄した結果として、宗教的なものの激しい回帰というかたちをとることになった(41)」。メイヤスーが名前を挙げているのはウィトゲンシュタインとハイデガーの思想であるが、とはいえ次の指摘はいっそう広く捉えなおすことができるだろう。「今日、進んで「絶対者の終焉」と言われている事態は、〔…〕絶対者に対して驚くべきライセンスを賦与することに他ならない(42)」。

〈ポストモダン〉が相対主義を極度に押し進め、大文字の〈主体〉を解体し、さまざまな「他者」へのまなざしを可能にしたとしても、そうした動きは、けっして「絶対的なもの」への志向を失効させたのでない。どの他者なら「善い」のか、「無限の責任」を担うのがどの主体か、といった問いに加え、新たなかたちで「絶対的なもの」が再浮上する。相関主義を超えた〈他なるもの〉ないし〈外部〉に、新たなる〈基礎づけ〉(とおそらくは安心感)をもたらす「超越者」が待望されるかのようである。

＊

〈レヴィナスの他者の倫理〉――それは多くの顔をもっている。あるときには、それは現象学が捉えきれなかった概念であり、あるときには、私をみつめる剥き出しの貧者の顔であり、あるときには、「高み」から「汝殺すなかれ」と命ずる神のような存在であり、あるときには、「西洋」が抑圧してきた数多くの存在たちであり、あるときには……。

けれども、レヴィナスの「他者」とははたしてそのようなものだっただろうか。問題が、「アウシュヴィッツ」であれ、「善き他者」であれ、「ユダヤ人」ないし「パレスチナ人」であれ、そのほかの諸々の属性をもった「他者」であれ、〈さまざまな他者のなかで特定の他者を特権化する〉／〈特権化せずにあくまで応答を続ける〉という構図自体が、〈ポストモダン〉以降に現れてきた一つの読み方にすぎないのではないだろうか。

いずれにしてもそれは、レヴィナスの言う「他者」と根本的にずれたものである。そもそもレヴィナスの「他者」は、「ユダヤ人」であれ「パレスチナ人」であれ、一切の社会的な属性を剥ぎ取られている点にこそその本義があったはずだ。もちろん、レヴィナスは、具体的に〈さまざまな他者〉を比較しなければならない局面は確かに認めていた。だが、そのような局面を考えるためにこそ、あえて「倫理」と峻別して「正義」という概念を提示したのである（本書第3章参照）。〈さまざまな他者〉が問題になりうる「正義」とは異なり、「倫理」のほうは非対称的なかたちでの一対一の対面関係におけるものである。「倫理」のほうは、こうした対面関係において、「私」が「他者」に先行するものではないこと、「私」が「他者」に先立ってイニシアチブや自由を有するものではないことを語るものではあったが、けっして「何を為すべきか」、「どの他者に応答すべきか」を告げるものではなかった。

いつのまにか、レヴィナスの「他者の倫理」に関しては、まずその「倫理」が一般的な行為規範としての「倫理」のような意味で捉えられ、さらに「無限の責任」と「無限の正義」とが混同され、最終的にそこに「尊重すべき他者」の無限の連鎖が読み込まれるようになったように思われる。その際、本章で追ってきたような〈ポストモダン〉的なレヴィナス読解の方向性が、そうした理解を促してきたという側面はあるかもしれない。

〈ポストモダン〉的なレヴィナスの解釈が、多くの新たな読みの可能性を開いてきたことは確かである。とはいえ、「倫理」や「正義」や「正しさ」がいっそう揺らぐなか、いったん〈ポストモダン〉的な読み方を相対化したうえで、改めてレヴィナスを読みなおす必要があるのではないだろうか。

第2章　デリダはレヴィナス化したのか

デリダとレヴィナスをめぐる議論にはいくつかの錯綜がある。一方では、デリダの「暴力と形而上学」がレヴィナスに与えた衝撃を強く見積もるにせよ、それに異議を唱えるにせよ、デリダからレヴィナスに与えられた影響が設定される。他方では、とりわけ八〇年代以降のデリダが、「メシアニズム」や「赦し」といった、かつてならばおそらく使わなかったはずの語彙を用い、「倫理としての脱構築」と形容しうる思想を展開するようになる姿を捉え、レヴィナスからデリダに与えられた影響が強調される。(1) 後者にはさらに、レヴィナスが恒例の「タルムード講話」の場としてきた「フランス語圏ユダヤ人知識人会議」に長年参加しなかったデリダが、レヴィナスの死後、はじめてそこで講演を行ない、(2) それにとどまらず、自身をめぐるほかならぬ「ユダヤ性」を主題としたシンポジウムの開催を受け入れ、そこで自らの「ユダヤ性」について本格的に論じるという点も付け加えてもよいかもしれない(3)。

こうして、デリダからレヴィナスへ、レヴィナスからデリダへという双方向の影響関係が問題となりうるだろう。それを包括的に論じることは膨大な紙幅を必要とするため、本章ではその前提していくつかの補助線を引くことにとどめたい。本章の主眼は大きく言って三つある。一つは、デリダによるレヴィナス批判として著名な一九六四年の「暴力と形而上学」に関してである。これまで、この論文こそがレヴィナスの第一の主著『全体性と無限』から第二の主著『存在の彼方へ』へのある種の思想的な「転回」を迫るものであったという解釈が繰り返されてきた(4)。しかし、もちろんデリダのレヴィナス論がきわめてすぐれたものであることを認めた上でも、「暴力と形而上学」をレヴィナスの「転回」の動因とするかどうかをめぐる議論はいったん括弧に入れるべきではないか。デリダの論文がレヴィナスに与えたインパクトは確かにあっただろうし、その意義を否定するつもりはないが、とはいえその影響関係は、しかるべき文脈に置きなおして評価されるべきであろう。その上で、二点目として、レヴィナスに対するデリダの影響よりもむしろ、すでにして『全体性と無限』以降にレヴィナス自身の思想の変容が生じていたこと、さらにそれがデリダへとなんらかの影響をもたらしていたことをどう捉えるかが問われるべきであろう。これについて、「表出(expression)」と「作品(œuvre)」という概念の対に注目することで問題の所在を指摘したい。さらに三点目として、こうした見地から、とりわけ八〇年代以降、「ユダヤ性」の問題に意識的に介入していき、しかもそれを自らの「ユダヤ性」の告白のようなものを伴ってあえて行なうデリダの身振りを検討しよう。

1 「暴力と形而上学」について論じる際のいくつかの書誌的前提

まずは書誌に関わる事実確認からはじめよう。

レヴィナスの思想のある種の変容が「暴力と形而上学」公刊以前からすでに表れているということはしばしば指摘される。ただし、これまでほとんど注目されていないことだが、見逃してはならないのは、『全体性と無限』という著作が、公刊自体は一九六一年だとはいえ、遅く見積もっても一九五九年にはすでに完成していたということである。同書は「現象学叢書（Phaenomenologica）」の一冊として公刊されたが、当時ルーヴァンのフッサール文庫にて同叢書の担当助手を務めていたジャック・タミニオーの回想によれば、同書の原稿の受け取りは五九年だった(5)。

そこで五九年から少なくとも「暴力と形而上学」が公表された六四年までのレヴィナスの仕事を見ていくと、そのあいだに──つまり『全体性と無限』の後に──重要な論文が多く書かれていることに気づく。まず指摘すべきは、邦題を『実存の発見』とするレヴィナスの著作の後半に収められた現象学論文である（「現象学的「技法」についての考察」、「表象の瓦解」、「志向性と形而上学」等）。ここではフッサール現象学の意義を改めて認め、再解釈を施すレヴィナスの姿が見られるだけに注目に値する。なかでも、六三年の論文「他者の痕跡」は、デリダ自身が「暴力と形而上学」執筆時点に公刊されたために短い言及しかできなかったと告白しているものであるが、(6) この論文は、「痕跡」、「彼性」といった、『存在の彼方へ』においてさらなる展開を見せる論点をはじめて提示するものだけにきわめて重要である。そのため、この論文についてはとくに後で立ち戻って内容的な検討を行ないたい。

さらにそれ以外にも、「コナトゥス」概念にはじめて触れる六三年のキルケゴール論、(7) さらに『レヴィナス著作集』に収められた同時期の「隠喩」についてのまとまったノートなどは、(8)『全体性と無限』までのレヴィナス思想の圏内に収まりきらない新たな論点を提示するものと言える。本章ではこれらについて仔細に論じることはできないが、少なくとも指摘しうるのは、そのいずれにおいても、「暴力と形而上学」の影響とは独立して、すでに新たな仕事をはじめていたレヴィナスの姿が浮かび上がってくるということである。

もう一つ、一九五九年以降のレヴィナスの活動の目立った特徴は、「タルムード講話」と称されることになるテクストが本格的に書かれはじめることだ。もちろん、それまでもレヴィナスは、所属していた世界イスラエリット連盟の機関紙やフランスのユダヤ人共同体向けの新聞や雑誌にユダヤ教に関する小論をたびたび寄せていた。『困難な自由』初版はそれらのうちのいくつかを集めて一九六三年に公刊されたものである。

対して「タルムード講話」とは、レヴィナスがフランス語圏ユダヤ人知識人会議において定期的に行なった一連の講演のことである。ただし、この会議自体は一九五七年の発足である。レヴィナス自身の発表は一九五九年の大会がはじめてで、そこではローゼンツヴァイク論を、さらに六〇年と六一年の大会では二度にわたりメシアニズム論を発表している（いずれも『困難な自由』に収められている）。後者についてはすでにタルムードを読解するというスタイルの片鱗は示されているが、いわゆる「タルムード講話」そのものがはじめられるのは一九六三年の大会のことである。

ところで、レヴィナスの「タルムード講話」の最初の四つが一九六八年に『タルムード四講話』としてまとめられるのだが、その序文でレヴィナスが自らの試みを「タルムードの知恵を「ギリシア語で」翻訳すること」と紹介しているのは注目すべきであろう（QLT, 24／二二）。この問題こそ、おそらくレヴィナスとデリダの対話の争点をその後も形作るものとなると考えられるからである。

実際、「暴力と形而上学」の末尾で印象的なかたちで「われわれはユダヤ人か、ギリシア人か」(9)という問いを発したデリダの慧眼には驚くべきものがある。デリダは、レヴィナスに対し、哲学テクストにおいてギリシア性とユダヤ性とを分けることははたして可能かという問いを突きつけ、レヴィナスに「偽装」を見出すことも辞さない。この指摘はレヴィナスにとってばかりでなく、翻って（とりわけ後期の）デリダ自身にとっても決定的なもののように思われるため、後にふたたび立ち戻りたいのだが、ここではさしあたり次のことだけを指摘しておこう。

それは、少なくとも表面上は、レヴィナスが、このデリダの指摘を受けて、ある種の開き直りであるかのように、むしろこの「偽装」をはっきりと明示するようになるということだ。

まず確認できることは、レヴィナスは、デリダの批判の前にも後にも、テクストの公刊に関しては、「ユダヤ的」なテーマに関わるものと「哲学」に関わるものを戦略的に区別しているということだ。前述の『困難な自由』は、アルバン・ミシェル社の「ユダヤ教のプレゼンス」叢書から、その後のタルムード講話およびそれに類するテクストは、哲学よりもむしろ文学を主に扱う出版社のミニュイ社から公刊されている。対して、哲学論文のほうは、ジャン・ヴァール主催の哲学コレージュにおける講演をもとに、同じくヴァールが主幹であった当時の『形而上学道徳雑誌』に掲載されたり、哲学専門誌に掲載されたりすることになった。さらに、これら二つのテクスト群のあいだにレヴィナス自身による相互参照がほとんどなされていないことは明記しておくべきであろう。『全体性と無限』においても、明示的にタルムードをはじめとするユダヤ思想を参照するような身振りはほとんどないし、あるいはあったとしてもさほど強調されてはいない。

しかし、『全体性と無限』以降、先に指摘した「タルムード講話」の恒例化を経て公刊された『存在の彼方へ』においては、「哲学」と「ユダヤ」の相互参照はむしろ明確になされるようになるのである。

そこから少なくとも次のことは指摘しうるだろう。デリダの批判の眼目が『全体性と無限』における哲学的言説の「偽装」を暴くことにあったとすれば、それに対するレヴィナスの返答はほかでもなく、ユダヤ的な「知恵」をギリシア的な言語で「翻訳」することこそが自らの哲学的言説の使命であり賭け金だと示すことだったかのようなのだ。いずれにしても、そこにあるのは、「転回」

というよりも「明示化」と言うべきものであろう。

　ところで、以上のように述べたからといって、デリダの「暴力と形而上学」のレヴィナス論としての意義が減じられるわけではない。後年の対談のなかでデリダは、「暴力と形而上学」において「レヴィナスの「企て」を正面から攻撃することはしなかった」と回顧しているのだが[10]、私としては、デリダ当人の思惑はともかく、むしろ「暴力と形而上学」はレヴィナスその人の「企て」を確かに突いていたと考えている。ただし、その「企て」およびそれへの「攻撃」とは、「全き他者」をめぐる「倫理」の根底にある「平和」に対し「超越論的暴力」を突きつけるというものではないだろう。むしろ、それはほかならぬこの「ユダヤ性」の問題、なかんずくそれと「ギリシア性」との「翻訳」的関係に関わるように思われる。

　事実、近年公刊されたレヴィナスの「捕囚手帳」に書かれた次のような一節は、レヴィナスのそもそもの「企て」がどこに存していたかを如実に物語っているだろう。レヴィナスはそこで「現存在から出発するかJから出発するか」と書いているのだが（O1, 75／九〇）、このようにそもそもレヴィナスは、彼自身が生涯にわたりきわめて重視していたハイデガーの――とりわけ『存在と時間』の――議論を換骨奪胎するかたちで、その根源のところを「現存在」ではなく「ユダヤ的存在」なるものに書き換えることを自らの「企て」としていたように思われる[11]。ユダヤ思想からなんらかの「存在」概念を持ち出してくるというよりは、「存在」の問いを問う相手を「現存在」ではなく「ユダヤ的存在」とすることによって、ハイデガーのそれとは異なる「存在論」を――たとえそれが「存在の彼方」に赴くものであろうとも——書き上げようという企図である。

もちろん、このレヴィナスの手帳をデリダが見たということはほとんど考えられない。しかし、『全体性と無限』にいたるレヴィナスのテクストにデリダが鋭くこうした意図を感じとったということはありそうなことである。とりわけ、ヘブライズムに肩入れするかどうかはともかく、ハイデガーの「解体」に定位することで、西洋の哲学の歴史をその「外部」から読み替えるという作業そのものの可能性を探っていた当時のデリダにとって、[12] こうしたレヴィナスの企てが大いに示唆に富むものであったことは想像にかたくない。

この観点からすると、『全体性と無限』の議論が当時のデリダに与えていた影響というものを逆に考えて見る必要もあるだろう（その一端を次節にて考察しよう）。さらに興味深いことに、その後のデリダは、こうしたヘブライズムとヘレニズムの二項対立の脱構築を完遂するというよりもむしろ、自ら進んでヘブライズムのほうに赴くような素振りを見せることになる——この素振りの意味については第3節において考えてみたい。

2 『全体性と無限』から『存在の彼方へ』への道——「表出」、「作品」、「身代わり」

さて、先に「暴力と形而上学」の影響を相対化すべきであると述べたが、それでは、デリダの議論とは独立してレヴィナス自身の思想の展開があったとすればそれはたとえばどこに認められるのか。以上はいくつかの事実的な確認にすぎなかったが、ここではいささか内容に踏み込むかたちで、一つの論点だけ抽出しておきたい。注目したいのは、『全体性と無限』において提示された「表出」と「作品」の対である。(13)

「表出」のほうは、レヴィナスが、他者に対する倫理的関係とはまずもって「言説的」関係であると述べていることに関わる。「表出（expression）」は「表現」とも訳しうる語だが、レヴィナスにあっては、これは言表内容に関わるのではない。あいさつや呼びかけの場合に顕著なように、発話者が、眼前に居合わせる対話相手に語りかけることで、自らを発話者として現示するというパフォーマティブな行為を指している。

発話内容における肯定や否定の一切に先立って、「はい（oui）、私はここにいる（me voici）」ということのみを示すかのように、「顔」は「表出」することで私に語りかける。しかも、自らを「表出」することで、「顔」は、そこに割り当てられるさまざまな属性や形式からも解放されると言われる（TI, 43／七二―三）。この意味で、「表出」は、「対面」に現前する「顔」に対する「無媒介」（TI, 44／七四）的で「人称的」（TI, 151／二四九）な関係性に存すると言える。

これに対し、「作品（œuvre）」のほうは、なんらかの意図や行為が現実化されたものと言えよう。これは、具体的な芸術作品や文学作品に限定されない。人間が為した行為、作り出したもの、制作物、さらには発した語すらも「作品」となりうるだろう。ところで『全体性と無限』の「作品」観の力点は、この「作品」の秩序においては、「主体」が不在となり「裏切られる」という点にある。「作品から出発すると、私はただ演繹されるだけで、すでに誤解されており、表出されるというより裏切られる」（TI, 192／三一二―三）。

このように、少なくとも『全体性と無限』のレヴィナスにとって、「作品」は、「私」と「他者」の特異性をそこから奪いとり、ひいては全体性を構成する秩序を構成するものとされている。昨今のSNS等における「つぶやき」が、世界規模に張り巡らされたネットワークのシステムゆえに、発話者の手の届かない範囲でさまざまな「誤解」を生むことを考えてみればよいかもしれない。いずれにしても、「顔」の「無媒介的」な関係性である「表出」と異なり、「作品」は、「私」と「他者」とのあいだの第三項を介した「媒介的」な関係を構成し、こうして「一般的」で「非人称的」な関係性のなかに組み込まれることで、作者本人の特異性が失われていく、という事態が問題となっている。

ちなみに、注目すべきことに、この「表出」と「作品」の対については、レヴィナスにおけるある種のプラトン主義を見逃すことができない。『全体性と無限』において、レヴィナスは『パイドロス』を引いて、表出のほうは、それを発した「父」たる発言者が発言行為自体に居合わせているのに対し、「作品」には「父」が不在だという箇所に言及しているのである（TI, 198／三二一）。

だとすると、「暴力と形而上学」の時期のデリダの問題系に引きつけるならば、「作品」のほうは明らかに「エクリチュール」の秩序にあるのに対して、「顔」との言説的関係を中心に据えるレヴィナスの「倫理」の思想はいわゆる「パロール中心主義」的な思想である、と明白に主張しうるようにも思われるかもしれない。

マーティン・ヘグルンドは、『ラディカル無神論』という本のなかで、まさにそのような観点から「これは、現前の形而上学のうちでももっとも広く浸透したものとしてデリダが分析した音声中心主義の典型的な事例である」と述べている[14]。だが、デリダは、少なくとも「暴力と形而上学」においては、そういうかたちでレヴィナスの「表出」／「作品」に触れることはまったくしていないのだ。このことはきわめて興味深いことのように思われる。つまり、もしかすると「エクリチュール」と「パロール」をめぐるデリダ自身の考えのほうが、レヴィナスの「作品」と「表出」の二項対立という着想から影響を受けているのではないかとの仮説すら立てることができるかもしれないからである[15]。

ただし、本章の関心は、この二項対立に立脚した『全体性と無限』期の議論が、その後のレヴィナス自身の思想においてどのような変容を被るかである。この点については、とりわけ先に挙げた一九六三年の論文「他者の痕跡」が決定的である。先述のように「痕跡」や「彼性」という概念がはじめて登場したのもこの論文であったが、ここではそれ以上に次の引用に目を向けたい。

実際、根底的に考えられた〈作品（Œuvre）〉とは、〈同〉がけっして〈同〉に回帰することなく〈他〉に向かう運動である[16]。

ここで大文字で表された〈作品〉は、『全体性と無限』におけるように、主体の不在のままある種の全体性の秩序を構成するようなものとはみなされてはいない。むしろ主体自体が、〈同〉に回帰することなく〈他〉へと向かう運動だとされる。レヴィナスが明言するように、オデュッセウスのように生まれ故郷に戻ることなく、新たな地に向かうモーセがその具体的形象である。この比喩はともかく、問題となっている〈同〉の運動自体は、『全体性と無限』の言葉を用いるなら、形而上学的欲望になぞらえるべきものであって、むしろ「表出」のほうに位置づけられるはずのものである。事実、レヴィナスは、この意味での〈作品〉こそが、〈他〉へと「無償で」贈与される、すなわち〈同〉に対するなんらの見返りなしに向かうものであって、それゆえ「倫理そのもの」をなすと述べ、同論文の次節ではさらにこれを明白に〈欲望〉へと結びつけているのである。このようにして、「他者の痕跡」においては、評価が逆転するようなかたちで、「表出」ではなく、大文字化された〈作品〉のほうが肯定的な意義を獲得するにいたるのである。

なぜ「表出」ではなく「作品」が「倫理」と言われうるかについては、œuvreが語源的に〈ラテン語のopusにしてもギリシア語のergonにしても〉「義務」ないし「奉仕」の意味を併せもつことを考えてみるとよいだろう。レヴィナス自身、ここでの〈作品〉の例証として、同じく語源にergonを有し、歴史的には「公共奉仕」を指していた語liturgie〈一般的な意味としては「典礼」〉を挙げている(17)。この意味で、「作品」というよりも「業」などの訳語が提案されることもあった（ただしわれわれとしては、原語ではいずれも同じ語であるためにあえて「作品」とする)。

ところで、興味深いことに、レヴィナスはここでバタイユ的な問題系も意識しているように思われる。引用箇所の近辺で、この意味での〈作品〉とは、見返りを求めない「無償性」に存するとはいえ、「他者」へと赴く運動であるかぎりにおいて、「純粋な浪費」としての「蕩尽」とは異なるとわざわざ注記しているのである。この指摘は、発言内容とは裏腹に、バタイユのような「蕩尽」的なあり方と、レヴィナスの言う〈作品〉との共通点を考えさせてくれる点で興味深い。後者は、確かに「奉仕」的な「倫理」的営為であるとはいえ、明白に、互酬性のシステムに回収されないようないわば無限の自己贈与として考えられているのである。

このように考えると、デリダを介することなく、『存在の彼方へ』の思想の核心へと赴くこともできるようになるだろう。もちろん、今見たような大文字の〈作品〉概念は、「他者の痕跡」(および『他者のユマニスム』第一章)のなかでしか論じられず、『存在の彼方へ』をはじめ、レヴィナスの後期のテクストではほとんど見られない。しかし、「同へと回帰することなく他へと向かう運動」というあり方それ自体に目を向けると、これがレヴィナスの思想の中核に一貫して保たれ、むしろ一定の深化を見せていることに気づかざるをえない。事実、〈他者〉へと赴くこうした自己贈与的な運動は、『存在の彼方へ』においては、いっそう自己犠牲的なものと捉えなおされ、晒け出し(exposition)、自らを捧げること(s'offrir)、そのような意味での「奉仕(service)」、さらには「身代わり」というふうに定式化を見せるようになる。[18] ここではモーセ以上に、目の前に〈他〉が居合わせないのにもかかわらず「我ここに」と遅れて応答するアブラハムを、あるいは「苦しむ僕(serviteur souffrant)」としてのイザヤを召喚すべきかもしれない。

いずれにしても、以上のようにして「暴力と形而上学」に先立つ「他者の痕跡」という論文を媒介にして『全体性と無限』と『存在の彼方へ』をつなぐことができ、またそれが「身代わり」概念というういわゆる後期レヴィナスの中心概念まで及んでいると解釈できるならば、そこから二つの帰結が導かれるだろう。

一つは、繰り返し述べてきたように、「暴力と形而上学」のインパクトは、しかるべき文脈のなかに置きなおすべきだろうということである。もし影響関係を重視するのであれば、デリダと並び、あるいはデリダ以上に、先に名前を挙げたバタイユ、あるいは「作品」概念に関してレヴィナスと同様に——とりわけハイデガーに着目しつつ——気を配っていたモーリス・ブランショとの対話も重要となるだろう。あるいはさらに、ブランショやデリダとも近しかった人物であるが、レヴィナスが「他者の痕跡」において「彼性」という言葉をはじめて用いたときに言及しているロジェ・ラポルトという作家も見逃すことはできないはずだ(19)。いずれにしても、『全体性と無限』から『存在の彼方へ』への展開を問題とするのであれば、デリダを含めたもう少し広いネットワークに留意する必要があるだろう。

もう一つの帰結は、今述べたこととは逆向きのことである。上のように「表出」/「作品」から大文字の〈作品〉、さらに「身代わり」へという展開を見ていくと、むしろその反響は、その後デリダが練り上げていくさまざまな考察のうちに認めうると言うこともできる。たとえば、「表出」は、「作品」としてのエクリチュールに対する純粋なパロールではなく、あらゆる発言や否定にも先立つパフォーマティヴな営為としての「起源の諾《ウィ》」という問題につながるだろう[20]。また、レヴィナス自身がそこから展開した〈同〉に回帰しない〈他〉への自己贈与的な運動は、デリダの「贈与」や「犠牲」をめぐる議論と一定の重なりを見せるだろう。そうすると、単に「表出」と「作品」を「パロール」と「エクリチュール」の差異に帰着させ、デリダ的な観点からレヴィナスに対しなんらかの脱構築的読解を施して満足することにとどまるわけにはいくまい。逆に、『全体性と無限』から『存在の彼方へ』へのレヴィナス自身の思想的展開がデリダに対しいかなる影響を与えたのかという視座こそが今後は必要となってくるであろう。

3　レヴィナス化するデリダ？——赦し（pardon）をめぐって

さて、以上、「表出」、「作品」に注目し、そこから見てとれるレヴィナスの思想の独自の展開を確認し、逆にデリダへとあてがってみる可能性について言及してきたが、本章の目的は、このようにしていくつかの概念をめぐって交錯関係があることを指摘することにとどまらない。とりわけ八〇年代以降のデリダのテクストを見ていくと、そこにはあえて「レヴィナス化する」と呼びたい誘惑も生じるようなデリダの身振りが浮かび上がってくるように思われる。それが確かなのだとすれば、そうした事態をどのように捉えるべきだろうか。

実際、公刊テクストや講義録を瞥見すると、八〇年代からのデリダは、八〇年公刊の二つ目のレヴィナス論を皮切りに、[21] 現代の独仏のユダヤ人思想家らの問題系に明示的に介入するようになる。カフカを主題的に論じた八二年の『掟の門前』、八四年のツェラン論『シボレート』、ここにさらに九一年の『割礼告白』や九二年の『他者の単一言語使用』（ローゼンツヴァイクに加えアーレントが言及される）も組み入れることができるだろう。これに関連してさらに指摘すべきは、社会科学高等研究院で八四年から続けられていた「哲学の国籍とナショナリズム」をテーマとする一連の講義である。[22] そこからは、ローゼンツヴァイクとショーレムを取り上げた『言語の目』、ヘルマン・コーエンを取り入れた「戦争中の諸解釈――カント、ユダヤ人、ドイツ人」などが生まれることになる。[23] そして、それ以降、デリダのさまざまなテクストにおいて、「責任」、「歓待」、「赦し」、さらには「メシアニズム」といったこれまでのデリダであれば躊躇なしには用いなかったような語彙が用いられるようになるわけである。

実際、これまで一部の専門家のものとされていたユダヤ思想が幅広く論じられるようになったのは八〇年代以降のことである。たとえばこのころから、デリダより若い世代のフランスの哲学研究者が、とりわけ二〇世紀前半のドイツにおけるユダヤ思想に着目していくことになる。なかでもステファヌ・モーゼス（Stéphane Mosès）、マルク・ド・ローネイ（Marc de Launay）、ドミニク・ブーレル（Dominique Bourel）、ピエール・ブーレッツ（Pierre Bouretz）、ジェラール・ベンスーサン（Gérard Bensussan）、マルク・クレポン（Marc Crépon）、カトリーヌ・シャリエ（Catherine Chalier）といった研究者らが、ドイツをはじめとしたユダヤ人思想家らのテクストを精力的にフランスに紹介し研究対象とするようになり、現代フランスにおけるユダヤ思想研究を一挙に加速させる。デリダにおける「ユダヤ性」の問題はそれ自体膨大な問題であり、[24] 本章では本格的に論じることはできないが、少なくとも確認できるのは、デリダ自身が、以上のように言及を増すだけでなく、自分自身の「ユダヤ性」を問題にしていくようになることだ。[25] 冒頭で述べた「フランス語圏ユダヤ人知識人会議」や「ユダヤ性」シンポジウムでの講演はその延長線上に位置づけられるとすら言えるかもしれない。

こうした身振りをいかに捉えればよいだろうか。論じるべき論点は多々あるだろうが、以下では「赦し（pardon）」の問題に焦点を絞りたい。そうすることで、先に言及した「われわれはユダヤ人か、ギリシア人か」という問いが、レヴィナスとデリダのあいだで、そして両者各々のなかで、つねに振動している磁場であることがいっそう明瞭になるように思われる。

赦しという問題が、とりわけ九〇年代以降のデリダにおいて多様なかたちで取り上げられるようになるのは周知のとおりだろう。『信と知』に収められたミシェル・ヴィヴィオルカとの対談「世紀と赦し」[26]や、また、ジャンケレヴィッチの「赦し」を扱った「赦すこと——赦し得ぬもの、時効にかかり得ぬもの」という講演も見逃せない。[27] そのなかで、レヴィナスとの関係についてとりわけ次の三点を指摘しておきたい。

第一に注目すべきは、まさに今挙げた赦しをめぐる二つのテクストにおいて、レヴィナスにおける「赦し」の問題系が奇妙にも不在であることについてである。周知のように、この二つの赦し論のなかで、デリダは、アーレントとジャンケレヴィッチの名を挙げて、両者が赦しを人間的な次元にとどめていたことに対し批判を行なっている。赦しは人間に対してしかなしえないという条件をつけることは赦しをそもそも不可能にするというのだ。しかし、奇妙にもと言ったのは、もし「人間的な赦し」が論点であれば、レヴィナスその人をこそ赦しをもっとも人間的な次元で考えることを提案した思想家としてとりあげてしかるべきだからである。

たとえば『困難な自由』のなかで、レヴィナスは次のような、ある意味では驚くべき主張を行なっている。

> 神に対してなされた罪は神の赦しに属する。人間を襲う罪は神には属さない。〔…〕誰も、神でさえ、犠牲者の身代わりになることはできない。赦しが全能である世界は非人間的である(DL, 37／二八)。

ここには、きわめて「人間中心的」とも言うべきレヴィナスの思想の特徴が、ほかならぬ「赦し」において現れているが、これはレヴィナスにあっては稀な見解ではない。神にしか属さないような「全能」の「赦し」は、人間のみが担いうる「赦し」を、さらには「責任」を無用のものとしてしまう――このような考えは、実のところ『困難な自由』のいたるところに見られる。たとえば、神に帰される「全能」かつ「無限」の赦しは、「すべてを救うという口実で何も救わない」（DL, 147／一三九）、さらには「無限の赦しの可能性は無限の悪を誘う」（DL, 197／一八七）と言うことすら辞さない。それに対し、「人間に対して犯された罪は、それを被った人間によってしか赦されえない」。こうした言及が『困難な自由』という「タルムードの知恵」に基づくテクストでなされるとしても、それがレヴィナス自身の哲学的概念である「責任」と無関係でないことは確かであろう。『タルムード四講話』に収められた一九六三年の講話で、レヴィナスは「赦し」を主題的に取り扱っているが、そこでは、神にのみ帰される全能の赦しがヘーゲル的な歴史の裁きに連なるものとされ、それに人間的な次元における赦しが対置され、さらにそれが他者に向けられた「発話」、さらには「責任」へと結びつけられているのである（QLT, 46／四九）。

赦しが「人間」の次元に属するという考えは、レヴィナスの哲学的なテクストにおいても一貫して保持されている。レヴィナスにあって、とりわけ『全体性と無限』第四部では、「女性的」な「他者」との身体的接触である「愛撫」を通じて得られる「赦し」こそが、主体に対しあたかも一つの救済をもたらすかのように、自らを「子」として生起させる契機とされる。「子」あるいは「繁殖性」という問題系のなかに「赦し」が書き込まれているという事態は、デリダにとっては見逃せない論点のように思われるのだが、興味深いことに、これに対しての言及も見当たらない。どうしてこの問題に言及しなかったのか、あるいは言及したとすればどのような議論になるのか――このこと自体は今後問うべき問題として残されている（あわせて、『散種』、『弔鐘』、あるいは『友愛のポリティクス』などで、デリダがレヴィナスの「繁殖性」、「父子関係」、「兄弟関係」について言及していないのはどうしてかを問うこともできるだろう。いずれにしても、その奇妙な不在、言い落としを起点にして、レヴィナスとデリダを改めて並べて読むべき可能性は残されているだろう）。

赦しに関して、第二に指摘しうる問題は、ここでもまたデリダがレヴィナスについて直接は論じていないテクストに関わる。一九九八年の講演「relevante な翻訳とは何か」というきわめて翻訳しにくい表題を付された講演がそれだ。(28) これはデリダによる『ヴェニスの商人』論と言えるが、ここでのデリダの関心はもっぱら裁判官に扮したポーシャの "Then the Jew must be merciful" および "When the mercy seasons the justice" という発言の翻訳可能性に向けられている。主人公アントニオが約束の借金の返済ができなかったため、ユダヤ商人シャイロックは、契約に従い――つまり「正義」の原理に則り――アントニオの体の一ポンドの肉を要求する。そこで裁判官を演じたポーシャが、なるほど「正義」に則りただしく一ポンドとるがよい、しかし、その他には一滴の血も流してはいけない、と宣言する名裁きの場面に件の台詞は挿入されている。"When the mercy seasons the justice" に関しては、この season という動詞が、フランス語の assaisonner と同様に、「味をつける」「味わいを豊かにする」という意味をもつため、ひとまず文面を「慈悲が正義を和らげるとき」

と訳し、内容については、厳格な正義は柔和な慈愛でもって調整、補正されるべきだ、と理解することができるだろう。デリダはこの season の語の多義性に留意しつつ、これを次の要素を鑑み、relever という語で翻訳することを提案している。第一は、調理について言われるように(味を)「引き立てる」こと、第二に、高めること、第三に、かつてデリダ自身がヘーゲルの Aufheben に対するフランス語の訳語として取り上げたように、この語が廃棄と高揚、あるいは否定されたものの保存を含意するということである。他方、mercy については、通常は「慈悲・憐憫」(miséricorde)とも訳しうるところを、「赦し」と訳すべきだと提案している。

このようにデリダは、ポーシャの台詞の翻訳可能性をめぐって、「赦し」が「正義」をどのように「引き立て」、「高め」、「揚棄」するかという点を検討しているのだが、ここで強調すべきは、デリダの分析が、単にそれぞれの語の翻訳の問題にとどまらず、まさしく「赦し」と「正義」とのあいだの翻訳的関係の問いを浮かび上がらせることにも向けられていることだ。

「赦し」の秩序と「正義」の秩序をどのように連絡するか、一方を他方によってどのように「和らげ」、「引き立て」、「廃棄」すると同時に「高める」か――この問題は、レヴィナスその人がまさしく「倫理」と「正義」のあいだに見た問題にほかならないだろう(本書第3章を参照)。あるいは「表出」と「作品」のあいだ、と言うこともできる。レヴィナスにあっては、媒介者たる「第三者」が登場することによって設立される「正義」の次元とは、「顔」に向けられていた無限の責任が限定され、複数の他者へと向けられるために、計算可能となり、比較可能となる次元であったが、それは同時に「倫理」を「翻訳すること（traduire）」でありかつ「裏切ること（trahir）」であるとされていたのだった。

> 第三者との関係は、顔が脱‐顔化する近さの非対称性の絶えざる矯正（correction）である。そこには、重み、思考、対象化、そして停止点があるのだが、そこで私の彼性への無‐起源的な関係は裏切られると同時に万人に対し翻訳される。（AE, 246-7／三五九―三六〇）

デリダは、一九九七年公刊の『アデュー』において、第三者の登場にともなう「正義の展開」に「一つならぬ裏切り」を認め、そこに「準‐超越論的」な「偽証（parjure）」の可能性を探っている。(29) ここでもレヴィナス自身の「翻訳」の「裏切り」の問題は意識されていたはずだ。だとするならば、「翻訳」をめぐるテクスト上では名が挙げられないとはいえ、そこで言外に、レヴィナスにおける「倫理」と「正義」、さらには「ユダヤ的なもの」と「ギリシア的なもの」との翻訳可能性の問題への問いかけもまた演じられていたのではないだろうか。

ただし、一九九八年の講演「relevante な翻訳とは何か」それ自体は、「赦し」の問題を「贖い、贖罪、和解をして救済」へと結びつける可能性を示唆し、さらに、赦しが「もっとも神的な力に似て、もっとも神的な力のように現れる人間の力」のうちにあるという考えをシェイクスピア自身から引き出すのであって、このかぎりにおいてわれわれが第一に述べた人間的赦しと神の赦しとの関係に力点を置いていることは確かである。こうした論の展開は、周知のごとく、いわゆる「歴史の終わり」の議論を受け、ヘーゲル的な「世界史」の進行の一つの完成を画する「赦し」ないし「和解」、さらには「最後の裁き」といった観念や、通常の「赦し」の秩序を超えるように見える「恩赦」の問題、さらには戦後史を彩るさまざまな「告白」の世界的な「劇場化」の現象などに対する九〇年代のデリダの一貫した関心に基づくものと言えるだろう。

だが、われわれの「赦し」をめぐる第三の論点として、デリダのこうした関心が、けっしてユダヤ的な「赦し」の問題と無関係ではなかったことを指摘しておきたい。デリダは、はじめてフランス語圏ユダヤ人知識人会議で行なった講演「告白する――不可能なものを」のなかで、無条件的赦しと条件的赦しの関係を「アポリア」だとしつつ、ヘルマン・コーエンからベンヤミンを経てレヴィナスにいたる文脈をなぞりながら、「ユダヤ的な赦し」の問題に言及しているのである。(30)

先のシェイクスピア論と同年に行なわれたこの講演でデリダが念頭に置いているのは、ヘブライ語のテシュヴァーという語である。この語は、赦しと同時に、改悛、自らの罪を告白し悔い改めること、さらには自分自身への、こう言ってよければ「本来的」な自分自身への「回帰」も表す言葉である。文脈によっては、ユダヤ教から離れつつあった者が、悔い改め、赦しを受け、こうして元来のユダヤ教へと「回帰」するという意味でこの「テシュヴァー」が用いられることもある。ちなみに、「テシュヴァー」のもっとも象徴的な事例の一つは、「ヨム・キプール」、すなわちユダヤ教の「大いなる赦しの日」に、キリスト教への改宗を止めてユダヤ教に向き直ったローゼンツヴァイクに認められるだろう。

デリダはここで、管見でははじめてレヴィナスの赦し論に言及し、そこでレヴィナスが条件付きの赦しの概念を用いていることを足早に示唆している。ただし、デリダの関心は、レヴィナス（およびベンヤミン）から「和解なき赦し」という考えを取り出すことで、赦しえないものの赦しという「赦しのアポリア」を浮き彫りにすることにある。だが注目すべきは、この「赦しのアポリア」が、さらに「告白のアポリア」とでも呼びうるものに結びつけられ、そこからさらに、自分自身についての告白に結びつけられていることだ。「告白するとは、赦すことが赦しえないものを赦すことであるのと同様に、告白不可能なものを告白することである。不可能なことを行なうことであると述べた後、明白にレヴィナス的な語彙を用い、そのような「ジレンマ」を他者へと告げることが「私が免れることのできない唯一の責任」であり、引き受けざるをえない「選び」であると述べるにいたるのである。[31] ここでの「私」とは、すなわちデリダその人のことである。

とするならば、ここに賭けられているのは、単に赦しおよび告白一般の不可能性ではなく、こう言ってよければデリダ自身の「告白」をめぐる問題であろう。デリダは、一九九八年のフランス語圏ユダヤ人知識人会議での講演「告白する――不可能なものを」の後で――あるいはそれに先立ついくつかの「告白」的テクストの後で――、二〇〇二年の「ユダヤ性」をめぐるシンポジウムでの講演「アブラハム、他者」で自分自身の「ユダヤ性」の問題について集中的に論じることになる。

そこに、ついに「テシュヴァー」、ユダヤへの「回帰」を完遂したデリダの姿を認めるべきなのだろうか。レヴィナスに対し、ユダヤ性とギリシア性の「偽装」的関係を突きつけたデリダにとって、ギリシアという装いとユダヤという装いはいかなるものであったのか。

「アブラハム、他者」においては、「テシュヴァー」が焦点化されることはない。とはいえ、サルトルの「本来的ユダヤ人」の議論を見越して、その前半部でなされる告白的回顧のなかで、かつて「最後のユダヤ人（le dernier des Juifs）」というあだ名を自身につけたことを引き合いに出し、次のような逆説的なあり方を描き出している。

もっとも少なくユダヤ的である者、もっともユダヤ人にふさわしくない者、本来的なユダヤ人の称号に値する者のなかで最低〔最後〕の者、と同時に、そうであるがゆえに、場所との、局地的なもの、家族的なもの、共同的なもの、民族的なもの等々との、根こぎ的で普遍主義的な断絶の力ゆえに、万人のなかでもっともユダヤ的な役割を担うことを楽しむ者、さまざまな世代からなる遺産を引き受けることを定められた最後の、唯一の生き残り〔…〕。(32)

偽装をすることで自らがユダヤ人であることを拒否すればするほど自らのユダヤ性が浮き彫りになるということは、かつてハンナ・アーレントがラーヘル・ファルンハーゲンに認めたアポリアであったのだが、(33)とはいえデリダ自身が自らに認めるのは、そのような「パーリアとしてのユダヤ人」というよりは、「不可能性」の論理によって構造化された「最後のユダヤ人」としての自らの姿であったと言えよう。すなわち、自らにおける「ユダヤ性」を問題にし、「テシュヴァー」の問題を立てることで、そのような「告白」、「回帰」ないし「赦し」がそれ自体として「不可能」なものにとどまることを絶えず浮き彫りにするということである。

したがってデリダが「レヴィナス化」したかと言えば、当然のごとく、そのような粗雑な形容では問題はなにも捉えられないということになろう。レヴィナスに関してデリダが継続的に行なったことは、レヴィナスの問題系の内部にあえて介入し、あるいはそれを自らの言説そのものに介入させ、そのことで当の問題系を差異化し、攪乱するという作業であっただろう。もしそのようにまとめられるならば、おそらくそれは「脱構築」の営為そのものなのであろうから、結局デリダは徹頭徹尾「デリダ」にとどまったと言うこともできるかもしれない。いずれにせよ、そうであるならば、デリダとレヴィナスという問題系は、そのように内と外から差異化された多様な視点から考えていかなければならないだろう。

第3章　顔のない正義

二〇世紀の哲学者がたいていそうであったように、エマニュエル・レヴィナスもまた「政治」という主題とさまざまなかたちで関わっている。それも、単に理論的な理由ばかりでなく、レヴィナス自身が置かれていた時代的な背景との関連もあるだろう。「倫理」を「第一哲学」と呼ぶこともはばからないレヴィナスの思想にあっては、ある論考の表題が告げるように「政治は後で！」として[1]、政治に根源的な意義が認められていない、とすることも確かに可能であろう。とはいえ、その第二の主著と言われる『存在の彼方へ』を中心に見られる「正義」概念は、「責任」という他者との倫理的対他関係を政治的な次元へと開くものとして、レヴィナスの倫理思想における「政治思想」ないし「政治哲学」の契機ともみなされ、一定の関心が払われてきた。他方で、時代背景との関連では、とりわけレヴィナスは「ショア」を体験し、その後タルムードをはじめとするユダヤ教の思想的な伝統の継承を主張し、戦後フランスのユダヤ人共同体のなかで指導的な地位を占める。無論、〈六八年五月〉や中東戦争をはじめとする戦後の世界情勢とも無縁ではなかった。

このような状況のなか、レヴィナスにおける「政治」の問題については、近年ますますの注目が集まっている[2]。この問題を主題とする論考だけでも網羅的に挙げることはもはや困難になってきているが、本章では、そのなかで個別の論点を主題化するよりも、レヴィナスにおける「政治」が問題となるとき、いくつかの「型」があることを指摘したい。すなわち、レヴィナスの思想にどのように「政治」の問題を見てとるかという主題に対し、論じ方ないしアプローチの「型」として、区別して考えるべきものがあるように思われるのである。本章ではなかでも「他者」というレヴィナスの鍵語とも言えるものが、それぞれの「型」においてどのように位置づけられるのかに注目したい。

以下ではまず、第一の型として、いわゆるレヴィナスの「正義論」を取り上げる。その上で、第二に、この「正義論」を含め、レヴィナスの「他者の倫理」の思想のいわば限界を指摘するかたちで二〇〇〇年代以降の英語圏でなされる議論の「型」を取り上げたい。ここで問題となるのは、「無限の正義」としての「無限の責任」という考えである。第三に取り上げるのは「歓待」という主題である。デリダが着目したこの概念は、しかし、無限の他者の受け入れという（第二の型に含まれる）発想にとどまらず、さらに自己の変容ないし自己の解体を強いるような他者の受け入れという新たな型を形成しているように思われる。

これらの三つを取り上げるのは、レヴィナスの哲学における中心的な概念といえる「他者」の位相がそれぞれにおいて異なっているように思われるためだ。レヴィナス的「他者」なるものを「政治」という次元に導入する際に場合によっては起こりうる誤解やミスリーディングを避けるためにも、この位相の違いを明確化しておくことはいまもって必要だろう。

1　レヴィナスの「正義論」

レヴィナスの思想を「政治」の問題に結びつけるとき、その典型的な「型」は、言うまでもなくレヴィナスの「正義論」と言われるものに見られるだろう。これは、レヴィナスの第二の主著と言われる『存在の彼方へ』において定式化された次のようなものだ。

周知のように、レヴィナスの「倫理」思想は、「他者」への「応答責任」という概念をその中核にもつが、この場合の「他者」（「顔」と呼ばれる）は基本的に「私」に対し一対一の対面関係にある。「倫理的」と呼びうる関係において「他者」ないし「隣人」は言うならば「ただ一人」なのだ。これに対し、別の「隣人」、もう一人の「隣人」、「他者」の隣人でもあるような「第三者」が登場するならばどうなるか。レヴィナスはここで、「応答責任」の「倫理」とは異なる原理を導入する。それが「正義」である。この「正義」とは、「比較、共存、同時性、集合、秩序、主題化、複数の顔の可視性」等をその中身とする（AE, 245／三五八）。いわば、複数の「他者」を比較考量する際に求められる「公正さ」と言うべきものだろう。

このような「正義」概念は、レヴィナスの思想の政治的な含意を重視する読解によって幾度も注目されてきたものである。と同時に、「倫理」と「正義」、「顔」と「第三者」との関係は、実のところそれほど単純ではなく、いくつもの矛盾とは言わないまでも両義性を孕むものでもあって、これについても多くの精緻な検討がなされてきた。

研究史の詳細についてここで検討することは控えるが、ただ、この両義的な関係をめぐる基本的な構えは、レヴィナス自身によってはっきりと与えられている。とりわけ、一九八六年になされた「道徳の逆説」と題されたインタビューは明快である。

「正義」に対立するかのような「顔」の倫理の話を長々とするのはどうしてか、というインタビュアーの問いに対し、レヴィナスは次のように答えている。

第一の理由は、倫理こそが正義の基礎だということです。正義は最後の言葉ではないからです。正義のなかで、私たちはより良い正義を求めます。それが自由な国家（liberal state）です。第二の理由は、正義における暴力があるからです。正義の裁きが宣告されるとき、特異な私には、私がこの宣告を和らげるためにさらになすべきことを求める可能性が残されています。正義の後に、慈愛のための場があるのです。〔…〕第三の理由は、私、つまりさまざまな私のなかで

の特異なこの私は、普遍性それ自体を改善することのできるものをさらに求めることができる契機があるのです。(3)

レヴィナスが「第一の理由」と呼ぶものには、実は二つに区別すべき論点がある。一つは、「倫理こそが正義の基礎だ」ということである。つまり、レヴィナスが問題にしているのは、「正義」に基づく社会体制や「自由な国家」とはどのようなものであるべきかというより、それが「顔」の「倫理」に「基礎」をもつ、というかたちでの基礎づけの問題だということである。あるインタビューでは「つねに顔を起点にしてこそ、他人に対する応答責任を起点にしてこそ正義が現れる」とも明言されている。(4) ミゲル・アバンスールの言うように、「他者への応答責任」を「国家」の基礎とみなすレヴィナスの政治観には、ホッブズにおける「人間は人間にとって狼である」という各人の剥き出しのエゴイズムを肯定しつつもそれを調停すべく要請される自由主義的国家観とはまったく異なる「基礎づけ」が見られると評価することもできるだろう。(5) もう一つの論点は、レヴィナスはこのようにして「倫理」によって基礎づけられるべき政治のあり方を語るとき、つねに「国家」の必要性を主張することだ。たとえば、国家よりも市民的公共性や評議会といった別様の政治形態のあり方を模索したり、「政治的なもの」の場として国家に先立つ次元における民衆の「蜂起」や人々のあいだの「不和」に注目したりといった観点はレヴィナスにはほとんど見られない。カトリーヌ・マラブーがそのアナーキズム論で言うように、「レヴィナスは絶えず国家の必要性を肯定

する」のである。(6)

ただし、おそらくレヴィナスの政治観の一つの特徴は、このような国家的な政治の要請とそれへの批判とが――しかも同じ理由で――同居している点にあるだろう。(7)右の引用で「第二の理由」として掲げられているように、「正義」は万能の原理ではなく、つねにそこには「暴力」が潜んでいるからだ。つまり、レヴィナスは、「正義」の次元たるべき「政治」の領域を普遍性や公正性を原理とするものとみなしつつ、同時に、こうした体制は、普遍的であるがゆえに個々の人々(なかんずく「他者」)がもつ特異性を尊重できないという「暴力」性をもつ、と一貫して認めているのである。ここでの「暴力」とは、具体的な暴力ではないのはもちろん、さまざまな権力作用の行使でもない。むしろそれは、他者を普遍的な秩序のもとに回収し非人称的な存在として取り扱うという態勢に存している。ある討論で言われるように、国家はたとえそれが理性的な秩序をなしているときでも、その普遍性ゆえに「見ることのできない」「他人の涙」がある。(8)ロールズの「無知のヴェール」と同様に、「正義=公正」の次元においては、「他人」の特異な「顔」を見てはいけないのだ。

ここでこそ、レヴィナスが「第三の理由」と呼ぶもの、すなわち「普遍性それ自体を改善することのできるものをさらに求めることができる契機」が重要になる。「正義のなかで、私たちはより良い正義を求め」るような契機だ。いささか循環しているが、ここにこそ「第一の理由」における「倫理」による基礎づけがいっそうの意義をもつだろう。

こうした「倫理」と「正義」の相関関係を理解するには、「正義」をモチーフにしたいくつかの形象を思い起こすとよいかもしれない。一つは、有名な「正義」の女神テミス／ユスティティアの二つの姿である。すなわち、一方の像は目隠しをしており、公正にその裁きを下すために、「他者」の「顔」をけっして見ることができない。もう一つの像は、目隠しを外し、慈愛に溢れた眼差しを「他者」の「顔」に注ぐ。ここに現れているように、一方で「正義」の次元においては、むしろ「他人」の「涙」は見ないでおく必要がある。「正義」において第三者たちは「顔なし」でなければならないのだ。(9)と同時に、このような「正義」は「慈愛」によって和らげられなければならない。このような正義と慈愛の両義性ないし相補性を示すもう一つの有名な形象が、前章でも触れたシェイクスピアの『ヴェニスの商人』に認められる。同書で裁判官に扮したポーシャが語るように、あるいはこれに関する優れた論考でデリダが示すように、「正義」は一方でその厳格さを旨とするが、「正義」がいっそう引き立つためには「慈愛」による「和らげ（seasoning）」を必要とする。(10)この往還関係こそが、レヴィナスの「正義」論にあっても、他者との「倫理」が公正な社会体制を基礎づけ、場合によってはそれを変革させていく要請となるというかたちで通底していると言えるだろう。

このような考えは、たとえば『困難な自由』や一連のタルムード講話において見られるような、いわば道徳的主体としての「イスラエル」による「メシア的」政治観や、「ダヴィデの国とカエサルの国」とも接続しうるものであろうが、この点は別稿に譲ろう。ここで指摘しておくべきは、このような考えは、とりわけ二〇世紀後半に、硬直する政治を変革するための新たな原理としての「倫理」への注目というかたちで、実際にもいくらかの影響をもたらしてきたことだ。とりわけ言及すべきは第二ヴァチカン公会議以降に南アメリカのカトリックにおいて生じた「解放の神学」の文脈のなかでレヴィナスに積極的に依拠しようとしたエンリケ・ドゥセルや、[11]「プラハの春」以降のチェコ・スロヴァキアにおいて共産党体制を打破するために「ビロード革命」の中心にいつつ、獄中でレヴィナスからインスピレーションを得ていたヴァーツラフ・ハヴェルなどだ。[12]

東欧における全体主義体制からの脱却を求める動きについては、たとえばさらにクロード・ルフォールが、制度の硬直化を防ぎ新たな「民主主義の発明」をもたらす「息吹」と呼んだものは――たとえルフォール自身は「倫理」や「正義」とは呼ばなかったとしても――、レヴィナスの正義論と構造的には近しいかもしれない。[13] 同様の指摘は、フランス政治哲学のなかでルフォールを引き継ぐミゲル・アバンスールの思想にも言えるだろう。サイモン・クリッチリーは、レヴィナスにおける政治をポジティブに考えるために注目しうる論点として、レヴィナスの「無起源（anarchie）」を取り上げ、これをアバンスールの思想に結びつけているが、この指摘は示唆に富む。[14] あるいはより広い政治哲学的な観点からは、政治体制それ自体の問題ではなく、それに参与する人々における「エートスの陶冶」を重視するような主張と合流しうるかもしれない。[15]

ただ、他方では、レヴィナスの発想は、基本的に「私」の「主体性」の構造に関する現象学的な分析に基づくものであるがゆえに、その政治的なビジョンもまた、――「主権」的でなく「自己犠牲」的なものへと変転しているとはいえ――結局「私」＝「主体」中心主義的なものにならざるをえないような印象も受ける。[16] いずれにしても、「他者」はあくまでその声なき声に応答すべき相手として捉えられており、協働ないし抗争して「政治」を刷新するようなパートナーとしての地位は与えられていない。ジジェクがレヴィナスの言う非対称的なかたちで倫理的責任を担う主体という発想について批判的に述べた、「この非対称性は実際的には、あらゆる他者への責任を引き受け、特権的なかたちでこの責任を体現する、〈一つ〉の特定の集団を特権化することに行きつきはしないか」という問いもまた[17]、――実際レヴィナスにおいて「イスラエル」がこうした集団に準えられることがあるだけにますます――いまもってきわめて重要だろう。

2 「無限の正義」としての「無限の責任」

レヴィナスの「倫理」思想の「政治」的な意義が問題となるとき、以上のような「正義論」とは別のかたちで「正義」のあり方が俎上に載せられることがある。これが本考察で第二の「型」として注目したい、「無限の正義」としての「無限の責任（応答可能性）」という考えだ。

第1章で述べたように、コリン・デイヴィスは九六年に公刊された英語圏の読者に向けた解説書で、次のように述べていた。「それゆえに、レヴィナスの省察は、彼本来の関心領域を超えるさまざまな分野――たとえば、フェミニズム、人類学、ポストコロニアル・スタディーズ、ゲイ・レズビアン理論など――にまで波及することになった[18]」。レヴィナスの他者概念は、各々の社会が見落としている他者（あるいは場合によっては「弱者」）に対する応答を要請するような効用を有しているということだ。このように、さまざまな「他者」を認め、それらへの「応答」の要請を求める議論（あるいはレヴィナスの思想圏内ではこの要請に十分応えられないことを批判する議論）は、とりわけ二〇〇〇年代からの英語圏での読解で本格化する。

もっとも影響を与えたのは、英語圏のレヴィナス研究を牽引した論者の一人サイモン・クリッチリーの二〇〇四年の論文「レヴィナスの政治観の五つの問題とそれらへの解決のスケッチ」だろう。(19) 「五つの問題」とはそれぞれ、「兄弟関係（fraternity）」、「一神教」、「男性中心主義」、「親子関係および家族」、「イスラエル」である。クリッチリーは、上述のようなレヴィナスの正義論の概要を確認した上でなお、レヴィナスの思想を全体的に見渡すと、どうしてもこれらの「五つの問題」を看過することはできず、むしろこれらの要素がレヴィナスにとっての「クリティカルポイント」となるとする。

ここで指摘しておくべきは、ここでは、「政治」が、レヴィナスのテクストでどう論じられているかではなく、より広い意味で用いられていることだ。むしろ問題は、レヴィナスの「他者」の思想が、そのテクスト解釈の次元においてだけではなく、具体的な社会的・政治的なコンテクストのなかでどのように活かされるのか、という点にある。こうした方向性をいっそう如実に示したのが、二〇一〇年に公刊された論集『レヴィナスを徹底化する』だろう。(20) ピーター・アタートン、マシュー・カラルコという英語圏のレヴィナス研究を先導する新たな世代の研究者らによって編まれたこの論集は、そこに収められた論考のテーマ群がまずもって目を引く。たとえば二〇〇二年の論集『ケンブリッジ必携レヴィナス』では、[21]『ケンブリッジ必携』シリーズの性格もあるが、「レヴィナスとユダヤ教」、「レヴィナスと他者の顔」、「レヴィナスのフッサール批判」、「レヴィナスとタルムード」といった基本的なテーマが掲げられているのに対し、『レヴィナスを徹底化する』は、フェミニズム（D. Perpich）、ポストコロニアリズム（R. Eaglestone）、グローバリゼーション（R. Bernasconi）、エコロジー（J. Llewelyn）、動物（M. Calarco）といったテーマで占められている。事実、この論集は「レヴィナスの仕事を、今日もっとも切迫した社会政治的問題という文脈のなかに位置づけ、探査する」ことを目的とし、「レヴィナスの思想から（肯定的に）引き出せると同時に、その仕事に対する対決ないし問いかけへと（批判的に）導く」ような両義的な課題を明白に掲げているのである。[22]

こうした方向性でのレヴィナス読解は、近年のとりわけ英語圏での趨勢をなしているが、[23]とりわけそのなかでも注目すべき二つのものに触れておこう。

まず、同論集にはジュディス・バトラーの『生のあやうさ』の一部が掲載されているが、このバトラーは、先にクリッチリーが挙げた問題のうちとりわけイスラエルの問題に関して、いっそう本格的な考察を行なっている。二〇一二年に公刊された『分かれ道』のレヴィナスに関する二つの章（いずれも元々は二〇〇七年に発表）である。[24]バトラーはここで、一九八二年のサブラ・シャティラの虐殺の直後に行なわれたレヴィナスのインタビューを念頭に置き、[25]とりわけレヴィナスの「他者」の倫理が、「パレスチナ人」や「アジア人」には認められていないとしてレヴィナスを厳しく批判している。こうしたレヴィナスにおける「パレスチナ人」問題の不在については、とりわけ英語圏では多くの批判があるが、ここで注目しておくべきはバトラーの身振りである。すなわちバトラーは、理論としては「他者の倫理」を説くレヴィナスが現実としては「パレスチナ」を他者と認めていない、という批判を企てているというよりは、『分かれ道』序文が明示するように、イスラエル国家による国家暴力を批判するための足がかりとしてあえて「ユダヤ的源泉」を探ろうとする企図のもと、レヴィナスの「他者の倫理」の意義と問題点を同時に認めつつ、それを脱構築的に読むことで「共生」の存在論・倫理を構築しようとしているわけだ。[26]

次に注目すべきだと思われるのがジョン・E・ドラビンスキーの二〇一一年の著作『レヴィナスとポストコロニアル——人種、民族、他者』である。[27] レヴィナスとポストコロニアリズムについては、二〇〇〇年代以降多くの論考があるが、[28] とりわけドラビンスキーは、レヴィナスの思想が普遍化しうる射程をもっているのにもかかわらず、ヨーロッパ中心主義から免れていないとし、ポストコロニアル理論の観点からレヴィナスを批判的に読解する。「レヴィナスの思想の含意は、政治化された空間のなかに探究されなければならない」[29] というその指針は、これまで見てきた英語圏の「政治的」なレヴィナス読解の傾向を要約しているだろう。さらに注目すべきは、ドラビンスキーがこうした展望のもと、レヴィナスの「他者の倫理」の思想に基づきつつ、同時にそこから漏れてしまっている「その他の〈他者〉」[30]、つまりレヴィナスの言う〈他者〉の枠組みから漏れる複数の他者たちにさらなる注目を寄せることだ。

このように、以上の一連の読解の特徴は、レヴィナスにおける「他者」の「倫理」を踏まえつつも、それを具体的な社会的、政治的文脈に置きなおし、その「他者」の思想のなかに現れていない「その他の〈他者〉」たちへの応答可能性をさらに追求するという点にあるだろう。

こうした読解の背景を探ると、かなりの程度、デリダの「正義」論（ないし「倫理的」転回？）[31]の影響が大きいように思われる。ここには、英語圏へのレヴィナスの導入が、部分的にはサイモン・クリッチリーやジョン・ルウェリンといったデリダに近い研究者によって主導されてきたこともその一因として指摘できる。[32]いずれにしてもそこには、レヴィナスを通してレヴィナスを乗り越えるという脱構築的な企図が認められるだろう。

ただし、近年では逆に、このような「無限の正義」としての「無限の責任」という捉え方には、批判的な見方も出てきているように思われる。先に（第1章で）見たように、「他者への責任」という考えは、いわゆる「ポストモダン」の文脈で、あらゆる弱者に応答せよという、（通常の意味での）倫理的な要請に繋がりかねない。しかしこうした応答は、実際には人間の有限な資源からするときわめて困難だからだ。

「顔」という自らが対面するはずの「他者」に向けられていた「応答責任」の要請が、「その他の他者たち」に対してもーーしかも無限に（あるいはむしろ無際限に）ーー向けられるべしという要請へと転換するとき、確かにそれは、具体的・実践的な観点からは限界を迎えることになるだろう。

ただし、ここでの「その他の他者たち」は、レヴィナスが提示した「第三者」とは異なる位相にあることもここで指摘しておいてよいだろう。「第三者」という「他者たち」への眼差しが要請したのは、公正性としての「正義」の秩序の基礎づけおよび刷新であったのに対し、「無限の正義」における「正義」はそれとは異なる。デリダが「脱構築は正義である」と述べたのは、まさに「正義」が境界確定を拒むがゆえに、その境界の無際限の脱構築こそが「正義」の名にふさわしいということだったが、(33) こうした「無限の正義」の考えがレヴィナスのいう「無限の責任／応答可能性」に重ねられることで、応答すべき「他者」の境界確定もまた絶えず揺るがされるようになるわけだ。いずれにしても、ここでの「他者」および「正義」はレヴィナス自身における用法とは異なる「型」において用いられていると言うことができる。

3　歓待――寛容から自己変容的歓待へ

しかし、レヴィナスの思想に見出しうる「政治」へのアプローチの「型」――特定の論点というより――は、以上の正義論および無限の責任論のほかにも見つけることができる。しかも、これもまたデリダによるレヴィナス解釈から引き出しうるものである。とりわけ、デリダがある程度レヴィナスを参照して提示した「歓待」の概念は、翻ってレヴィナスの思想にとっても重要な問題だっただろう。ここにはレヴィナスにおける「政治」の問題を考えるための第三の「型」があるように思われる。

レヴィナスにおける「歓待」の概念は、もともとは政治的な含意をもっていたわけではない。しかも、固有の概念として構築されていたものですらなかった。『全体性と無限』において「歓待(hospitalité)」は、あるところでは言説的な関係を結ぶ相手としての「顔」の迎接とされ、別のところ(同書第二部)では「家」が他者へと開かれていることと結びつけられている。[34]いずれにしても、このような他者への「倫理的」関係を指す語として用いられていたものの「政治的」な可能性を問うたのがデリダだった。デリダは『アデュー』のなかで次のように言う。「われわれはたとえば、われわれがレヴィナスの思想のうちで分析を試みるつもりの歓待の倫理が、家族的な居住を超えて、社会的、国民的、国家的ないし国民国家的な空間のなかでの権利ないし政治を基礎づけることができるのか否かを問うことができるかもしれない[35]」。

「歓待」に対するデリダの関心は、一九九五年から九六年のEHESSでのセミナーの主題がまさしく「歓待」であったように、九〇年代中葉のその思想の中核にあったことは確かだろう。同時にまたそれは、同時期のフランスにおける「サン・パピエ(正規の滞在許可証を持たない外国人居住者)」の問題が象徴するような、フランスにおける「外国人」「移民」「庇護権」「滞在権」をめぐる問いと密接に結びついてもいた。[36]そのなかでデリダは、逆説的なかたちで、「絶対的」な歓待とは「無条件」の歓待でありかつ「不可能」な歓待であると言う。すなわち、歓待する側にもされる側にも課せられるさまざまな規範、権利ないし義務など、一切の「条件」を乗り越えることにこそ、「絶対的」な歓待があるというのである。(37)

こうした議論はエティエンヌ・バリバールの市民権をめぐる議論や、ジャン゠リュック・ナンシーの共同体論との関わりのなかで多くの注目を集めたものである。(38)そのなかでは、たとえばバタイユに帰される「いかなる共通性ももたないものの共同体」といったかたちで、あらゆる「他者」に開かれた共同体のあり方が注目されることもあった。この観点では、デリダの歓待論から上述の「無限の正義」論を引き出すことは可能だろう。ただし、われわれとしては、それとは異なる「型」に注目したい。

デリダ自身は、上のようにレヴィナスの「歓待」の「倫理」から「歓待」の「政治」を思考するという方向性は示しつつ、『アデュー』を除いて、レヴィナス的な「歓待」の論理を検討する作業はあまり行なっていないように見える。われわれとしてはそこにこそ、すなわちレヴィナス自身の「倫理」の思想を突き詰めたところにこそ、「あらゆる他者」に開かれる「歓待」とは異なる、「自己変容」ないし「自己解体」的と言うべき「型」があるように思われる。

こうした「自己変容」ないし「自己解体」的な他者の歓待の「型」を例証してくれる具体的な事例は、まずはジャン゠リュック・ナンシーの『侵入者』に見出されるだろう。ナンシーは自らの心臓移植の手術の経験をもとに、「自己」における「よそ者」＝「他者」の「侵入」を主題とする。(39)そこでは、自分自身に固有のものだった心臓が次第に自分にとって「よそ者」となっていき、そして自分にとって他なるものであった他者の心臓が自らの身体の内奥に、それこそ中心に侵入し、「私」の一部を構成する。ナンシーが描くのは、「主体＝主人」による「他者＝客人」の迎接であるというよりは、「他者」の侵入が従来の自己と他者の垣根を崩し、「自己」に変容ないし「他化（altération）」を強いる経験だと言えるだろう。(40)

このような発想は、一九九〇年代後半以降にデリダが提示した「自己免疫」という考えとも無縁ではない。一九九六年の『信と知』のなかでデリダはこの考えに言及する。通常の免疫プロセスが、「よそ者」の侵入に対し抗体を作ることで自分自身の身体を防衛するのに対し、「自己免疫」の場合には、この自己防御の働きそのものがいわば「よそ者」となり、これに対し、自己は自らを防衛するために過剰に反応し、自分自身に対し攻撃を加えることになる。(41) もともとは病理学的なプロセスであるこの「自己免疫」を、デリダは政治的な次元に援用する。『ならずもの』においてデリダはこの「自己免疫」を民主主義に結びつけ、そこに次のような「ダブル・バインド」ないし「アポリア」を見てとる。(42) すなわち、民主主義が民主主義であるためにはそれがあらゆる（それこそ無条件の）他者に開かれていなければならないが、他方でその場合には民主主義を内側から破壊するような「敵」にも開かれていなければならないというのだ。ここには、先に見た「あらゆる他者」の歓待という契機に加えて、他者の迎接による自己の変容ないし解体という契機が込められていると言えるだろう。

ところで、以上のような、「自己」のうちに「他者」を歓待することが、逆に「自己」の「解体」

を迫るかのように、「自己」自体のアイデンティティを変容させるという考えは、まさしくレヴィナスの思想の中核にも見出すことができる。

第一に、『全体性と無限』の「主体性」論の帰結はまさにそこにあったと言うことも不可能ではない。これまで多くの不評を買ってきた同書第四部の「エロス論」は、けっして「女性的なもの」を到達しえない「他者」とみなすことで満足しているのではなかった。むしろ、同書のそれまでの議論のなかでは「男性的」なものとされてきた「自我」——すなわちあらゆる他者を我有化し自らのもとに受け入れてきた「自我」——が、「女性的なもの」たる「他者」との接触により、自ら「女性化(effémination)」するとされるのだ。このような、他者をこれまで全体性の秩序に回収してきた主体を解体する「男性的で英雄的な自我の転覆」こそが同書の最終地点で提示されているわけだ(TI, 303/四八八)。

第二に、この議論は、続く『存在の彼方へ』で看過されるどころか、さらにいっそう徹底的なかたちで展開されるようになる。『全体性と無限』における「歓待」が「我が家」における「他なるもの」の迎接(それゆえある意味で我有化)にとどまっていたのに対し、『存在の彼方へ』においてはいわば「我が家」の垣根は解体され、自らの「皮膚」をも開き出すかたちで、「他なるもの」に晒される。こうして、「他なるもの」は、「同のなかの他」というかたちで、「私」の「心臓」にもいたる。ここでは「(内奥性として孤立化した)自我の絶えざる外化(aliénation)」こそが「歓待」だと言いなおされるのである(AE, 126/一九一)。

レヴィナスはこれらの議論を政治的な文脈で述べているわけではない。とはいえここには、単に、「私」によるあらゆる「他者」の「歓待」の要請だけでなく、ナンシーやデリダと呼応するかたちで、「他者」を「自らの皮膚のうちに」迎え入れ、自らのアイデンティティを変容ないし解体させるかたちで新たな「自己」が形成される、という新たな「型」が描かれていることを読み取ることができるだろう。それは、たとえばジャコブ・ロゴザンスキーがラカンに倣って言うような「外密性」、すなわち「包摂されると同時に排除され、暴力的に拒絶されるが漠然とわれわれの肉の肉として認められる、親密な外部者」とは、微妙であるが決定的に異なる。[43] ここで問題の「他者」は、「残りもの」として包摂／排除されるのではなく、むしろ「自己」の中核に宿り「自己」を新たに形成することだからだ。それはむしろカトリーヌ・マラブーが「破壊的可塑性」と呼んだもの、すなわち、たとえばトラウマ的な出来事の後に生じる、これまでの自己のアイデンティティの解体を通じて新たな自己が形成される過程に近いかもしれない。[44]

ここではしたがって、自己と他者、主人と客人、歓待する側とされる側の二項対立も崩れることになる。イヴ＝シャルル・ザルカは、二〇一六年の論考「今日歓待を考える」のなかで、批判的な見地から、デリダの「無条件の歓待」では、結局のところ、我が家（chez soi）の存在および自己と他者の区別という迎接の条件そのものが解体されるのではないかと漏らしている。[45] レヴィナスにおける自己解体的な「歓待」を踏まえると、こうした理解はデリダに対する批判というより、むしろその帰結を正しく言い当てていると言えるかもしれない。

以上のように理論的・概念的に抽出した「自己解体的な歓待」という型は、それが具体的にはまさしく主体のアイデンティティの解体を誘うものであるだけに、なかなか実践的には受け入れがたい主張かもしれない。「よそ者」の流入によって「私たちの街」が変わってしまう、という危機感から、自己ないし共同体を保護するための免疫的防疫機能をいっそう高めようとする機運はそこかしこに見受けられる。だが、「自己解体的な歓待」が向かうのは、「いかに他者を迎え入れるべきか」、しかも「いかに共に生きるべきか」という規範論ではなく（この場合すでに「生きる」主人と「共に」の相手たる客人が前提されているだろう）、むしろそうした主客が区別しえないかたちで混沌としている今日のわれわれの社会における共生状態のほうではないだろうか。デリダは、「いかに共に生きるか（comment vivre ensemble）」を主題とした講演において、「共によく生きなければならない（il faut bien vivre ensemble）」が「渋々共生せざるをえない」という意味にもとれると述べていた。[46] それはまた、ジュディス・バトラーが『分かれ道』冒頭で述べていた、理想としての共生ではなく、「意図せざる共生」の問題とも通底するだろう。いずれにしても、「私」がすでに「迎え入れる側」ではなくなっている地点において「他者」との共生を考えるために、レヴィナスの思想が示す「歓待」の型は何らかの示唆を与えてくれるようにも思われる。

＊

本章の主題として掲げた「レヴィナス的政治は「他者」をどうするか」に立ち戻って、これまでの議論をまとめよう。

第一の型における「正義論」において、ある意味で「他者」は「顔なし」である。倫理的な応答の相手となる「顔」としての「他者」はむしろ、「政治」の地平には現れない。レヴィナスが「正義」と呼ぶものは公平性・普遍性をその原理としているが、それゆえにこそ「顔」を見ないことのほうが求められることになる。と同時に、こうした「顔なし」の次元の公正さを担保するためにこそ「顔」への応答責任はその基礎づけおよび刷新の役割を担うものであった。

第二の型は、二〇〇〇年代以降の英語圏で、デリダの正義論の影響をいくらか受けて展開されたものである。そこでもある意味で「他者」は不在である。というのも、ここで問題になっているのは、レヴィナスが述べるところの「他者の倫理」において、さまざまな「その他の「他者」」が見えなくなっているということだからだ。そこにおいて、ある意味でレヴィナスの「他者の倫理」を脱構築するかたちで、マイノリティ、女性、動物等々の「その他の「他者」」たちへの、いわば「無限の応答」が求められることになるわけだ。

第三の型である「歓待」は、さらにそのなかで二つを区別しなければならない。一つは、デリダが定式化した「無条件」の歓待がそうであるように、あらゆる他者に開かれた歓待である。この歓待があらゆる他者を受け入れなければならないという要請となる場合には、第二の型に含まれるだろう。だが、ジャン゠リュック・ナンシーの「侵入者」、さらにデリダ自身の「自己免疫」の考え方を踏まえて、改めてレヴィナスの主著に目を配ると、そこにはもう一つの自己変容・自己解体的とも言うべき「歓待」の型があるように思われる。ここで「他者」は、主人が戸口を開けて迎え入れるべき客人ではない。そうではなく、むしろ自己の内奥にすでに巣食い、自己のアイデンティティを変容・解体させるかたちで新たな自己を形成するような、そういうプロセスが問題となるだろう。

以上の整理は、かなり概略的で図式的なものだ。ただし、「他者」というキーワードのもと狭義の哲学の枠を超えて、幅広い領域においてレヴィナスが読解されるとき、この当の「他者」の位置づけは、さまざまに変奏されることが往々にしてある。そうした位置づけの差異が、どのような文脈や理論に即したものであるかは、もう少し丁寧に見ておいたほうがよいと思われる。とりわけレヴィナスにおいては「政治」の位置づけがいっそうあいまいであるためなおさらそうであろう。

1　聞く、読む、集う——音と声をめぐって

第4章　読書会の存在論――レヴィナス読書会の余白に

「読書会」というものは、よく考えてみると、きわめて奇妙な営みだ(1)。ふつう、本を読むことは一人でもできるのだが、いやむしろ、基本的に読書とは――ときにうっとうしくなるコミュニケーションをあえて遮断したりして――一人ですべきもののはずだが、「読書会」というものにおいては、わざわざ複数人が定期的に一箇所に集まって、ともに読んだり議論したりするからだ。一人でできるはずのものをわざわざ共同で行なうことはやはり奇妙ではないか。

と言うと、すぐさま反論が寄せられるだろう。共同で一冊の本を読みかわすことで、感想を共有しあうことができる、わからないところを教えてもらうことができる、議論をすること自体に意義があるといった反論だ。

しかし、これらの効用は、もちろん読書会を開くことによっていっそう容易に、場合にはいっそう楽しく満たされることもあるだろうが、とはいえ「読書会」ならではのものではない。書店で並べられた読者らによる一言感想文、ＳＮＳやインターネットでの感想の投稿、wikipedia……、わざわざ皆でスケジュールを合わせて一堂に会さなくとも、今述べた効用をみたすケースはいくらでも思いつく。すなわち、程度の問題として、読書会を開くほうがそうした具体的なメリットが得やすいとは言えるが、逆にそれらのメリットを積み重ねていっても、そもそも「読書会」とは何かという、その特質に迫ることはできないようにも思われる。

といっても、筆者自身が「読書会」に苦い思い出があって、それならば一人で読んだほうがよかったのに、と思っているわけではない。「読書会とは何か」という問いを糸口にすることで、レヴィナス入門という評判のわりには入門者を面食らわせる『倫理と無限』という書物ばかりか、レヴィナスの思想の要点についても、なにがしかのものを共有する手がかりが得られるのではないかと思われるのだ。

レヴィナスに倣い、「読書会」の本質を看取する現象学的試みに繰り出すことで、いまだなお難解なレヴィナス入門を理解するためのもう一つの入門となりうるのではないだろうか。

1　人間の存在様態としての書物？

「読書会」の存在の本質をめぐる問いが、『倫理と無限』ばかりかレヴィナスの思想の理解のための導入になりうると思われる理由の一つには、レヴィナスその人が、同書の冒頭から「書物」を読むことにきわめて大きな意義を与えていることがある。

『倫理と無限』は対話相手フィリップ・ネモがレヴィナスに問いを提示し、それにレヴィナスが答えるかたちで進められていく。その冒頭の問いは「ひとはどのようにしてものを考えはじめるのでしょうか」である。

「ものを考えはじめる」きっかけがどこにあるか。これは哲学にとっても大きな問題だろう。ドゥルーズならばこれに「強制」と答えたかもしれない。すなわち、「考える」ことそのものは「我」が行なっているのだとしても、そのきっかけは「我」の内部から与えられるのではなく、外部から「強制」のようにやってくるほかはない、ということだ。(2) レヴィナスについていくばくかのことを知っている読者であれば、ここに意外な近しさを見ることできるかもしれない。『全体性と無限』をはじめとするその「倫理思想」においては、「ものを考えはじめる」きっかけは、言うまでもなく「他者」ないしその「顔」に、なかんずくその「教え」にあるとされているからだ。レヴィナスにとってはまさに、「他者」としての「顔」からの「呼びかけ」に応答することこそが「我」を成立せしめる、と考えられているからだ。

しかし、『倫理と無限』のレヴィナスの答えはきわめて意表をつくものである。「たぶん、言葉という形ではおよそ表現しえないような外傷や手探りからはじまるのでしょう」というのだ（EI, 11／一五）。なるほど、「外傷」の問題は、「アウシュヴィッツ」の悲劇の記憶にとどまらず、心的外傷の問題にいたるまで、レヴィナスに密接に関わってきたものであることは、これまでの研究書などが示すとおりだ。

だが、『倫理と無限』がきわめて興味深いのは、この冒頭の問いに対してレヴィナスは自らの答えを言い換えるなかで、最終的に次のような答えを提示することだ。「書物を読むことによって」。しかも、単に情報を得るためのツールではなく、「私たち人間の存在様式の一つ」であるところの「書物」を読むことによってである（EI, 11／一六）。

ここで、レヴィナス思想の展開のなかで「書物」の意義が増してきたとか、ユダヤ教の聖典たるタルムードの読解こそその思想において本質的だったはずとかいう専門的な観点を持ち出すことはできる。だが、こうした説明は理解を豊かにするものであっても、そもそもどうして「書物を読むこと」が「ものを考えはじめる」きっかけとなるのか、その根本のところを理解させてくれるわけではない。しかも、レヴィナスは「書物」とは、聖書やタルムードといった具体的なものではなく、「私たち人間の存在様式の一つ」だというのだ。

そもそも「書物」が人間の存在様式の一つであるというのはどういうことだろうか。以下では、まず読書のいわば存在論的な次元にこだわってみたい。

レヴィナスは『倫理と無限』のなかでこのように述べたあと、若干の説明を加えている。「書物」を通じて人々は「現前していない真の生」を生きる、というのだ。「現前（présence）」とは、ややこしい哲学用語であるが、仏和辞典にあるように「出席」と理解してもまちがいではない。要はその場に居合わせているということである。

レヴィナスによれば、読書という経験は、はるか昔の出来事、これから起こりうる出来事、起りえたかもしれない出来事、はたまた作者の空想など、今ここで読者が居合わせていないような生を体験することができるという、人間の活動様式の一つであるということだ。その次の頁でレヴィナスが挙げている『聖書』や、ドストエフスキー、シェイクスピア、プラトン、カントなどが、時代、国、分野を問わず、さまざまなかたちで表している「生」は、どれも今はもう「現前」していないが、「書物」を通じて体験されることができる、というわけだ。

2　「読書会」は「読書」かい？

さて、ここで立ち止まって考えてみよう。そうだとすると、「読書会」の謎はいっそう深まるばかりではないか。「読書会」というのは、このような意味での「読書」の対極に位置するのではないか。というのも、「読書」とは、現前していない、その場に居合わせていないような「生」を生きることであるのに対し、「読書会」なるものは、読者たちがあえてその場に居合わせることで、その「生」を共有しようということだからだ。

その場に居合わせない生を体験するためにわざわざ一つの場に居合わせること――「読書会」なるものの奇妙さはレヴィナスの言葉を借りればこのように言いなおせるだろう。とはいえこれにより、「読書会」の存在論的条件にせまる本章にとっては、矛盾が深まっただけではなく、次のような手がかりが与えられたように思われる。

手がかりは二つくらいありそうだ。一つは、「読書会」と「読書」の違いは、当然のことだが、読者たちの現前性、すなわち「居合わせる」ことのありかたの違いによって説明がつけられそうであること、もう一つは、「読書会」と「読書」は、それでもやはり、書物に表されているなんらかの「生」を体験することを共通項にしているということである。「読書」も「読書会」も、いずれも「現前していない真の生」を体験させてくれるが、前者の場合は基本的にそれを「一人」で体験するのに対し、後者の場合には、同じ場所に居合わせている「複数」の人々によって体験することができる、ということだ。

3　読書会の適正人数

したがって、「読書会」についての現象学的考察の鍵の第一は、「一人」と「複数」のあいだにありそうだ。そこで、具体的な状況を想定しながら、もう少し問いを進めてみよう。

少し考えてみればわかるように、「読書会」は「一人」では不可能のように思われる。来るはずだった参加者が誰も来ず、結局自分だけで行なう羽目になった一人読書会なるものは、名目上そう銘打っているだけであって、ただの「読書」とかわらないだろう。

他方で、「複数」の側にも、もう一つの限界を想定しうる。つまり出席者の人数が増えすぎてしまった場合も、おそらく「読書会」の開催は難しくなるだろう。何人が限度というのは一概には言いにくいが、経験的には二〇名を超えてしまうあたりから違和感が生じてくる。その場合には皆が「読書会」に参加出席しているというよりは、いくつかのグループでは確かに「読書会」のようなものが行なわれているだろうが、同じ部屋にいる残りの人々にとっては「読書会」のようなものが目の前で行なわれているのを傍聴ないし見学しているような状態になるのではないか。そこでも確かに「現前していない真の生」を参加者全員で体験できるかもしれないが、「読書会」なるものの醍醐味であるはずの、肝心の参加者同士の「現前性」（居合わせている感）が失われてしまいそうである。

いずれにしても、「読書会」なるものがありうるためには、二人以上かつふさわしい程度の複数の参加者、という条件がありそうだ。どのくらいがふさわしいのかはまた後で戻ることにしよう。

4　一人カラオケ、一人焼肉、一人読書会

ここでは先に指摘した一つ目の限界をまずは検討しよう。一人だけの読書会は読書会ではなく、読書である――このことは大変自明なことだが、しかしその自明のことについてもう少しこだわってみよう。

一人だけの読書会は本当に不可能なのだろうか。というのも、まわりを見渡してみると、現代のような高度消費社会においては、かつてならば皆で和気藹々と共同でやるのが当たり前だったもの、たとえばカラオケや焼肉パーティなども一人だけでできるようになっているではないか。一人カラオケ、一人焼肉が可能なのであれば、一人読書会も可能なのではないか。もう少しその差異をつぶさに見て、一人読書会の不可能性にもう少し迫ってみると、逆に集団読書会の可能性の条件も見えてくるのではないか。

一人カラオケはどうして成立するのか。その理由は単純だ。カラオケの本質というものは、今日

もはや、同席者に「聞いてもらうこと」にあるのではまったくなく、歌っている本人が気持ちいいかどうかに存しているように思われるからだ。カラオケには、別に同席者がいなくてもよい。コンサートならば別だ。それは「聞いてもらう」ことを本質としているからだ。あまりに売れずに客の入らない歌手の場合には「聞いてもらう」客のいないコンサートだってあるじゃないかという反論が予想されるが、客が一人もいないコンサートは名目上そう呼んでいるだけであって、本質的にはコンサートではない。ちなみにそれは歌っている本人も気持ちがいいわけではないだろうから、一人カラオケとも言いがたい。せいぜいのところ発声行為にすぎない。逆に、カラオケをあたかも自分の美声を披露したりプライドを満足させたりする場として使おうとする人もいる。この意味での「カラオケ」は一人ではできないが、しかしこの場合、彼が「カラオケ」と称して行なっているものは、カラオケというよりは（質の問題は問わないとして）一種のコンサートであろう。さらに、カラオケの場合にはみんなで一緒に合唱できるではないかと反論もあるかもしれないが、それは一人カラオケを否定する論拠にはなりえない。かつての歌声喫茶ならばそうだろうが、現在のカラオケにとって、合唱というのはせいぜい副次的な効用にすぎないのではないだろうか。さもなければ、自分の歌を歌い終えるとすぐさま次の曲の選定にいそしむあの儀式をどのように説明できようか。いずれにしても、歌う本人が気持ちよく歌うという今日のカラオケの性質が、一人カラオケを成り立たせているように思われる。

これに対し、一人焼肉の場合には、「焼肉を食べる」という行為の意味内容の変化に注意せねばならない。かつて「焼肉」というのは、単に肉を焼いて食べることを意味するのではなかった。肉を焼く仕切り役の人がいたり、野菜で肉を巻くのが上手な人がその技を伝授したりといった、そうした共同行為を含意した社会的な営みという側面が強かったはずだ。ところが、今日のように、こうした社会的なつながりがむしろ疎ましがられ、個々人のプライベートな領域が重視される時代にあっては、「焼肉」なるものから、こうした社会的な側面が希薄化してくる。従来の社会的な営みとしての「焼肉」であれば「一人焼肉」というのは矛盾した表現だろうが、「焼肉」が端的に「焼いた肉を食べる」ということを意味するようになり（あるいはそうした意味が社会的に受容されるようになり）、相手がいなくてもできるものになると、一人焼肉も成立してしまうだろう。

5　読書会の本質（の手前）

これらの考察を経ると、一人読書会がなぜ不可能であるかがいっそう明らかになるだろう。端的に、読書会はともに書を読む相手を必要とするからだ。

いやむしろ、あえて言えば、「読書会」にとって、「書」を「読む」ことは根本的な条件ですらない。そのことは、本当はその当日読んでくるべきだった箇所をまったく読んできておらずとも、あたかもしっかり読んできたかような涼しい顔をして議論に参加しても「読書会」が成立してしまう、ということに現れている。

「読書会」にとっていっそう根本的なのは「書」を「読む」ことではなく（これは一人でもできる）、その「書」に書かれているらしい事柄をめぐって、そこに居合わせた参加者たちが意見を交わし、何がしかの「生」――レヴィナスの言葉では「現前していない真の生」――を共有することができるところにある、と言えるのではないか。

先に触れた、あまり人数が多すぎると読書会が読書会ではなくなってくるという問題についても、今見たような意見の交換可能性・共有可能性に照らしてみると理解される。たとえば、極端な例を挙げると、一〇〇名の参加者が一堂に集まって一冊の本を読むという「読書会」はなかなか困難だろう。もちろん、実現は不可能ではないだろうが、大方の場合、近くの席に居合わせた数名ずつ参加者たちが小規模にグループ読書会をはじめる、プチ読書会の連合体が出来上がるのではないかと想像される（筆者は毎年大学の授業で「哲学対話」を実践しているが、出席者が一〇〇名を超えるようになってきた。もちろん一〇〇名で「対話」は困難なので六名程度の小グループを二〇近く設けて「対話」をしてもらっている）。いずれにしても、複数人が同じ場所に物理的に居合わせるということだけでは、読書会の存在論的な条件としては不十分であることが見えてくる。

ちなみに、Zoomなどによる遠隔通信技術を用いた読書会が成立するのは、こうした物理的に同じ場所に居合わせることが必要条件とはならないことを例証する。「読書会」が「読書会的なやり取りを行なう会合の複合体」にならずに真に「読書会」であるためには、物理的に同じ空間に居合わせているかどうかにかかわらず、互いに意見を交わすことができるのでなければならない。

ただしこのことは、読書会の参加者は読書会に参加しているのであるから意見を交わさなければならないという義務のことではない。当の読書会が全員が黙読をするだけの共同読書の会にならないためには、対面であれオンラインであれ、意見を交わすことができるという可能性が担保されていなければならないという意味である。

だとすると、互いに意見を交わすことが十分にできるためには、その規模はおのずと限られてくる。読書会は、一人ではできないが、多すぎてもいけない。逆にいうと、真の読書会なるものがあるのだとすれば、その適正人数は、「互いに意見を交わすことが十分にできるくらい」である。

こうして、われわれは今や読書会の本質が開示される直前の地点までたどり着いたことになる。読書会とは、「書」を主題とし、「現前していない真の生」を共有するために、「互いに意見を交わす」場である。しかし、どのように、またどのような意見を交わすというのか。また、そうした意見を交わすことで、はたして参加者たちは本当に「真の生」にたどり着けるのであろうか。

6　抱き合うよりも、殴り合うように話し合う

ここで「互いに意見を交わす」ことが何かについてもう少し歩を進めて考えてみよう。はじめて

の読書会に緊張しながら参加した場合、そこで勇気を振り絞ってなんらかの発言をしてみる、ということがある。しかし、「発言をする」、あるいは「何か言葉を発する」ことと、「意見を交わす」とは必ずしも重ならない。

音声を発生させるという意味での「発言をする」は、一人カラオケのように、相手がいなくてもできるからだ（たとえば、一人で「読書」をしているときに、書物に対して突っ込みを入れるときのように）。これに対し、「意見を交わす」ことができるためには、自らの発話が相手に聞き取られていなければならない。

そんなことは当然だ——そういう向きもあろう。しかし、一人だけで言葉を発するということと、自分の言葉が他者に聞き取られること、あるいは少なくとも、（賛同されるかどうかはともかく、とりあえず）受け取られることの差異は、レヴィナスにあっては驚異的なものだ。後者の場合では、なんと自分と他人の直接的な関係がいとも簡単に成立してしまうからだ。

そんなことは驚異的なことではない——そういう向きもあろう。しかし、「会話」以外で、そんなに簡単に自分と他人の直接的な関係が成立してしまうものはあるだろうか。この場合の「関係」というのは、友人関係とか恋人関係とかそういう抽象的なものではなく、もっと具体的なものである。「会話」ないし「対話」の場合、自分の発した言葉は、ダイレクトに他人の耳に響く。他人はそれを聞かないことなどできない（無視したとしても、無視することは聞いていることを前提とする）。そういう意味で、好意的に受け取っているかどうかはともかく、「会話」では、相手を「直接的な関係」に無理やり引き入れてしまう。

これに対して、たとえば「抱擁」の場合、自分は言葉ではなく両腕を相手に差し出していくのだが、その人のことをよく知らなかった場合、あるいは知っていてもあまり好んでいない場合には、きっと相手は拒絶するだろう。「抱擁」の場合、自分と他人の「直接的な関係」(つまり抱擁そのもの)が実現するには、まずは自己紹介をしたり、趣味を尋ねあったり、誤解を解いたり、謝ったり等々のきわめて長い準備が必要だ。

同じく腕を相手に差し出す行為であれば、「殴打」のほうが「抱擁」よりもはるかに「会話」に近い。有無を言わせず自分と他人の「直接的な関係」(つまり殴打そのもの)を実現してしまうからだ。レヴィナスが顔を説明するときに、「私たちは他人と社会的な関係を結んでいるわけではありません」「顔は無防備で廉直な仕方で露呈します」というのは、この意味で理解されるだろう。会話の相手としての「顔」の発した言葉を、「私」は受け入れないことはできない。社会的な関係が一切ないような、得体の知れない人に殴打されるときと同様、誰が発したかわからなくても直接それを受け止めなければならないのだ。そう、読書会では、誰が発したかわからなくても、教師でも、学生でも、一般の参加者でも、「あの……」「ちょっとすいません」等々といった発話があれば、その人のほうを向かなければならないようにだ。[3] レヴィナスはこのように会話がなりたつ関係を成立せしめるこの事態を「平和」と呼んだが、まさしくデリダがそれに対して異論を唱えるように、この「平和」はきわめて「暴力」的なのである。[4]

7　「顔」との読書会

誤解を恐れずに言えば、上のような意味で殴り合うように「互いに意見を交わす」ことができるような相手にこそ、「顔」がある。レヴィナス自身の言葉では、「顔」は「廉直さそのもの」とか「本質的に欠乏」とか「文脈のない意味作用」とか「殺すことができないもの」とか、そうした謎めいた説明がなされる。

しかし、上の議論を経てみると、「顔」というキーワードによって描き出しているものが何かは、それが読書会を成立させることができる相手かどうか、という観点から理解できるようになるはずだ。つまり、文脈に無関係に見当違いの質問をすることができるが、けっしてそのような質問を聞かないことなどできない相手、「殺す」――つまり、そもそもいないのと同然にしてしまう――ことのできないような相手こそが「顔」なのだ。

というのも、得体がしれないかもしれないけれども、その質問者の存在を無へと還元してしまうと、相手がいなくなってしまい、「読書会」は「読書」になってしまうからだ。相手が物理的に存在し続けるとしても、「互いに意見を交わす」ことのできる「顔」としては消滅してしまう。たとえば、満員電車の只中で、物理的にはきわめて密接に接触している隣の席の乗客と各々の読書をしている時のようにだ。

とすると、「互いに意見を交わす」という場合に本当に重要なのは、実を言えば、その「意見」の中身ではない、ということになる。実際、意見の中身が重要なのであればほとんどの読書会は成立しないだろう。そうではなく、一人だけでも行なうことのできる発話とは原理的に異なるかたちで、発話が聞き届けられることが重要なのである。

したがって、勇気を振り絞って発言をしてみて、何も返答がなくとも恐れる必要はない。見当違いの発言かどうかも重要ではない。相手が首を縦に振ろうと、横に振ろうと、鼻で笑おうと、そうした身振りをすること自体が、発話が聞き届けられていることを示しているからだ。

実のところ、レヴィナスが「顔」との「対話」ということで問題にしているのは、この「聞き届けられている」という事態、つまり「コミュニケーション」と呼ばれるものが生じる根本的な条件にほかならないと思われる。どのようなメッセージがそこで交わされているのか、どのようなコミュニケーションが行なわれているか、といった、「他者との倫理的会話」というネーミングから想起される興味深いテーマについては何も教えてくれない。会話の内容ではなく、会話が成立する条件こそが問題となっているのである。

ただし、「顔」はなんでもいいわけではない。「互いに意見を交わす」ことができるには、一つだけ条件がある。それは、「新しいこと」をしゃべることができる、ということだ。

この点は、ＴＢＳ系で放映されているＴＶ番組『ニンゲン観察バラエティ　モニタリング』でかって放映されていたいくつかの実験が垣間見させてくれるものである。「もし自動販売機がしゃべったら」「もし飼い犬が突然人間の言葉をしゃべったら」といった設定で、その場合に一般の人がどのような反応をするかを観るコーナーがあった。この実験は「顔」なるものを別の角度から考察するときに参考になる。

無論、ただ「しゃべる」自動販売機や動物は多々ある。「いらっしゃいませ」「ありがとうございました」という音声が出る機械はいくらでもあるし、あるいはオウムのように人間の言葉を「しゃべる」動物も多々ある。しかし、『モニタリング』での機械ないし飼い犬は、背後に本当の人間がいてモニターを通じて対話相手の様子を観察し、その都度適切な言葉を「しゃべる」ことができる。もし後ろにディレクター等の人間が隠れておらず、本当に自動販売機ないし飼い犬と「互いに意見を交わす」ことが可能になっていたのならば、われわれは、自動販売機ないし飼い犬にもレヴィナス的な意味での「顔」を認めなければならないだろう。

相手がどのような社会階級であろうが、どのような性別や年齢であろうが、どのような職業であろうが、国籍、肌の色、信じている宗教が何であろうが、〈既存のカテゴリーに属さないこと〉こそが、「顔」の本質であるとするならば、相手の見た目が、通常自動販売機と言われるものと同じであったとしてもなんの問題があろう。この意味では、のちに論じるように、相手がロボットであれ動物であれ、「他者」ないし「顔」たりうる可能性は十分にもっていると私は考えている（これについては本書第6章を参照）。

見た目が、いわゆる「人間」か否かではなく、それこそ「互いに意見を交わす」ことができるかどうか、けっしてプログラミングされた人間風の自動音声による「反応《リプライ》」ではなく、その都度突然出てきた話題に対しても「新しい」ことを「応答する（répondre）」ことが「できる（able）」かどうか、そこにこそ「顔」の「顔」たる所以が宿っているのである（なお、レヴィナスの言う「責任（responsabilité）」は、この意味で、つまり「応答（répondre）」が「可能（able）」という意味で理解されるべきものである）。

いずれにしても、「顔」が「文脈のない意味作用」であると言われるのは、このように、プログラミングされておらず、つねに新たな「意味」を創出できるような「応答」が可能だ、という意味で解することはできるだろう。残念ながら、『モニタリング』の自動販売機と犬は、自動販売機と犬がしゃべっているのではなく、後ろの人間がしゃべっているだけであるから、それ自体は新しいことも古いことも何も語ってはくれないのだけれど。

8　読書会をもう一度

さて、レヴィナスの哲学がこの「顔」を中心とした対人関係の倫理学を終着点とするのであれば、ここで「読書会」とは「顔」と「互いに意見を交わす」ことのできるコミュニケーションの「場」

であると結論づけて、考察を終えるべきである。

しかしながら、レヴィナスの「他者」の思想はいっそう豊穣ないし複雑であって、目の前にいる「顔」だけに縛られてはいない。以上の議論からすると、せいぜいのところ主張されうるのはコミュニケーションの「場」の哲学的条件のみであるが、レヴィナスの読書哲学は、今ここに「現前していない」人たち、今ここに居合わせておらず、したがって残念ながら読書会を共にできない人たちのことも射程に入れているのだ。

それゆえ最後に、冒頭で確認した「現前していない真の生」が現れる場としての「書物」という観点に戻ることで、「顔」を超えたレヴィナス哲学の射程に触れておくことにしよう。

もし他者というものがおしなべて、レヴィナスの言う意味での「顔」を有した他者である場合、なるほど確かに「新しい」ことが次から次に生み出されるだろう。その都度、既存の文脈を断ち切って、新たな意味作用が生じるからだ。しかし、容易に想像することができるように、そのような「顔」とのコミュニケーションだけでは、「知」は蓄積されていかない。定義上、「顔」はその都度新奇に現れるのだから、先ほどの「顔」と今しがたの「顔」が同一か識別できないし、彼らが教えてくれることについて、先ほどの「意味」と今しがたの「意味」が同じものかも分からない。けれども確かにそれぞれの「顔」は、それぞれ何やら新しい意味作用を生み出している……。

レヴィナスの哲学がこの「顔」を中心とした対人関係の倫理学を終着点とするのであれば、このようなジレンマは、まさしくレヴィナス倫理学自体の行き詰まりとして現れるかもしれない。しかし、レヴィナスの哲学にとって「顔」は、もちろん重要だけれどもいつも中心的なのではない、という立場に立つならば、このようなジレンマはジレンマではなくなるだろう。実のところ、『全体性と無限』以降で主題化される「無限」という考えが説明しようとしてくれるのは、このような個々の「顔」を超えて、それこそ「無限」に溢れる「知」――たとえばさまざまな書物に書かれていて、どれだけ読んでいってもけっして追いつくことのできないような「知」――のことなのではないか。「顔」はなにか新しいこと、「私」がこれまで有していた理解の枠組みには収まらないことを教えてくれる。しかし、あえて言うと、「私」にとって、「顔」はこうした「新しいこと」を教えてくれるものであるとしても、それは「知」の源泉というよりも「媒介」ではないか。

本章が取り上げているレヴィナスの『倫理と無限』という対話は、最後の二つの章にくると格段に難易度が上がる。「証しの栄光」（第九章）、「哲学の厳しさと宗教の慰め」（第一〇章）という章題が示唆しているように、そこでは「無限」「神」「預言者主義」「聖書」といった、宗教的な語彙で溢れているからだ。

けれども、――「神」は置いておくとして――「無限」のことを、書物に書かれている知と、「預言者」のことを、それを読み会話する人（つまり、あたかも神から言葉を預かる人のごとく、著者の声を代弁しようとする人）と置き換えて読むと、大筋のことは理解することができる。なぜといって、レヴィナスが『倫理と無限』という対話で最終的に問題にしているのはほかでもない、『聖書』のことだからだ。そう、古今東西、ありとあらゆる「読書会」の定番中の定番の課題図書、一人ではなく、複数人で読む書物のなかでも最たるもののことだからだ。

たとえば、「顔は〈無限〉を意味します。〈無限〉はけっして〔対象化された〕主題として現れることなく、この倫理的な意味作用そのもののなかに現れてきます」（EI, 101／一三二）という一節は、こう理解できる。『聖書』という課題図書が語っていることは、確かに「顔」との対話（あるいは「教え」）を通じて浮かび上がってくる。もちろん、その本に書いてあることすべてが現れるわけではないが、その〈無限〉なる知のいくらかは、確かに「顔」を通して浮かび上がってくる。しかも、自分一人が読んだのではけっして思いつきもしなかったような「新しい」意味を伴って「知」が浮かび上がってくる、ということだ。

「『聖書』を読むと、たとえその読み方が多様なものであっても、その多様性を通じて、各人が『聖書』にもたらすものが表現されるのです」（EI, 114／一四七）。ここの『聖書』も読書会の「課題図書」と読み替えていただいて差し支えない。『聖書』であれ、その他の書物であれ、そこに文字として書き込まれているのは、〈無限〉なる知の一部にすぎず、書物から書物へ、読み手から読み手へ、「顔」から「顔」へ、まさしく「多様」なかたちで現れてくる「知」なのだ。

『倫理と無限』の冒頭では、「書物」を通じて人々は「現前していない真の生」を生きる、と言われていた。ここで重要なことは、今ここに確かに居合わせている「顔」を通じて〈無限〉なる知のいくばくかが浮かび上がってくるとはいえ、それを最初に語った「顔」は、すでにここには「現前していない」ということだ。「書物」の「書き手」は、すでにいない。今生きていたとしても、〈著者も参加してくれる読書会〉であったとしても、「書物」の「書き手」自身は、すでにいない。というのも、今ここにいるのは、その都度「新しい」「顔」だけであるのだから、「書き手」であったとしても、自らの「書物」に書かれている〈無限〉の「知」を統御することはできない。

しかしながら、「書き手」がつねに不在であっても、「書物」に記されている〈無限〉の「知」だけは確かに存在する。いや、「存在する」という言い方は正確ではない。その都度その都度の「顔」を通じて、多様なかたちで現れてくる、といったほうが適切であろう。〈無限〉の「知」は、図書館のなかで眠っているだけではけっして現れてこない。つねにそれについて語る人、そこに書かれていると思われることについて自分なりに語る人――言葉を預かるという意味における「預言者」――がいなければ現れてこないのだ。

この意味において、「読書会」――その場に居合わせない生を体験するためにわざわざ一つの場に居合わせること――とは、自らの眼前に居合わせる「顔」を通じて、もはや居合わせることなき「知」の「無限」(の一端)が蘇るような、まさしくレヴィナスの哲学思想の要点を凝縮した場なのである。

第5章　ナンシーとレヴィナス――sensについて

ジャン゠リュック・ナンシー（一九四〇―二〇二一）とエマニュエル・レヴィナス（一九〇六―一九九五）――この二人の思想はどのように交差ないし共鳴するのだろう。

おそらく世代の差ゆえだろう、レヴィナスからナンシーへの言及は、知るかぎり皆無である。一九八〇年に南仏モンペリエで開かれたシンポジウム「精神分析はユダヤ的な歴史か」にはともに登壇したようだが、(1) 当時七〇代の老哲学者と、四〇歳の新鋭のあいだになんらかの対話があったという記録は確認されない。

他方でナンシーからレヴィナスへの言及は、九〇年代までは散発的な言及がいくつか見られるのみだったが、二〇〇〇年代以降徐々に増えていく。(2) とりわけナンシーは、レヴィナスの遺稿のうち、「エロス」と題された未刊の小説を中心とした編集に携わり、この小説が収められた『レヴィナス著作集3』に序文を寄せている(3)。ナンシーはかつて、「愛に関するあらゆる哲学的な探求は今日、まちがいなくレヴィナスに負うところがある」と書いていたが(4)、この「愛」というテーマを、レヴィナスの残した痕跡のうちに再び見出したのかもしれない。

だとすれば、ナンシーとレヴィナスを結びつける場合には、愛ないしエロスというテーマがもっとも適切なように思われるが、ここでは、むしろ sens という語に注目したい。後で述べるように、意味・感覚・方向などさまざまな意味をもつ語だ。sens をめぐる問題系を共通の磁場としてこそ、レヴィナスとナンシーのあいだのさまざまな交錯が浮かび上がると思われるためである。

実際、この sens をめぐる問題系は、ナンシーの思想の中核にあった。ナンシーの八〇年代の仕事を特徴づけるのが『無為の共同体』や『声の分有』における「共同体《コミュノテ》」や「分有《パルタージュ》」の考えだったとすれば、九〇年代以降、『世界の意味』という著作を筆頭に、sens の問題がかなり主題化されていく。二〇〇二年にパリの国際哲学コレージュで行なわれたナンシーをめぐるシンポジウムはまさしく「あらゆる意味での sens」と題されている。

他方で、sens の問題は、それほど主題的に語られなかったとはいえ、レヴィナスにとっても一貫して重要な意味をもっていた。しかも、ナンシーを介することで、レヴィナスの思想できわめて重視されてきた「意味」および「感覚」という問題系の意義を再確認できるだけでなく、これらに比して看過されがちだった「音」の観点からも捉えなおすことができるだろう。

以下では、sens というテーマをめぐる両者の思想の痕跡をたどりなおすことで、ナンシーとレヴィナスとのあいだのありえなかった対話を上演し、両者の思想を共鳴させることを試みたい。

1　sens の意味

フランス語の sens は、英語の sense と同様、きわめて多義的である。それに由来するカタカナ語の「ナンセンス」、「センスがいい／悪い」、「バッティングセンス」、「社会人としてのセンスを問われる」といった表現を思い浮かべるだけでその一端は掴めるだろう。ナンセンスが「意味がない・無意味である」ということなら、「センスがいい／悪い」は嗜好・感性を、「バッティングセンス」はむしろ身体的な能力や適性を、「社会人としてのセンス」は良識や道徳感覚などを含意しているだろう。

ナンシーは『世界の意味』という著作でこの sens の多義性そのものを問題にしている。そこでは「"sens"という語の意味（sens）の統一性はない」とまで言い切られている。(5) ナンシー自身の表現を借りれば、「"sens"という語の意味は、五感、方向としての sens、共通感覚、意味としての sens、洞察のセンス、感情、道徳感覚、実践感覚、美的感覚〔…〕(6)」などさまざまである。こうした多義性は、語源の不確かさによっている。もともとフランス語の sens は、ゲルマン語の sinno という「方向」を表す語に由来するが、それがラテン語の「感覚」を表す語 sensus と混じり合い、さらに、古仏語の「意味」を意味する語と合流したらしい(7)。いずれにしても、「感覚」、「意味」、そしてあまり英語には見られないが、「方向性」という概ね三つの意味に留意しておこう。その点を踏まえ、ナンシーとともにこれらの錯綜した意味を少しずつ解きほぐしてみたい。

2 聞くことと聴くこと

その手がかりとなるのは、二〇〇二年公刊の『聞くことについて（*À l'écoute*）』という書物だろう。「聞くこと」を主題とする同書は、もちろん、「見ること」、「視覚」を重視してきたこれまでの哲学的な伝統のなかで見過ごされてきたもう一つの感覚である「聞くこと」に焦点を当てたものである。だが、ナンシーは、そうした二項対立には冒頭で触れるにとどめ、むしろ「聞くこと」そのもののなかにある差異に目を向け、「聞くこと」とはそもそもどのようなことなのかを聞き届けようとしている。

出発点になるのは、フランス語で「聞く」を意味する二つの語、écouter と entendre の区別である。前者は他人の話や音楽など「聞くこと」一般を指すが、後者はむしろ理解することとしての聞くことを指す。こちらのほうは「聴くこと」と表記しておこう。興味深いのは、この区別は sens 自体のなかにある区別でもあることだ。一方の écouter は、sens sensible に、つまり感性的ないし感覚的な sens（たとえば耳障りなどの「感覚」）に関わるのに対し、entendre は、sens sensé、つまり意味としての sens に関わる。後者では、sens において感覚よりも意味の次元が強調される。この点で entendre は comprendre、了解する／理解する／把握することにつらなる。つまりこれは、音、音声を聞く場合の音質に触れるというよりも、「語られたこと」、声、発話、言語が何を意味しているかを捉え、それを自分の理解の枠組みのなかに取り入れることだと言えるだろう。同じものを意味する言葉を、美しい声とそうではない声で発音した場合の差異が、この sens sensible（感覚的な sens）と sens sensé（意味をもつ sens）の差異によって説明できるかもしれない。つねにそうであるように、ナンシーはここで、同じ語、同じ概念のなかに見られるこうしたさまざまな差異を見届け、選り分け、「聞くこと」とはそもそもいかなる事態なのかを考えようとしている。

だが、聞くこと（écouter）と聴くこと（entendre）の差異は、単に音を感じ取ることと、意味を理解することとのあいだにのみ宿るのではない。ナンシーによれば、être à l'écoute という表現があるが、これはもともとは「聞く状態にあること」を意味していた。スパイのように、身を潜めて、なされる会話や告白に耳をすますことのできる状態にあることだ。だとすると、écouter は、単に音や意味を受容するだけのことでない。まだ音が発せられていないときであっても、耳をすますこと、耳をそばだてることを意味する。対象が不在であっても、ある種の志向（intention）ないし注意（attention）を発動させている状態だ。

ここには、先に指摘したsensの三つ目の意味が絡んでいる。すなわち、(1)聴覚器官において音声を感じ取ること、(2)それが伝えるメッセージないし意味を理解することに加えて、(3)そちらの方に向かうという姿勢で耳をそばだてることだ。

3　顔の声

ナンシーの『聞くことについて』で展開されるこうした議論は、レヴィナスが「顔」をめぐって展開した思想と重なる部分がある。少なくとも、難解で知られるレヴィナスの「顔」についての理解を助けてくれる部分があるように思われる。

レヴィナスにおける「顔」とは何か。それは、「他人」の「他性」、すなわち「他人」が「私」のものではないこと、「他なるものであること」をもっともよく特徴づけるものである。それは、私がすでにもっているあらゆる把握、認識や所有の枠組みでは捉えられない部分のことだとさしあたり理解できる。

それゆえ、「顔」は、「見る」対象ではない。「顔」との関係は「視覚」の次元にはない。「見る」ことは、「観照(theorein)」というかたちで従来の西洋哲学における認識の基盤を成していたが、レヴィナスによれば、それはあくまで「私」を起点にし、私の認識の枠内に他者を取り込むことになるからである。むしろ、その声を「聞き」、私が応答するという点で、「顔」との関係は「聴覚」の次元にある。「聞く」ことにおいて、われわれは外部から到来するものに耳を傾けざるをえない。ここで起点はつねに「他者」にある。「私」ができるのは、それに対して（無視する場合も含め）「応答」することだけだ。「顔」とは、このような「他なるもの」の声が外部から聞こえてくる開口部のようなものだとも理解できる。

さらにレヴィナスにおける「顔」は「聞く」対象であるだけでない。それは、comprendre ないし entendre、つまり理解の対象でもない。その場合もやはり、「私」がすでにもつ意味の地平に「他者」を包含してしまうからだ。これに対し「顔」は、まさしく「外」からやってくる「他者」の「声」を聞くという意味で、際立って écouter の対象であると考えることができる。

この意味では、レヴィナスの「顔」から発せられる「声」を聞き取り、それに応答するという思想は、ナンシーの「聞くこと」とかなり調和するように見える。

しかしナンシーの声に耳をそばだててみると、レヴィナスに対していくつかの問いが提起される。レヴィナスにおいて「他者」から発せられ、「私」が聞き届けるもの、それは何なのか。それは「音」なのか「声」なのか。「私」が他者に応答すべく耳をそばだてているとき、聞こえてくる「音」と「声」をどう見分けることができるのか。

レヴィナスの公刊されたテクストを読んでみると、たとえば『全体性と無限』では、「発話（parole）」とか「言説（discours）」という表現は用いられているが、「音」についてはほとんど言及がない。かと言って、「声」も頻出するわけではない。端的に言って、「音」と「声」の区別があまり重視されていない。あるいは問題になっているのはつねに、「意味」としての sens を有した「声」としての「発話」のようにも読めるのだ。

ちなみに、この問題がきわめて重要なのは、さらに次のような問いも提起されるからだ。すなわち、もし「顔」から聞こえてくるものが、以上のような「意味」を有した「声」に限定されるのであれば、一方では有意味な「声」を物理的に発することができない人間的他者は他性を失うことになりはしまいか。他方で、ある程度のコミュニケーションをとりうる動物や、「声」を人間よりもいっそう理性的に発することができる人工的な他者(ロボットや人工知能など)はいっそう他者性をもつことになりはしまいか(本書第6章を参照)。

4　音の場

「聞くこと/聴くこと」(écouter/entendre)における sens の差異に向けられたナンシーの視線は、レヴィナスに以上のような問いを突きつけるだろう。

レヴィナスの側からの応答を見る前に、もう少しナンシーの論を追っておこう。

ナンシーは、『聞くことについて』のなかで、「聞くこと/聴くこと」の差異だけでなく、いくつもの聞かれるものの差異についても注意を払っている。一つは言説、つまり意味をもった語り。もう一つは「信号ないしサイン」。三つ目は音楽である。前二者の場合、聞くことが向けられるのは、「音」というよりはそれが伝える「意味」のほうだ。音楽の場合、たとえ何らかの意味が込められているにせよ、むしろ「音」自体が問題となる。

ナンシーは、少なくとも『声の分有』では「声」の問題に注目していたが、『聞くことについて』では、「声」「信号」「音」といった、sens そのものの内部の共通性と差異が問われている。とりわけ重要なのは、「sens と音（son）に共通の場とはどのようなものでありうるだろうか」という問いだ。(8) 声、音、信号、音楽では何が共通し、何が異なるのか。

ナンシーが見定める sens と son の共通の土台、それは第一に、「差し向ける（renvoi）」という構造だ。sens については、「意味するもの」が「意味されるもの」に差し向ける、という構造をもっている。だが、son もそうである。音の響きは空間を伝って、時間をかけ、それを聞く者のほうへ広がっていく。

それだけではない。ナンシーは、sens と son の共通の場のさらに根底に、単に外部の何かに「差し向ける」という構造以上のものを探ろうとする。問題は、sens そのもののいっそう根源的ないし存在論的な条件だと言ってもよい。それは、ナンシーによれば、son ないし sens そのものにおける、いわば自己超克的、自己振動的な動きだ。「そのもの」と言ったのは、ここで問題なのは、何か外部を指し示すものとしての音とは別のことが問題になっているからだ。(9) たとえば、なんらかの物音が背後から聞こえてきたとしよう。往々にして、このような物音（bruit）は、誰か来たのか、物が落ちたのかなど、その発生源をどうしても参照させてしまう。これに対し、ナンシーが son の自己超克的、自己振動的な動きと呼ぶものにおいては、何か別のものに差し向けることよりも、それ自身が震え、響いていることが問題となる。鐘が音を発しているときにつねに自らも震えているように、自分自身が震え響く場所となること――こうした自己自身の運動、振動、響きこそが、son と sens の根底にあるというのだ。

音を発するものだけでない。音が聞こえるということは、聞く者もまたこの響きの場に居合わせているということだ。「聞くこと、それは、私が空間性のなかへ入ると同時に、それによって貫かれることである」(10)。つまり、「聞くこと」とは、普段は無音の「私」なる実体があってそこに意味なり音なりが入ってくるということではなく、むしろ、音や声が響くその場へと私自身が浸ること、あるいはさらに、私自身もまたその反響の場となることだというのである。

こうした発想はなかなか馴染みにくいかもしれないが、当のナンシーはさまざまな音楽論に触れることで、この発想を練り上げている。ナンシーは、『聞くことについて』が構想されていた時期、あるいはそれ以降も「声」「音」「音楽」をめぐってさまざまなテクストを書いているが(11)、なかでもギュンター・アンダースの音楽論に寄せられた序文が注目に値する(12)。「核」のアポカリプスについての技術哲学で知られるこの哲学者は、一九二〇年代にフッサールおよびハイデガーの薫陶を受け、大学教授資格《ハビリタツィオン》論文として『音楽的状況についての哲学探究』を書いていた。この論文は審査員のアドルノの反感を買い、アンダースに大学への就職の道を開くことはなかったが、近年ようやく公刊され、その仏訳にナンシーが序文を寄せた。そこでナンシーはアンダースの音楽論にことよせながら、むしろ自らの音楽論を展開しているようにも見える。われわれの関心はアドルノとの軋轢よりは、アンダースの提示する「音楽の「存在論」」にある。いくつか重要なパッセージを引用しておこう。

音楽の「存在論」が示しているのは、私は、音楽が私のうちで生じるかぎりにおいてしか音楽を聞いていない〔…〕という実存的な性格をもった経験であるということだ。同時にこのことが意味しているのは、この実存においては、私は私自身が音楽的に産出され、了解的な私の実存という主体とは別の主体になるということだ。[13]

音楽の経験——具体的で、生きられた経験、もっとも馴染み深い世界に属する経験[14]——においては、「自分自身が自らが置かれている媒体となる」という例外的な変容が生じる。

問題なのは、実存が自らを超脱し（あるいは、ニーチェのように語るなら、自らのあまりに人間的な人間性を超脱し）、そして自らを超脱しつつ、自らを他なるものとして発見するという、実存的な変容を考えることだ。[15]

アンダースは、音楽を聴くとは、単にメッセージを伝える「言説」や、何らかの事態によって生じた「騒音」を聞くのと異なり、音楽が自らのうちで奏でられ、自分自身が音楽を伝える「媒体」と化すことだと言う。これが音楽の「存在論」だと言われるのは、自分自身が音楽の「媒体」となるということが、「私」自身を「別の主体」にするという意味で、例外的な「実存的な変容」をもたらすことにあるためだ。

このことは先に見たナンシーの言う反響の場という考えに近いだけでない。ナンシーが言及する「リズム」の問題もまた、アンダースの音楽論に共鳴している。ナンシー自身、『聞くことについて』において「リズムについて長く立ち止まる必要があるだろう」と述べ[16]、それが「主体の次元」としての「時間性」となることを示唆している。リズムは単に、時間を区切り、時間にテンポをつけるだけでない。リズムがつけられ音が鳴る場は、聞く主体をそこに受け入れ、「主体となる場」[17]となる。

アンダースのいう「実存的な変容」、これはナンシーの言葉では、「異他化（altération）」として理解できるだろう。すなわち、主体を構成すると同時に、静的に凝固するのではなく、刻みを入れ、自らを超脱し変容させる、実存的とも言いうる「音」の作用が、「私」という主体の存在のあり方を変容させ、それを他なるものにしていくということだ。

ナンシーは、こうした「変容」ないし「異他化」を、音楽の領域のみならず、まさしくsensの存在論的な働きとして捉えていた。この点で、『世界の意味』における「存在の意味」と題された短い文章は、きわめて示唆に富む。ナンシーは、存在の sens を、単なる繋辞ではなく、他動詞としての「存在すること」、すなわち何かに働きかけ、何かを生起させることと捉えている。それは、なにかを産み出しつつ、自分自身も自己産出されるという点で、「差延」的でもある。注目すべきは、ナンシーがこうした差延的、自己超脱的ないし脱自的な「存在することの sens」に、「あらゆる意味での sens」を読み込んでいることだ。すなわち、「距離、方向、志向、属性、跳躍、超過、贈与、移動、トランス、そして接触」である。[18] それはもはや意味やメッセージとしての sens ではなく、どこかに向かう動き、どこかに開かれ、跳躍し自らを超過していく運動ないし律動としての sens である。ちなみに、こうした sens としての「存在すること」に、ナンシーは、デカルトの我思ウ、スピノザのコナトゥス、カントの目的としての存在、ヘーゲルの否定性、ハイデガーの性起（Ereignis）の共通点を見ている。「いずれの場合も、あらゆる差異は保った上で、少なくとも次のことが意味されている。すなわち、sens は存在に付加されたり、それに後から到来するのではなく、その到来そのものの開かれ、世界内存在の開かれであることだ」[19]。このように、「存在の意味」を「存在すること」の脱自的超越構造に見てとったハイデガーの『存在と時間』がナンシーの sens 論の参照項であるのはまちがいない。ここにもレヴィナスとの共鳴が見出されるだろう。

　さらに付言すれば、このように開かれ、晒された場とは、「sens の原‐構造地質学」としての身体のことでもある。[20] この意味では、感覚としての sens であれ、意味としての sens であれ、その根本構成は、「方向」にあると言えるかもしれない。いわば「存在の意味」の問いは「存在の方向」の問いとして考えなければならないのだ。しかも、一つの実体がなんらかの場所へと移行するということではなく、移行する（passer）、触れる（toucher）、近くにある（en présence de）、晒されている（exposé à）という動的様態そのものが、「身体であること」を構成している、ということだ。「心臓」であれ、「欲動」であれ、「身体」のただなかでリズムを刻みながら、「身体」それ自体を駆動する。この場合も、無音の（物体としての）「身体」があってそこにリズムが付け加えられるというよりは、この心臓ないし欲動のリズムこそが「身体」が「身体」であることを可能にすると言える。「欲動とは、自分自身の開かれないし推力のほかに起源を割り当てることのできないような、出現、多様化という特徴をもった実存すること――脱自、脱存――にほかならない」[21]。リズムとしての欲動、それは、何か他のところに起源をもつのではない。一つ一つのリズムを構成するその推力（poussée）、開かれ（ouverture）そのものがその都度「起源」のようなかたちで自らを駆動し、開いていくわけだ。

5　レヴィナスにおける音と音楽

このようなナンシーによる sens の存在論、音楽的リズムにおける自己超脱の思想に照らすと、レヴィナスの思想はどう映るだろうか。先に見たように、「顔」との関係においては、レヴィナスは「音」よりも「声」を重視するにとどまっていたようにも思われる。もちろん、レヴィナスにおける「顔」の発想は、単に外部から発せられる「音」に耳を傾けるという意味での écouter にも、聞こえてきたものを内部化する comprendre としての entendre にも還元されない、「対話」の起源そのもののようなものを言い当てていたと言うことはできる。音も声もない、無言の対話もありうる。レヴィナスが問題にしていたのは、「音」であれ「声」であれ、「意味」なるものが生起するための条件だったかもしれない。とはいえ「音」に関する考察が一切不在なわけではない。レヴィナスのテクストからすぐさま確認できる特徴をいくつか指摘しておこう。

まず、レヴィナスはけっして「音」を無視していたわけではない。すでにレヴィナスは一九四九年のミシェル・レリス論「語句の超越」で、視覚中心主義では捉えきれない「音」の横溢に触れていた。さらに、同時期の未公刊の講義録からは、レヴィナスが『全体性と無限』を準備するなかで「音の現象学」なるものを構築しようとしていたことが判明する。この二つのテクストは内容的に重複しているが、そこでレヴィナスは、ナンシーに似て、何かを指し示す、差し向けるという語の記号的な参照機能ではなく、突如鳴り響き、主体の権能を超えて到来する「響き」、「音響」に着目している。さらに興味深いのは、レヴィナスの「音」への着目は、ナンシーと同様、存在（することと）の動詞性をめぐるハイデガーの思想から少なからぬ着想を得ていることだ。名詞ないし実体としての「存在するもの」ではなく、動詞としての「存在すること」――このような出来事を捉えるために、レヴィナスは、無音の実体を「音」それ自体が「二重化」し反響させるという事態に着目する。たとえば「大砲が発射する、鉋が削る、風が吹く、人間が歩く」という例が挙げられるが、ここで問題になっているのも、「大砲」「鉋」「人間」などの無音かつ不動の実体がまずあって、それが音を発しつつ何らかの動作をするということではない。「風」の場合、そもそも「吹く」という動詞的な事態が「風である」ことと一致するが、それに似て「大砲が発射する」は大砲の動詞的な存在様態を示している。ただし、束の間に現れたこの「音の現象学」は余韻を残すことなく、すぐさま消え去る。レヴィナスは既刊著作では「音」ではなく「顔」の発する「声」に舵を切ることになる（O2, 91／九〇）。

では、音楽はどうか。レヴィナスの妻ライッサは若い頃にピアニストを志しており、また息子のミカエルはピアニスト・作曲家として大成するなど、レヴィナス家は音楽一家とも言えるほどだが、アドルノやジャンケレヴィッチといった同世代の哲学者と異なり、エマニュエル・レヴィナスは音楽を主題にしたテクストを残していないし、音楽の話題に触れることもほとんどない(22)。

しかも、音楽的な問題系については、ある時期までのテクストにおいては、単に不在よりも、とりわけリズムをめぐるきわめて否定的な見方のほうが際立っている。レヴィナスの数少ない芸術論の一つである「現実とその影」（一九四八年）においては、リズムについて若干まとまった考察がなされているが、そこでは、「リズムが表しているのは、主体がリズムによって捉えられ、運びさられてしまうために、同意や、引き受けや、イニシアチブや、自由について語ることができなくなる特異な状況である」とすら言われている（IH, 111／一一三）。リズムとは、主体が身を委ねることによってそこに溶け込み、その自由や自発性が一切奪われてしまうような状況だと捉えているのである。あるいは、第二次世界大戦中に捕虜収容所で綴られていた『捕囚手帳』のなかで、ポーを引用しつつ、レヴィナスにおける「イリヤ」という存在の恐怖が「リズム」と言われている。「イリヤ」とは、あらゆる存在者の主体性や自律性を一切奪うような、存在の物質性のみが漂う事態のことだが、それを特徴づけるのが「リズム」だというのだ（OI, 67／八〇）。こうしたリズムについての批判的な把握は、『全体性と無限』においても継続している。他者との倫理的関係を特徴づける言説は、「リズムの魅力をあらゆる瞬間に打ち破」る。他者との関係を特徴づける「言説」は、「対話者を魅了し、夢中にさせるリズムからの断絶」を要求する（TI, 222／三五九）。それは、詩的活動と対立し、散文的であるべきだとすら言われている。他者から聞こえてくる「声」は、「私」を魅了し誘惑し私の主体性を脅かす「リズム」や「詩」であってはならない、そう言いたいかのようだ。

6　異他化の場としての sens

このように見ると、レヴィナスの倫理思想は、「顔」の発する「声」を重視するあまりに、「音」の響きの豊かさを捨象してしまう無味乾燥なもののようにも見えてくる。その「リズム」観は、総動員体制や収容所の強制労働や現代のオートメーション労働のような、主体の自発性を押さえつけて均質化する強制力としてのそれへの強烈な批判としては理解できるかもしれないが、われわれをときに鼓舞し楽しませてくれるリズム、われわれの身体を突き動かす心臓や欲動のリズムについては顧みられていないように思われる。

ある時期まで――端的に言うと一九六一年の『全体性と無限』まで――のレヴィナスの著作に基づくと、こう締めくくるしかないかもしれない。しかし、その後の『存在の彼方へ』のなかで、音楽に関する見方が一変していることには注目しなければならない。しかも、単に一変しているだけでない。ナンシーのそれに近づくかたちで一変しているように思われるのだ。いずれにしても、上でまとめたナンシーの議論を横に置くことで、レヴィナスにおけるこの新たな転調を理解する手がかりが得られるだろう。

（1）レヴィナスは『存在の彼方へ』において、〈語られたこと〉と〈語ること〉を峻別し、前者を世界の諸事物の存在を言説によって記述する次元、後者を「意味生成」を可能ならしめる「他者」との倫理的応答関係の次元に割り当てている。ただし、こうした二項対立は単に〈語られたこと〉を拒否して〈語ること〉のみを重視することを目指しているのではない。〈語られたこと〉において世界内に存在するものについていっそう豊かに語る方途についてもレヴィナスは頁を割いている。その際に取り上げられるのが「芸術」なのである。

同一的な実体——事物や事物の質——は述語的な命題のうちでその本質〔存在すること〕を反響させるが、それは、主体性についての心理学的な反省とか感覚の時間化によるものではなく、すぐれた意味で露呈するものである、芸術を起点にしてである（AE, 70／一〇六）。

このように絵画はもとより、かつて否定的に描かれた音楽や音、詩作の機能も改めて評価される。どの点で評価されるのか。

音楽において、音は反響し、詩作において、——〈語られたもの〉の物質と言うべき単語は、それが喚起するものを前に消え去るのではなく、それがもつ喚起の力によって、喚起の仕方によって〔…〕歌う（AE, 70／一〇六）。

詩であれ、色付きのパレットであれ、音の音調であれ、現代アートであれ、現代音楽であれ（レヴィナスはここでクセナキスの名を挙げる）、いずれも、「存在すること」を響かせ、言説のうちで凝固するのを拒み、「時間化」させているというのだ（ちなみにこう述べた後にレヴィナスが言及するのが、『聞くことについて』のナンシー同様、ポール・ヴァレリーであるのは興味深い）。ここでは、先に触れた「音の現象学」がようやく陽の目を浴びたとも言えるだろう。一言で言えば、私たちの生きている世界は、単に知覚対象の事物の静的な存在から構成されているのではなく、それらが動詞的に動き、「音」を立てて響き合うことによって成り立っているということ――、レヴィナスは、このことを芸術が喚起しているというのである。

(2) 先に、ナンシーにおいて、「身体」そのものが、「sens の根本構成」として、他者に、というよりは外部へと開かれ、晒される場と考えられていることに触れた。より正確に言えば、ナンシーにとって「身体」とは、単になんらかの物体があり、それが開いたり閉じたりして外部のしかじかのものを受け入れたり受け入れなかったり、ということではない。ナンシー自身の「心臓」がそうであったように、内部に侵入してきた外部・よそのものがむしろ新たなる内部となること、内なる他者が逆に自同性(identité)を構成するようになること、そして、リズムを刻み、脈打つことでまさしく「身体」の/としての「実存すること」を可能にしていること、これがナンシーの身体論の要諦とも言えるかもしれない。

そうだとすると、初期のテクストにおけるリズム批判にもかかわらず、『存在の彼方へ』におけるレヴィナスの身体論には、むしろナンシーへの接近を見てとることができる。すでに『全体性と無限』においても、外部の「糧」を享受することとは、単に自我が他者を同化・吸収する自己中心的なものとして退けられるのでなく、逆に「糧」を取り込むこと自体が「自我」の存在様態を構成することになるとされていた。『存在の彼方へ』では、こうした「自我」による外部の「糧」の吸収

（「享受」）は、「自我」のうちに闖入する「他者」に晒された「傷つきやすさ／可傷性」へと力点を変える。「他者」は単に「自我」に「課せられる」だけでない（AE, 145／二一八）。「自我」の身体性・感受性の次元において、「自らの皮膚の内側に他人を宿す」にいたる（AE, 181／二六六）。「〈同〉における〈他〉」とはこうした事態である。「老い」がそうであるように（本書第10章を参照）、自分の身体のなかに、自分の意図ではどうしようもできない他なるものが入り込み、自分自身と一体になり、むしろ自分自身を左右するようになり、自分自身が変質する。ナンシーと同様、レヴィナスもまた、とりわけ身体の感性的な次元において、他者の侵入が自己に対し異他化というかたちでの再主体化を要請することに鋭敏な注意を払っていた。

（3）こうした他者との身体的・感性的接触による自己の異他化という問題こそ、『全体性と無限』の第四部における「愛撫」と「エロス」をめぐる議論においてすでに主題となっていたものにほかならない。レヴィナスのエロス論にはさまざまな射程があるが、ここで重要なのは、現象学的には「自己触発」として語られるこの「触発するもの」と「触発されるもの」の相互関係を、レヴィナスがエロス的接触における「感じるもの」と「感じられるもの」の関係として捉えていることである。

このエロス的接触における「感じるもの」と「感じられるもの」の関係は、自己触発ではない。「触発するもの」と「触発されるもの」との接触はつねに、「他なるもの」（さしあたり「女性的なもの」と呼ばれている）との異他触発である。さらに、レヴィナスにおけるエロス的接触の議論は、この異他触発を通じて、予期せぬ新たなものが生じること、いや正確に言えばこれまで主権性を有していた雄々しい主体たる「自我」それ自身が、新たなものとして変容を強いられることを示すことに向けられている。「超‐実体化」という表現はこの事態を指している。ここで問題になっているのは、有性生殖の場合のように二つの性から新たな個体が生成するということである以上に、ある種の異種移植におけるキメラ化の場合のように、一つの実体が他なる実体を受け入れることで自ら他なるものへと異他化することである（TI, 303／四八八）（男性的であった主体が「女性化する」とレヴィナスは言う）。ここでリズムという言葉は用いられていないが、その代わりに「非連続性」という言葉は頻出している。この異他化プロセスにおいてつねに問題となっているのは、他者と接触しそれを自らのうちに受け入れることで刻まれる「非連続性」こそが、主体の「存在すること」の「時間性」を構造化しているということだ。ちなみに、このように闖入する非連続的なものとは、『全体性と無限』の序文の意味深い注によれば、ニーチェの音楽論『ワーグナーの場合』における意味での、「出来事」としての「ドラマ」であることも付言しておこう（TI, 13／二七）。

つまり、sens（ここではとりわけ感受性・感覚・感性が問題になる）における他なるものとの接触、そしてそれを自らのうちに受け入れることで、この「同における他」が刻む断絶によって「自我」のほうが自己超脱的に異他化していく（ここでは「存在すること」の「意味＝方向」としてのsensが問題になる）という存在論的な構造を、レヴィナスもまた自らの哲学の只中で見定めているということだ。少なくとも sens をめぐるナンシーを通してレヴィナスを読みなおすこと浮かび上がってくるのはこの構造である。両者の思想それぞれの根幹に垣間見られるこの sens の存在論は、つねに身体をもち、人であれ事物であれ、他なるものと関わりをもたざるをえないわれわれの存在様態を考えるうえでもきわめて示唆に富むだろう。

性的欲動（pulsion）のリズムをめぐる最晩年の著作『性存』において、ナンシーは同根の語であるパルサー（pulsor）に触れている。[23] 周期的に発光する中性子星のことである。他所で触れたように、[24] レヴィナスのほうは、ブランショの『災厄のエクリチュール』に呼応して、むしろそうした周期的な点滅よりは、その周期性の故障、つまり「脱－星（dés-astre）」、星々のもとにある世界のなかにはいないこと」としての「災厄（désastre）」をつねに気にかけていたように思われる（DMT, 167／一六五）。レヴィナスは、聞こえてくる心地よいメロディーに体を預けることよりも、不意に訪れる「調子外れの音」につねに耳をそばだてていたのかもしれない（EE, 41／六二）。

エマニュエル・レヴィナスとジャン゠リュック・ナンシー、彼らの遺したテクストのリズムとメロディーは、ところどころで重なり、思いもよらない共鳴をもたらすように思われるが、同時に両者には、どうしてもずれてしまうリズム、調子が外れてしまう音が残り続けるだろう。おそらく、そこに耳をそばだてることが、二人の声への応答になりうるだろう。

2

生まれる、愛する、触れる——人間と非人間のあいだで

第6章　顔の倫理のジレンマ——動物とロボット

レヴィナスの「顔」はさまざまなかたちで受け取られてきた。あるいはその「顔」はさまざまな相貌を呈示してきた。

「顔の倫理」は、往々にして、誰に「顔」を認めるかという問いとともに語られてきたように思われる。本書第1章で見たように、他者に「顔」を認めるという要請は、他者の「声」を聞くという要請と重ねられるようにして、反レイシズム、反ナショナリズム、反セクシズム、さらにはポスト植民地主義や多文化主義といった文脈のなかで、声を剥奪されてきたさまざまな「マイノリティ」の声を聞き取る、そうした声なき声に「応答する」という倫理的な要請と重ねられて語られることがしばしばだった。

だが、このような要請は、「顔」が認められないように見える「他者」に出会うやいなや、すぐさま限界に達するようにも思われる。いやむしろ、限界に達するがゆえに、つねに、そしてすぐにその限界を超えよとの新たな要請が生み出されてきたように思われる。

バディウの言うように、もし「顔」が、「私たちとまったく同じではないにせよ」、「善き他者である」ような他者にのみ認められるのであれば、「善き他者」ではないような他者、私たちを襲いかねないような他者はどうなるのか。なるほど、レヴィナスはしばしば、「他者」の特権的な例として、旧約聖書における「貧者、寡婦、孤児、外国人」といったいわば「弱者」を挙げている。バトラーの言葉では、われわれがその「生」を救わなければならないような他者だ（第1章を参照）。

だが、本当に「顔」としての「他者」は「弱者」のことなのか。翻ってみると、レヴィナスは、「他者」を理想的な「弱者」、あるいは「善き他者」として提示しようとしていたわけではない。それは同時に「私」を急襲しかねないような暴力的な「他者」でもあった。ブランショが『全体性と無限』の直後に述べたように、レヴィナスの「他者」は「私」に対し「語るか殺すか」という究極の選択を迫るような存在ですらあったのではないか。

レヴィナスの「顔」のジレンマがあるとすれば、それは上のような、単に「顔」は「弱者」か「強者」か、という問いに宿るのではないだろう。むしろ問題は、「顔」は強者であれ弱者であれ人間的他者に限定されるように見える、という点にあるのではないか。ここにこそ、いわゆるレヴィナスの「人間中心主義」があるのではないか。すなわち、強者であれ弱者であれ、レヴィナスの「倫理」からは人間以外の存在者、たとえば動物やロボットといった非人間は排除されるのではないか。もちろん、動物やロボットに言及していないこと自体が問題なわけではない。だが、レヴィナスの「倫理」が他でもなく「他者」に向けられたものであり、かつこの「他者」とは既存のカテゴリーに包摂されないことにその本質をもつのであれば、「他者」を「人間」に限定することはきわめて問題含みとなるだろう。「他者の倫理」は、「人間ならざるもの」に対しどのように応答する可能性を示すのか。もし、「顔」が動物をはじめとする非人間的存在者に認められないならば、レヴィナスの「倫理」は結局のところ「人間中心主義」にとどまるのではないか。

本章ではこうした批判をもっとも精力的に行なったデリダの議論を参照した後、動物の地位に関するレヴィナスの比較的まとまったインタビューの全体を見渡し、ある意味でレヴィナスを擁護する戦略をとりたい。レヴィナスの「他者の倫理」が動物をほとんど語らないこと、それが実際に「人間中心主義」と呼びうる性格をもつこと、このことについては否定すべくもない。だが、だからといってレヴィナスの「他者の倫理」が「人間」にのみ限定される、という言い方にはやはり釈然としないものがある。この方面でとりわけ多くの議論が展開されている英語圏のレヴィナス解釈を参考にしつつ、どのようにして「非人間的なもの」に対する「倫理」の可能性があるか、その一端を垣間見たい。

1　デリダによるレヴィナスの動物論批判

レヴィナスの動物論はあまり評判がよくない。

もちろん、レヴィナスには動物について書かれたきわめて感動的なテクストがあることはある。『困難な自由』に収められた「ある犬の名前、あるいは自然権」がそれである。これは、レヴィナス自身が公刊したテクストのなかでは、自身の捕虜収容所での生活について触れているきわめて稀なテクストである。そこでレヴィナスは、捕虜収容所で課せられていた強制労働のなかで、ユダヤ人戦争捕虜たちが人間性を奪われ、言語をもたない、単なる「種」へと還元されたと綴っている。だが、森林での作業の行き帰り、衛兵の監視をくぐって愛くるしい犬が現れる。「半人類、猿の一団」に格下げされていたユダヤ人捕虜たちは、「異国風」の愛称で「ボビー」と呼ばれたこの犬にとってはまさしく「人間だった」。そこにレヴィナスは、「出エジプト記」における「倫理もロゴスももたないのに——人格の尊厳を証言する」ことのできる犬の姿ばかりだけでなく、「ナチス・ドイツの最後のカント主義者」の姿をも見出すのだ（DL, 215-6／二〇三—五）。

それだけではない。レヴィナスのテクストをよく読んでみると「犬だけでなく」[1]、さまざまな動物が登場する。このタイトルをもつ論稿のなかでオリエッタ・オンブロージが述べるように、とりわけタルムード講話においては、「ボビー」ほど印象的ではないにせよ、ラクダやライオン、ロバなどさまざまな動物が現れている。

あるいは、具体的な動物が描かれるのではないにせよ、『全体性と無限』第二部の享受論では、「動物以上、人間未満」と呼びたくなるような、「人間性」に目覚める直前の、「自我」のなかば動物的な存在様態についての現象学的な分析が展開されていたことを思い起こしておいてよいかもしれない(2)。

だが、以上のような事情があるにせよ、レヴィナスにおいて動物に与えられているのは副次的な役割にすぎないことにかわりはない――むしろ、大勢を占めてきたのは、このような解釈だった。しかも、問題は単に副次的な役割しか与えられていないことだけではない。一般に、一人の哲学者が動物の問題にあまり触れることがなかったということは、それだけではたいした問題になりえないだろう。この言及の不在ないし不足がレヴィナスにおいて問題になりうるのは、それがレヴィナスの哲学的なプロジェクトと思われるものに照らすと、矛盾をきたすように見えるからだ。すなわち、もし、「倫理もロゴスももたない」動物に、「顔」が認められていないとなるとどうなるだろうか。そうだとするならば、そのことは「顔の倫理」を基層とするレヴィナスの倫理思想にとっては致命的な欠落となるのではないか。いかに逸話的に何度か「動物」に言及しているにせよ、レヴィナスの「顔の倫理」は、「動物」という「他者」に「顔」を認めることがないならば、「全き他者」を標榜するにせよ、結局のところ人間中心主義にとどまっているのではないか。

このような、レヴィナスの思想に動物に対する軽視や人間中心主義を指摘するかたちでの批判は、二〇〇〇年代より主に英語圏で活発に展開されるようになってきた(3)。そのなかで重要なものについては後に言及するが、英語圏における動物倫理学の議論の進展、そして「人間ならざるもの」ないし「ポストヒューマン」に関する関心がこうした議論を後押ししていることは指摘できるだろう。

これに対し、大陸からなかなかレヴィナスと動物をめぐる論点は提示されてこなかったが(4)、そこに風穴を開けたのは、周知のように、ジャック・デリダの『動物を追う、ゆえに私は（動物で）ある』である(5)。同書でデリダは「エマニュエル・レヴィナスが、動物を、彼の作品の核心的な大問題にしなかったという事実を問題にすることは、それだけいっそう緊急になされるべきことに思われる」（二五三）と述べ、動物をめぐって、レヴィナスの倫理思想に根本的な批判を投げかける。以下で見るように、デリダの議論は、レヴィナスに対する動物論の観点からの批判にとってある種の原型を示すものと思われるために、以下ではこのデリダの議論をとりわけ取り上げたい。

デリダの『動物を追う、ゆえに私は（動物で）ある』は、一九九七年にスリジー＝ラ＝サルで開かれたシンポジウムでの講演がもとになっており、二〇〇六年に公刊された。二〇〇一年からのセミネール『獣と主権者』と合わせて、動物性の問題をめぐる最晩年のデリダの企てのなかに位置づけることができるだろう。あるいは、こうした関心は、檜垣が指摘するように、「人間の終焉」や「人間の終わり」を指摘し、人間中心主義的な思想の脱構築ないしそこからの脱却を企ててきたフランス現代思想全体の趨勢に沿ったものと言うこともできるだろう(6)。

実際、デリダがレヴィナスの思想に人間中心主義を読み取ったのは『動物を追う、ゆえに私は〈動物で〉ある』が最初ではない。すでに、一九六四年の「暴力と形而上学」のなかで、「顔」が人間のそれとして規定されていること、しかも神の顔との類比によってそのように規定されていることをデリダはすでに見てとっていた。(7)

『動物を追う、ゆえに私は〈動物で〉ある』では、レヴィナスについてまとまった頁を割き、こうして示唆されたレヴィナスの思想に色濃く残る人間中心主義の脱構築が試みられる。

デリダが突くのは、まさしく、レヴィナスのプロジェクトが、「隣人」さらに「他者」の概念を提示することで、従来の哲学の主体中心主義の転覆を企てているにもかかわらず、この「隣人」ないし「他者」のなかに動物が含まれていない、という点である。もしレヴィナスの「他者」概念のなかで、「私」の理解の範疇に回収されない、というその特徴を重視するのであれば、「動物は、私がそのなかに私の兄弟を認める他者よりも、〔…〕こう言ってよければさらにいっそう他者であり、いっそうラディカルに他者なのではないか」（二五五）と問うことは当然に許されよう。しかし、レヴィナスが主体を他律に従わせ、主体を人質、身代わりとするにせよ、「倫理のこの主体は、顔は、まずそしてただ、人間的かつ兄弟的な顔のままなのだ」（二五五）。もちろん、レヴィナスは、「倫理」の領域を動物に拡張することを拒否しているわけではない。「倫理がすべての生けるものにまで拡張されること、そしてわれわれは動物を「無益に」苦しめてはならない」ことは認められている（二五八）。しかしながら、レヴィナスにおいて「倫理」の「原型」はあくまで「人間」のうちにのみ見出される。「レヴィナスは、人間的なものとしての倫理の根源的、範型的、「原型」的性格を強調し、この倫理を人間たちの、人間たちだけのあいだの関係の空間とする」（二五八）。

このように、レヴィナスにおける「顔の倫理」の思想は、どれほど主体中心主義を転覆したにせよ、人間中心主義にとどまっている。少なくともそこでは、「他者の顔に認められる特徴、権利、義務、情愛、可能性のどんなものも、動物ないし〈アニモ〉に認めることは問題外なのだ」（二五五）。端的に言って、レヴィナスにおいては「動物は顔をもたない」、「裸の顔をもたない、私を見つめる、その目の色を私が忘れるべき裸の顔を」もたない（二五六）。このことは、「他者の倫理」の思想家であるはずのレヴィナスにとっては、きわめて重大な逆説的帰結をもたらす。それは、「動物を倫理の回路からはずす」（二五五）という帰結である。というのも、「動物は顔をもたない」となれば、「動物には、「私はここに」および応答の、ゆえに責任＝応答可能性の、どんな可能性も、真実にはどんな力能も、欠落している」（二六五）ことになるからだ。

動物に関する倫理的な可能性に関してレヴィナスが示すこうした消極的ないし否定的な態度については、デリダばかりでなく、多くの論者が批判的なコメントを残しているが、以上のようなデリダの議論は、それに一つの原型を与えている。たとえば、「糧」をめぐるレヴィナスの思想を高く評価するコリーヌ・ペリュションも、動物に関しては、デリダを参照しつつ、「レヴィナスは、動物たちの呼びかけもあることを無視して倫理から動物を排除している」と断言している。(8)

このようなデリダの批判をどのように捉えればよいだろうか。たしかにデリダの言うとおり、レヴィナスが「顔」を認めるのはもっぱら人間的な「他者」であるように見え、動物はその「顔の倫理」から排除されているように見える。しかし、われわれとしてはこのデリダの議論には、一見すると些細に見えるが、とはいえ根本的な誤解が含まれていると考えている。

デリダが展開した議論――それによればレヴィナスの「顔の倫理」は人間主義的であり動物が排除されている――に応答するには、少なくとも三通りの方向性があるだろう。

一つは、レヴィナスの「顔の倫理」を動物をはじめとする人間ならざるものにも応用しうるものとする立場である(「顔の倫理の拡張」論と呼んでおこう)。ただし、われわれはこの立場は支持しない。その理由については後述したい。

第二は、一見すると開き直りのように思われるかもしれないが、レヴィナスのいう「倫理」は基本的に人間主義的なものであって、動物に適用されうることを想定しているものではないとするものである。われわれはすでに、とりわけ『全体性と無限』第二部の読解を通じて、このような解釈の方向性を示した。(9) 基本的にレヴィナスは人間的な存在者についての――規範的な倫理学の構築というより――現象学的な記述を試みているのであって、だとすれば、その記述はそもそも人間的な存在者以外に適用しうるものではない。ただし、動物をはじめなんらかの存在者が現象学的な記述の対象から外れるということと、そうした存在者が倫理的な考察の対象から外れるということは別のことである。この点については十分に述べたように思われるので、本章ではあまり繰り返さない。

ここでわれわれが関心をもつのは第三の方向性である。それは、デリダのレヴィナス批判が暗黙のうちに前提としているような理解の型を問題視するものだ。ただしそれは、揚げ足をとるかのようにしてデリダの批判の盲点をつくことを目的とするものではない。デリダの議論においてすら暗黙の前提となっていることを浮かび上がらせることによって、むしろレヴィナスにおける「倫理」を、動物をはじめとする人間ならざるものへと開いていくための回路そのものが垣間見えてくるのではないかと思われるのである。

デリダの脱構築的な批判は、レヴィナスのうちにつぎのような矛盾を見出すかたちでなされている。

前提一：一方で、レヴィナスの「顔の倫理」の意義は十全に認められている。責任＝応答可能性という考えによって、レヴィナスは従来の哲学における「主体」の概念を転覆させることができた。

前提二：他方で、他者の「顔」は人間にかぎられ、動物には認められていない。なぜなら、動物には、人間には認められる「特徴、権利、義務、情愛、可能性」が認められていないからである。

帰結一：それゆえ、レヴィナスの「顔の倫理」は人間中心主義的なものである。

帰結二：さらにそれゆえ、レヴィナスの「顔の倫理」は、「動物を倫理の回路からはずす」ために、「他者」への応答責任を旨とする「倫理」として限定付きのものにならざるをえない。

われわれにとって、このようなデリダの主張について、同意する部分と同意できない部分がある。まず、**前提一**については異論はない。この点は、レヴィナスの倫理思想の意義として一般に認められていることだろう。また、**帰結一**についても、それを導出するプロセスはともかく、実際にはそのように（つまり人間中心主義に）なっていることについて、反論したいわけではない。デリダに（およびレヴィナスの動物論を批判する多くの論者にも）見られる「「顔」は人間にかぎられ、動物には認められていない」こと、「レヴィナスの「顔の倫理」が人間中心主義である」ことを問題にしたいわけではない。

これらのことは、レヴィナスにおいてはむしろ前提にされているものである。『全体性と無限』においても、たとえば「人間と人間との関係」としての「倫理」の「優位」を樹立することこそが、同書の目的の一つであるとも言われているし（TI, 77／一二九）、あるいは、同書後半では「人間的なるものの地位そのものは兄弟関係および人類という観念を含む」とされる。これは、「類似によって統一化された人類やさまざまな家族の多数性といった観念には徹底的に対立する」ものの、「父の共同体」として、同一の「父」を祖とするとされる（TI, 236／三八〇）。[10] このように、レヴィナスの倫理思想が「人間中心主義」であるのはむしろあまりにも自明だとも言えるかもしれない（ただし、この際対立していたのは、動物をはじめとする人間ならざるものであるというよりも、匿名化・中和化・非人称化といった帰結をもたらしうる「全体性」の暴力の非人間性だったということも併せて想起しておいてよいだろう)。

だが、前提二および帰結二については承服できない。われわれが問題にしたいのは、「「顔」は人間にかぎられ、動物には認められていない」がゆえに「他者」への倫理として不十分である、という論理を支えている前提である。このような理解は、レヴィナスにおける「顔」の概念と最初から齟齬をきたしているばかりでなく、いっそうの理論的な問題を引き起こすように思われるのだ。

論点をより具体的に言いなおすと次のようになる。「「顔」は人間にかぎられる」という理解においては、なんらかの性格、特徴や能力(デリダの言葉では「特徴、権利、義務、情愛、可能性」)をもっているもの(たとえば「人間」)には「顔」が認められ、それらをもっていないもの(たとえば「動物」)には「顔」が認められない、ということが前提となっているように思われる。ここには知能であれ、発話能力であれ、感覚能力(たとえば苦しむ力)であれ、任意のものが入りうるだろうが、その内容を問題にしたいわけではない。むしろ問題にすべきは、なんらかの属性や能力の有無が「顔」の条件をなす、という理解の仕方そのものである。こうした理解を「顔の条件」論と呼ぼう。「顔」をもつためにはどのような条件が必要なのか。あるいはそもそも必要とされるのか。そして(とりわけ上述の帰結二に関わるのだが)、レヴィナスが提示しようとした「倫理」のために、こうした「顔」はそもそも必要条件をなしているのか。われわれが問いたいのはこれである。

2　動物インタビュー

この問いに応える前に、実際にレヴィナスが「動物」の倫理をめぐる諸問題についてどのように述べていたのかを確認しておこう。

一九八六年に、イギリスのウォーリック大学で哲学を学ぶ三名の学生たちがパリのレヴィナス宅を訪れた。目的は、レヴィナスのいう「顔」を動物がもちうるものかを問うためだ。このインタビューは、その後すぐに、英語の論集『レヴィナスの挑発』のなかに「道徳性の逆説」というタイトルで掲載されることになった対談の一部をなしている。[11] 動物に関する箇所は、とりわけそこで動物が顔をもつかという問いにレヴィナスが対応している珍しいもののため、それなりに注目を集め、デリダもまた『動物を追う、ゆえに私は（動物で）ある』において、このインタビューを重視している。

ただし、「道徳性の逆説」は動物のみを主題としたものではなく、それ以外の論点に関する対話も収録されている。他方で、動物を主題にした箇所に関しては、元々のインタビューにあった対話で「道徳性の逆説」には収録されなかった部分がある。この省略箇所を補い、動物に関する対話部分の全体を補ったものが、二〇一九年『動物との対面――レヴィナスと動物の問い』というタイトルで公刊されたレヴィナスの動物論をめぐる論集の巻頭に掲載されることとなった（フランス語およびその英訳）[12]。レヴィナスの動物性の問題を論じるには、今後はこの「動物インタビュー」と題されたものを参照する必要があるだろう。口語のため、文意がとりにくいところもあるし、なによりレヴィナス自身の校正を経たものではないが、それなりの資料的な価値も有するため、省略なしに日本語で引用しつつ、注釈を加えていきたい（［ ］は原書編者による補足であり、〔 〕は引用者による補足である。また強調は、指摘した一箇所を除きすべて引用者によるものである）。

質問者がまず先に発した問いは、まさに動物に対する倫理的な義務に関するものだ。

質問者：もし動物たちが倫理的な意味での顔をもたないとしても、私たちはそれでも動物たちに義務を負うのではないでしょうか。もしそうなら、その義務はどこから来るのでしょうか。

これに対するレヴィナスの返事は以下のように、かなり回りくどく、また率直に言って、歯切れが悪いものだ。

レヴィナス：犬に顔を完全に拒むことはできません。顔との関係で、われわれは犬を［理解することはあるでしょう］……。〔ただ〕顔の現象が純粋に現れるのは犬においてではありません。あなたはベジタリアンになることはできるでしょうが、それは、あなたが人間を食べないため、［人間に］似たものの生命を尊重するから、ではないでしょう。肉を食べたからといって、食人にはなりません。このような顔の現象に類したものは、犬の場合にはまったくありません……あなたが犬の顔を見るのは、人間の顔を知っているからではありません。顔の知恵は犬からは始まりません。人間よりも犬を好む人はいるでしょうが。逆に、犬などの動物においては、別の現象があります。たとえば自然の力、純粋な生命力です。この生命力はいっそう犬を特徴づけるものでしょうが、顔ももっています。

まず、レヴィナスは犬を筆頭に、動物に「顔」がありうることは否定していない。しかし、「顔」という現象が「純粋」に現れるのは人間であって動物ではない、というわけだ。これがレヴィナスの根本的な立場であることは疑いない。続く菜食と肉食の話はわかりにくいが、言われているのは、菜食主義者が動物の肉を食べることを拒否するのは、人肉食を拒否するのと同じ理由からではない、ということだ。人間と動物のあいだには暗黙のうちに違いがあることが前提とされている、と言いたいのだろう。その違いはどこにあるか。一方で犬などの動物は、「顔」をもつ可能性はあるが、他方で、人間とのあいだには差異が残る。動物を「純粋」な意味で特徴づけるのは「顔」ではなく、「自然の力」、「純粋な生命力」だというわけだ。この「自然の力」については、インタビューの後半でさらに触れられるため、われわれもそこで立ち戻ろう。

質問者はこの答えに満足していない。人間と動物の差異も判然としないが、当初の質問にあった動物に対する道徳的な義務については答えられていないからだ。そこでさらに加えて、このようにして「顔」をもつことが認められうるという「動物」の条件についてさらに問う。

質問者：動物の顔を、迎え入れるべき他者と考えることができるでしょうか。あるいは、倫理的意味において顔であるためには、発話の可能性がなければならないでしょうか。

動物に「顔」が認められる可能性があるのだとすれば、それは「発話の可能性」の有無によるのか、という問いに対し、レヴィナスの側から一続きの長い返答がはじまる。原文における改行に合わせ、二つに区切って引用しよう。

レヴィナス：わかりません。どの地点から「顔」と呼ばれる権利をもつかを言うことはできません。なんという難点でしょう！　人間の顔はまったく別のものです。そして動物に顔を認めるのはその後です。私は蛇に顔を認められるかはわかりませんが（笑）。あなたの質問にお答えしているかはわかりませんが、個々の分析をする必要があります。それが必要です。たとえば、シラミにはありません。シラミ！　それは飛ぶ昆虫ですよね（笑）。しかし、先ほどおっしゃったことで、複雑な観点、動物という観点に私たちが感じる魅力についてですが、美しい動物がいますよね。私としては、動物にはあまり関わりはないのですが。しかし、たとえば犬を好む人はいますが、犬のなかにそういう人々が好んでいるのは、もしかするとその子供っぽい性格かもしれません。強くて、楽しげで、力強く、活力に満ちている。ただし、すべてを知ってはいない。それゆえ、他方では、もちろんここでは、動物に関しては、憐れみをもつことにはなりませんか。噛まないオオカミがそうしたものでしょう。私たちはつねに、動物のなかに、オオカミ、オオカミの思い出、ライオンの思い出、犬を愛しているかもしれません。わかりませんが。いずれにしても、そこには個別の現象学的分析の可能性があります。はじめから事柄を理解するときにはそれを用いることはできませんが。なんらかの動物の形態があって……しばしば子どもを好むときにはその動物性ゆえだったりはしませんか。何も疑わず、飛び跳ね、歩き、走り、噛む。かわいらしいですよね。私がまったくはっきりと考えているのは、たとえ事態はそれほど単純でないにせよ、たとえ動物が人間的な存在とは考えられていないにせよ、倫理は生き物に延長されるということです。まさしく思うに……われわれは動物を無駄に苦しめようとはしていませんし、等々。しかし、その原型は人間的倫理です。動物が倫理的な意味で顔をもたないとしても、われわれは動物に対する義務をもっています……よくわかりませんが、もちろんベジタリアンや、動物を保護する団体などが存在します。まさしく倫理とは、もちろん、苦しみという観念を動物に転移することです。動物は苦しむのです。われわれ人間が苦しみとは何かを知っているからこそ、われわれはこの義務をもちうるのです。

ここに引用した発言は、レヴィナスが動物に対する倫理的な態度をどのように考えているかを、かなりまとまったかたちで示している。ただし、そこには区別して考えるべき事柄があると思われるため、慎重に見てみよう。

第一に、上述のとおり、レヴィナスは動物に「顔」を否定してはいない。しかし、ここで明言されているように、その「原型」は人間にある。顔の倫理とは、元来的に「人間的倫理」であることが明言されているわけだ。動物に「顔」が認められるとしても「その後」にすぎない。「顔」に関して、動物は、人間の「後」に副次的にしかそれが認められていない。

ただし、動物ならばおしなべて「顔」が認められるわけではない。レヴィナスは「わからない」と何度も繰り返しているが、おそらく犬であれば認められるだろうが、「蛇」や「シラミ」には難しいらしい。「わからない」のは、どこに線引きをするかだろう。「動物」という範疇のなかで、どこまでが「顔」を認めうるのかは判然としない。せいぜいなしうることは、各々の種について、「個々の分析」をすることだというわけだ（ちなみに、ここでの「子ども」への言及も興味深い。「人間」に属するはずの「子ども」も、いくらかの動物性を有しているとされるわけだ）。いずれにしても、この限りで、レヴィナスは「顔」の有無について、質の差ではなく程度の差を念頭に置いている、あるいはそのようにしか答えられないと思われる。

だが、第二に留意しておくべきことは、以上の議論がすべて「顔」をめぐるものであったのに対し、レヴィナスは「顔」とは異なるかたちの「倫理」のアプローチを示唆していることだ。それは、

「顔」ではなく、――ベンサム以来動物倫理の本筋にある――「苦しみ」に基づくというアプローチである。「動物は倫理的な意味での顔をもたないとしても、われわれは動物に対する義務をもっている」。そして、この後者の義務は、とりわけ「苦しみという観念を動物に転移」するときには、ある種の倫理性を帯びる。もちろん人間は人間における苦しみしか知りようがないが、それを動物に「転移」することで、等しく苦しんでいるように思われる動物に対して倫理的義務をもつとされるのである。この「苦しみ」についても後に見ることにしよう。

レヴィナスの「動物インタビュー」の最後の箇所に移ることにしよう。ここでは、これまでの返答とは裏腹に、この時点でレヴィナスが人間と動物とを決定的に分かつものが何であると考えているかが明かされる。

なぜこの問題がわれわれにとりわけ関わるのでしょうか。なぜなら、逆に、われわれが生に関してなんらかの共感をもつのは生においてのことであり、倫理的道徳は純粋に生物学的な現象の展開だ、と主張する人々もいるからです。私はこれをまったく反対にひっくり返すでしょう。こうした主張は非常に流布したものですが、結局のところ、人間は動物の到達点にほかならないと言っていることになります。私としては、逆に、動物に対する人間性とは新たな現象だと主張します。そしてそうすることで、あなたがたが私に提起した問いにすでに戻っていることになります。どの時点からわれわれが顔になるのか〔という問いです〕。これについて、私はどの時点から人間的なものが現れるのかはわかりませんが、私が強調したいのは、人間的なものは純粋な存在とは隔絶しているということです。純粋な存在とは、存在への固執です。それが私の主たるテーゼです。存在とは、なにか存在へ、自分自身の存在へ結びついたものです。これはダーウィンの考えです。動物的な存在は、生に向かって闘争します。倫理を欠いた生への闘争です。そうではないでしょうか。それは力の問題ではないでしょうか。これがダーウィン的な道徳です。私としては、ハイデガーを読みはじめたときのことですが、ご存知のように、ハイデガーは『存在と時間』の冒頭で、現存在とは自らの存在においてこの存在そのものが問題になる存在者だと言っています。このハイデガーの表現をご存知ですか?　Das Dasein ist ein Seiendes——ドイツ語は多少ご存知ですか?——dem es in seinen Sein um dieses Sein selbst geht. 現存在は自らの存在、自らの"to be"のなかで、自らの"to be"そのものが問題になる"being"だということです。存在することの唯一の目標、それは存在することだということです。この表現はご存知ないですか?　この表現が『存在と時間』の冒頭にあるのです。そのことはどうでもよいですが、現存在はご存知ですね。これはダーウィンの考えです。生きものは生のために闘争する。生の目標は生そのものである。だとすると、人間的なものの現れ——ここに私の哲学の全体があります——それは、人間とともに、私の生よりも重要な何かがある、それは他者の生だということです。これは合理的でない〔非理性的な〕ことです。人間は非理性的動物なのです（笑）。ほとんどの時間にわたって、私の生は、自分自身の近くにあり、自分自身に専心しています。しかし、聖性に感嘆しないことはできません。そうですよね？　聖なるものではありません！　聖なるものではありません！　聖性です。聖性とはなんでしょう。それは、自分の存在において、自分の存在よりも他者の存在をより好む――いや好むではありません！――、自分の存在よりも他者の存在により結びついて存在する、、、〔レヴィナスによる強調〕もののことです。そうすることを試みるもののことです。だとすると、私にとって、人間的なものがはじまるのは聖性においてだということになります。聖性の成就においてではありません。それが第一の価値、異論の余地なき価値です。たとえ誰かが聖性を貶したとしても、その人は聖性においてそうしているのです。それは明白です。私がこう言うのは、この聖性が動物のもとでもはじまると述べるとき、動物もすでに神の声を聞いているからですが、そのことは私にとっては同じことです。しかし、いずれにしてもそこには、存在に固執する純粋な存在とは別のなにかがあるのです。

先に動物を特徴づけるものは「顔」というよりは「自然の力」、「純粋な生命力」であるとされていたが、いま引用した箇所では、人間と動物の差異が、いっそうはっきりと述べられている。レヴィナスはまず、生物学的な説明を拒否する。ここで想起すべきは、たとえば利他性の問題は「倫理哲学者」たちの手を離れ「生物学化」[13]されるべきことを示唆した社会生物学者のエドワード・O・ウィルソンのような主張だろう。このように、「倫理的道徳」を「生物学的な現象の展開」と捉える見方では、人間と動物の差異は程度の差となる。場合によっては、「人間は動物の到達点にほかならない」ということにもなりうる。

レヴィナスにとって人間と動物の差異は、生物学的に説明可能な程度の問題ではなく、いわば存在のあり方に関わっている。ところで、だとすると強調しておかなければならないが、この対話から浮かび上がるのは、人間と動物の差異はもちろん「倫理的道徳」の有無に関わっているが、これは「顔」の有無ではない、ということだ。問題はむしろ、「純粋な存在」ないし「存在への固執」から隔絶しているか否かに関わっている。

すなわち問題は、存在論的な次元である。この引用ではハイデガーの『存在と時間』を引用しつつ、そこに自らの存在、自らの生に結びつく「存在への固執」を見てとり、「これはダーウィン的な考え」だと述べている。ただし、インタビューで発せられたこのいささか乱暴なアナロジーについて深入りするのはここでは措こう。ダーウィンに自らの生の保存のみを目指す利己主義的なイメージを強調するのはダーウィンの理解として妥当性を欠くように思われるが[14]、とはいえ、あまり注目されてはこなかったが、「生物学的」[15]な生のあり方に関して『全体性と無限』においてもすでにそれに対する批判が顔を出しているし、またハイデガーの『存在と時間』からの引用については、さらに三〇年代のレヴィナスのテクストにまでその格闘の跡をたどることもできる[16]。「存在への固執」に関しては、周知のように、とりわけ『存在の彼方へ』以降、これに対する批判が、後期レヴィナス哲学の中核をなすと言ってもよいだろう。このように「存在への固執」を媒介にしてハイデガーと生物学を繋ぐというレヴィナスの試みについては、その思想の展開自体を取り上げなおす必要があるため、稿を改めて検討しなければなるまい。

ここで確認しておくべきことは、この「自らの存在への固執」という存在の仕方こそが動物性を特徴づけるとされていることだ。これは「純粋な存在」とも言い換えられるが、「純粋な存在」とは、レヴィナスに従えば自らの生のために生きるような、あるいは自分自身の存在そのものを問題として存在するような、そういう存在の仕方のことである。

これに対し「人間的なものは純粋な存在とは隔絶している」。「人間的なもの」が現れるのは、「私」の生や「私」の存在よりも「他者」の生や「他者」の存在を重視する、あるいはそれに「結びついて存在する」ような場合である。これは単に、利他的な道徳的行為を（動物には見られず）人間にのみ観察される特質とみなすことでもなければ、利己主義的な価値観から利他主義的な価値観の転換にこそ「人間的」と呼ぶに相応しいものがあると述べるものでもない。「自分の存在よりも他者の存在により結びついて存在する」と言うとき、「存在する」に強調点が付されているが、まさに問題になっているのは、「存在する」その仕方、存在様態のことである。いや、より正確に言えば、「存在する」を「自らの存在への固執」と理解するならば、『存在の彼方へ』全体が取り組んだように、「存在するとは別の仕方で」というあり方であろう。レヴィナスが「聖性（sainteté）」と呼ぶのは、このような「存在に固執する純粋な存在とは別のなにか」である。

以上が「動物インタビュー」の概要であるが、そこには明示的に現れていないものの、改めて付言しておくべきことがある。それは、「純粋な存在」ないし「自らの存在に固執する存在」とは、確かに動物性を特徴づけるものであり、かつそこからの「隔絶」こそが「人間的」なものの契機となるとされているものの、それは「人間」と呼ばれる存在者であればおしなべて「存在への固執」から「隔絶」されており「聖性」を有している、という意味ではないということだ。『存在の彼方へ』においてもすでにそうであるように、「人間」と呼ばれる存在者であっても、さしあたりたいていは自らの存在に固執するかたちで存在している。しかし、こうした「純粋な存在」という存在のあり方とは別様の、「他者の存在により結びついて存在する」仕方こそ「人間的」なものをとりわけ特徴づけるということである。別なテクストでレヴィナスは、「彼岸」は「存在への固執という隠された暴力を通じて」示されると述べていた（EN, 201／二七〇）。すなわち、「人間的」とされるあり方は動物的な「純粋な存在」と根本的に切り離されているわけでもないし、後者を何らかの仕方で脱却することで「人間的」なあり方へと到達するとされているわけでもない。拙著『レヴィナスの企て』で述べたように、人間的な存在者も、さしあたりたいていは、「動物以上、人間未満」のような状態にあるということだ。

さて、「動物インタビュー」におけるレヴィナスの主張が以上のように理解されるならば、その要点は次のように整理することができるだろう。

まず、レヴィナスは動物に「顔」がありうることは否定していない。しかし、「顔」という現象が「純粋」に現れるのは人間であって動物ではなく、人間的倫理は「原型」を提供している。

しかし、動物に対する人間の道徳的義務はありうる。なぜなら、動物は苦しむことがあるからだ。さらに、人間と動物の差異は生物学的・進化論的に説明できるものではなく、いわば存在論的な次元のものである。「自らの生」「自らの存在」を重視する「純粋な存在」、「自らの存在への固執」が（人間も含む）動物的な生を特徴づけるのに対し、「他者の存在により結びついた存在」こそが「人間的なもの」を特徴づけるものだとされる。

このような「人間的」な存在様態がいかなるものかについては、『存在の彼方へ』をはじめとする後期レヴィナスの思想をくわしく追う必要があるだろう。その作業は稿を改めて行なうことにし、以下では「動物インタビュー」に示されたレヴィナスの動物観を念頭に、先に触れたデリダの議論の問題点を検討することにしよう。

3　「顔の条件」論、「顔の倫理の拡張」論、「顔の無知」論

「顔の条件」論

先に述べたように、われわれが問題にしたいのは、「「顔」は人間にかぎられ、動物には認められていない」がゆえに「他者」への倫理として不十分である、というデリダの論理を支えている前提である。先にこれを「顔の条件」論と呼んでおいた。

もちろん、われわれとしては、単に、レヴィナス自身が「顔」をいくらかの動物に認められると述べていることをもって十分な反論がなしうると言いたいわけではない。その場合でも、レヴィナス自身が明言し、またデリダも指摘するように、レヴィナスの「顔」の倫理が人間を「原型」とするものであること、つまりその人間中心主義的な性格は変わらないからだ（そしてわれわれもこの点についてはほぼ異論はない）。われわれの論点はそこにはない。

先に述べたように、「「顔」は人間にかぎられる」という理解においては、なんらかの性格、特徴や能力（デリダの言葉では「特徴、権利、義務、情愛、可能性」）をもっているもの（たとえば「人間」）には「顔」が認められ、それらをもっていないもの（たとえば「動物」）には「顔」が認められない、ということが前提となっているように思われる。このように「顔」をもつことを認められるためには、何らかの条件が必要なのだろうか。この「顔の条件」こそ、デリダをはじめとする多くの論者が多かれ少なかれ念頭に置いているもののように思われるのだが、この前提こそが問題含みだと思われるのである。

どうして「顔の条件」がそれほど考察するに値するのか。「顔の条件」を問うことの意味はどこにあるのか。この問題を考える上で、いささかレヴィナスに関する解釈という文脈を外れるが、英語圏の倫理学研究のなかでピーター・シンガーらが提示する「人格」の考え方（およびそれが含む帰結）が参考になると思われる。

シンガーは『実践の倫理』第四章「殺すことのどこが不正なのか」において、どのような生命が保護されるべきかをめぐって、生命の価値を問題にしている。(17) 従来、とりわけ人間の生命には「神聖さ」が主張されてきたが、しかし、ここで「人間」とは何を意味しているのかを問わねばならないとする。シンガーによれば、「人間」には、大きく次の二つの意味がある。一つは生物学的意味で「ホモ・サピエンスという種の構成員」という意味である。もう一つは、「人格(person)」である。シンガーによれば「人格」とは「理性的で自己意識のある存在」となる。

この「人格」は、前者の生物学的な意味とは重ならない。たとえば、シンガーの挙げる例では、胎児や重い精神障害をもった植物人間などは自己意識をもたないとされるため、前者の意味では「人間」であっても「人格」はもたないとされる。

シンガーのこの考えが引き起こす論理的な問題や具体的な問題についての検討についてはここでは立ち入らない。ここで、こうした「人格」概念がわれわれの議論との関連で重要なのはとりわけ以下の二点においてだ。

第一に、この「人格」概念は、それが認められる存在が何を有するか、に基づいていることだ。つまり、「人格」は、先に見た「顔の条件」と同じ構造をもっている。シンガーの場合には「理性」と「自己意識」ということになる。だが、シンガー以外にも「人格」概念を提唱している論者はおり、それぞれによってこの条件は異なっている。たとえば、「自己意識」に加えて、「自己制御、未来の感覚、過去の感覚、他人と関わる能力、他人への配慮、意志伝達、好奇心」といったさまざまな「指標」をそこに加える論者もいるし(ジョーゼフ・フレッチャー)、「生命への権利をもつ存在」

を「人格」とする論者もいる（マイケル・トゥーリー）[18]。ここではこれらの差異は重要ではない。むしろ何らかの条件を備えているものが「人格」をもつ、という枠組みが重要である。

第二に、生物学的な要素ではなく、どのような能力や性格を備えているかという条件によって「人格」か否かが決まるとすれば、従来の人間と人間ならざるものとを隔ててきた区別はある程度無効になる。人間のなかにも、そうした能力を備えておらず「人格」と認められないものもいるだろうし、逆に、人間以外の動物にも、たとえばチンパンジーなど類人猿をはじめ、理性的で自己意識があり、過去と未来を理解する能力のある動物については「人格」を認めうる。

ちなみに、シンガーのこの議論がさらに興味深いのは、このような「人格」こそが「殺すことに反対する理由」を形成することになる点だ。いわば、「汝殺すなかれ」が発せられるのは「顔」ならぬ「人格」なのである。

すなわち、なんらかの性格、特徴や能力（デリダの言葉では「特徴、権利、義務、情愛、可能性」）をもっているもの（たとえば「人間」）には「顔」が認められ、それらをもっていないもの（たとえば「動物」）には「顔」が認められない、という理解では、他者になんらかの性質が備わっているかどうかが問題となっている。だとすると、実のところ「顔」の有無を人間か動物かに重ねるような議論はそれ自体が矛盾していることになる。というのも、そうだとすると「顔」の有無が分けているのは、人間か動物かではなく、人間と動物を含むあらゆる存在者のなかで「顔」に含まれるさまざまな性格、特徴や能力をもつものかもたないかということになるからである。レヴィナスもまた「たとえ動物が人間的な存在とは考えられていないにせよ、倫理は生き物に延長される」と述べていたが、この場合には犬をはじめとしてこうした性格を共有する動物は「倫理」の枠内に位置づけられることになろう。このように、シンガーの議論と同様に、「顔の条件」論は、生物学的な差異ではなく、各々の存在者がもつ性格、特徴や能力を基盤とするがゆえに、「人間中心主義」を脱出し、「人間」にのみ限定していた「倫理」を拡張させることはできる。しかし同時に、これもまたシンガーの議論と同様に、たとえば生物学的には「人間」であっても、ここで問題の性格、特徴や能力を有さない場合には、「倫理」的な考慮の枠外に置かれうることもありうる。レヴィナス自身が「子ども」の動物性を指摘していたが、「顔の条件」論に従えば、「子ども」は生物学的には「人間」であっても、場合によっては「倫理」の外部とは言わずとも周縁的なところに位置づけられうるわけだ。

このように、何らかの「条件」をもつものが「顔」をもつとみなされ、それゆえ道徳的な考慮の対象になりうるとする議論は、従来の「人間」と「動物」の二項対立を解消するかもしれないが、まさしくこの「条件」を満たすものと満たさないもののあいだに新たな二項対立を要請するのではないか。いずれにしても、このようなかたちの議論は、レヴィナスの「顔」の概念とは齟齬をきたすように思われる。レヴィナスの「顔」とシンガー的「人格」は、「ペルソナ」という語源に照らすと一瞬交差するように見えるかもしれないが、どこか相容れないのだ。

「顔の倫理の拡張」論

「顔の条件」論にこのような困難があるとすれば、それを克服するためには、この条件を拡張し、動物をはじめ人間以外の存在者をも道徳的考慮の対象にすべきだという提案はもちろんありうるだろう。これを「顔の倫理の拡張」論と呼んでおこう。こうした論は、デリダと同様にレヴィナスに人間中心主義を認めその倫理から動物が排除されていることを批判的に指摘した上で、レヴィナスの「顔の倫理」をある種「改善」させることで、動物をはじめとする非人間をもその射程に取り入れようという企図をもつものである。言い換えれば、レヴィナスの倫理が人間中心主義的であり動物に対して閉ざされていることを認めた上で、レヴィナス的倫理の考えに若干の「訂正」を加えることで動物への門戸を開くことを提案するような論である。

たとえば英語圏におけるレヴィナス研究を牽引する論者の一人であるマイケル・L・モルガンは、マルティン・ブーバーの「我 - 汝」関係においても、レヴィナスと同様に、人間同士の関係を原型とした発想があるとしつつ、とはいえブーバーにはレヴィナスに比べこの関係性を非人間的なものへと開く余地が残されていると言う(19)。

あるいは、モルガン以外にも、レヴィナスにおける〈他者〉概念は無限に超越する他人を想定しているため、動物を倫理的な考慮の対象に含めることはできないとし、やはりブーバーの「我 - 汝」関係および「我 - それ」関係を引き合いに出すことで、レヴィナスの「倫理」の考えに「訂正」を加えるべきだという論者もいる。こうすることで人間ならざる動物もまた「他者」として道徳的関係のカウンターパートとみなすことができるというのである。[20]

しかし、このような応答は、確かにレヴィナスの倫理が動物を考慮していないとする批判に対する応答として納得するものの、釈然としないものがある。動物を他者とみなすために、ブーバー的な見地からレヴィナス自身の「他者」概念や「倫理」概念に「修正」を加えることができるならば、はじめからレヴィナスではなくブーバーに基づいた動物倫理と構築すればよいのではないか……。すぐさま思いつくのはこうした反論だろう。だが、ここにはいっそう厄介な理論的な問題が含まれているように思われる。すなわち、人間／動物の二元論を批判し、動物のうちなんらかの能力が認められるものにも、人間と同等の権利を認めるべきだという主張は、意図としては人間中心主義・人間例外主義の脱却を求めていたとしても、結局のところ、人間に認められている能力を動物においても認めるという点において、人間中心主義的な観点を逃れていないのではないか。

とりわけド・ヴィリヤーは、レヴィナスの議論は、むしろ動物にも普遍的な権利を認めようとする平等主義的かつ拡張主義的な主張とはそもそもフレームワークを異にしているだけではなく、そうした平等主義的な主張の内部にも人間中心主義が宿ることを浮き彫りにすると述べる。[21]というのも、動物にも権利を拡張するために、人間と動物の二項対立を批判し、両者のあいだには質的な区別はなく、人間（ないし人格）に認められる能力や性格をもつ動物もいる（したがってそうした動物には権利が認められるべきである）という主張は、人間のもつ能力や性格を動物に投影しているにすぎないからである。ド・ヴィリヤーは、元来人間の特権的な地位を崩すためになされた主張が、逆に人間中心主義的な価値体系を強化し、個々の動物の特性を奪うものだとする。これに対し、レヴィナスの議論は、〈他者〉がどのような性質をもつかではなく、そもそも〈他者〉が自己と還元しえない差異をもつことを問題にしているのであって、議論の枠組みが異なっているというのである。この「枠組み」の差異、これこそが重要だと思われる。

顔の無知論

「顔の条件」論に対しては、もう一つの応答の仕方がありうる。レヴィナスの動物論について、もちろん批判的な考察を行ないつつ、とはいえわれわれの目からすればもっとも公平に論を展開しようとする論者にマシュー・カラルコがいるが、[22] カラルコをはじめ幾人かの論者が注目するのが、「動物インタビュー」においてレヴィナスが何度か述べている「わかりません」という発言だ。「動物の顔を、迎え入れるべき他者と考えることができるでしょうか。あるいは、倫理的意味において顔であるためには、発話の可能性がなければならないでしょうか」という問いに対し、レヴィナスはこう答えていた。

> わかりません。どの地点から「顔」と呼ばれる権利をもつかを言うことはできません。なんという難点でしょう！

おそらく実際にはレヴィナスは率直に「わかりません」と答えているのであって、何らかの含意をそこに込めているわけではなかろう。

カラルコは、この「わかりません」という「無知」の告白について、英語圏の道徳哲学における「道徳的考慮可能性（moral considerability）」の観点から考察を加える。これは、ある存在者が、道徳的な配慮に値するとみなされるための条件ないし基準（criterion）を問題とする議論である。[23] この点で、「道徳的考慮可能性」についての議論は、先にわれわれが検討した「顔の条件」論ともかなり重複するものである。この議論のなかでは、道徳的考慮の基準となるラインをどこに設定するかが問題となる。とりわけフェミニズムや動物倫理、環境倫理の領域でこうした議論が展開されることにより、道徳的考慮の対象に含めるべきさまざまな個々の存在や相互作用的なネットワークなどが提示されてきた。だが、カラルコは、こうした試みには何か「根本的に誤った」ものがあるという。というのも、このような議論は「あたかも道徳的考慮の問いが、一つの最終的な答えを可能にするものであるかのように進められる」ように見えるからだ。つまり、もし倫理の問いというものが、レヴィナスの言うように、「私」の認識には還元できず、「私」には予期不可能なところから到来するものであれば、以上の議論のようにあらかじめなんらかの基準を設定することはできない。そうであれば、レヴィナスのように「わかりません」、「どの地点から「顔」と呼ばれる権利をもつかを言うことはできません」としか言うことができないのではないか、というのである。[24]

こうした「無知」への着目は、単に道徳的考慮の対象を定めることの不可能性をいたずらに言い立てようとするものではない。カラルコはとりわけトマス・バーチという環境倫理学者の考察に依拠することで、「道徳的考慮可能性」を「普遍的考慮（universal considerabtion）」へと開くという方向性を示唆している。それによれば、道徳的考慮の対象は、なんらかの条件や基準によって規定されるものではなく、つねに開かれていなければならないということだ。こうして普遍的（universal）に考慮可能性が開かれている点にこそ、レヴィナスを介した動物倫理の可能性が求められていると言えるだろう。

だがもちろん、こうした普遍的な道徳的考慮可能性の主張についてはさらなる疑問も浮かぶ。それは結局「あらゆる」他者に対して「無限」に応答せよということになりはしないか。レヴィナスの倫理思想からするとそうなるかもしれないが、実践的な要請としてはあまりにも過度ではないか。ところで、レヴィナスの「わかりません」については、もう一つの読み方もある。ボブ・プラントもまたこのフレーズに注目しつつ、そこにウィトゲンシュタインの「魂に対する態度」との近しさを見ている。[25]「魂に対する態度」とは、ウィトゲンシュタインが『哲学探究』において述べたものので、友人についての「彼は自動機械ではない」という発言をめぐるものである。[26]この発言は、何か有意味な情報を伝達しているわけではない。というのも、この発言は「彼」が本当に「自動機械」であるか否か、すなわち「魂」をもっているか否かを伝えるものではないからだ。ウィトゲンシュタインがこの発言で問題になっていることを「魂に対する態度」と呼ぶのは、それが「彼」における なんらかの性質の有無（もしくはそれについての私の認識）を述べるものでなく、「彼」に対する私の「態度」、すなわち関わり方を示すものだからだ。

ボブ・プラントによる、レヴィナスの「わかりません」とウィトゲンシュタインの「魂に対する態度」との近しさの指摘は、レヴィナスの動物論（ならびに「人間ならざるもの」との関係全般）を考えるうえできわめて示唆に富む。ただし、プラントは、結局、レヴィナスの「わかりません」との近しさを指摘した後、後者の人間中心主義のほうがより妥当だとの指摘をするにいたり、両者の近しさの含意をそこまで掘り下げていない。プラントとは別の仕方で、もう少しレヴィナスの動物論にどのように「魂に対する態度」を見出すことができるかを考えることにとどまることもできただろう。

すなわち、ここで問題になっているのは、相手の動物がなんらかの性質や能力などを実際にもっているか否か、そうした条件に当てはまるか否かではない。「私」のほうがもっているとみなすこと、とりわけ相手の動物はそうした性質をもっているものとみなす、ということである。これは単に感情移入や主観的な想定ではない。相手の動物に対し、「魂」をもたない存在に対する態度と同じような態度を取らない、という関わり方の問題である。[27]

この「魂に対する態度」にはもう一つ重要な意義がある。それは、この「態度」は、関わり方の問題であってみれば、「動物」全体、――あるいは犬でも猫でもよいが――そのうちの種の全体を対象にしているのではなく、あくまで自分が関わっている個別の動物を問題にしているということだ。レヴィナスは、「あなたの質問にお答えしているかはわかりませんが、個々の分析をする必要があります」と述べていたが、ここでの力点は「分析」のほうではなく「個々」に置かれるべきだろう。レヴィナスにおいて、もし道徳的考慮可能性のようなものが問題となるのであれば、それは、――実体として人間であるか、動物であるか、ロボットであるか、または実際にそれがどのような性質を有しているかの前に――「私」と何らかの仕方で関わっている「他者」そのものとの関わり方が問題となるからだ。

4　ロボットについて

いま示唆したように、以上の動物をめぐる議論は、基本的にロボットとの関係についても当てはまるだろう。

実際、性格、特徴や能力の有無という指標は、今日、人間と動物だけでなくロボットをはじめとする〈人間ならざるもの〉との倫理的な関係を考えるときにもたびたび問題となる。たとえば、石黒浩は『アンドロイドは人間になれるか』という本のなかで示唆に富む発言をしている。「ロボットの存在は、ロボットと人間の境界は何なのかという問いのみならず、人間と動物の違いとはなん（ママ）なのかという問いも、われわれに突きつけている」と問う[28]。というのも、技術の発展によって、今日、やるべきタスクを定義づけることのできる作業においては「ほとんどすべてロボットが勝つ」

ような事態が生じている。[29] 知能に関して言えば、「たとえば生まれたばかりの赤ん坊や死ぬ寸前の寝たきり老人の知能であれば、いまあるロボットはもうとっくに超えている」。[30] このような状況下で、「人間とは何か」、何が人間をロボットや動物から区別するのかという指標自体が危うくなるというのだ。石黒はさらに、「人間とロボット、人間と動物の区別はなくなっていっていい」とすら主張することもはばからないのだが、もちろんそれは、ロボットのほうが知能ないしその他の特性の点で人間よりも優れているがゆえに、人間と同様ないしそれ以上の「価値」を認めるべきだ、という主張ではないだろうし、人間のなかで知能の点でロボットに劣る者は低い「価値」が認められるべきだということを言いたいわけでもないだろう。いずれにしても、立てるべき区別の指標は、相手が物理的ないし生理的に「人間」か「ロボット」かではなく、知能であれその他の能力であれ、なんらかの能力をもっているか否かの有無に依存する、とした場合、上で見た「顔の条件」論と同型のゆらぎを見ることができる。

英語圏のロボット倫理学研究は、とりわけロボットに対する道徳的考慮が問題になる際に、類似の問題を指摘してきた。そこでは、まさしく動物倫理やロボット倫理を主題とするなかで、われわれが「顔の条件」論と呼んできたものを「実体論的アプローチ」と呼び、さらにそれに対して別様の「関係論的アプローチ」が提唱されている。しかもきわめて興味深いことに、マーク・クーケルバークによって提唱されたこの立場は、それに賛同するデイヴィッド・ガンケルによって、ほかならぬレヴィナスの応答責任論と結びつけられて発展させられているのである。本書の立場からすると、彼らの議論はレヴィナスにおける動物ばかりか、ロボットの問題を考えるために――つまり、動物やロボットなど「人間的な「顔」」をもたないような「他者」について考えるために――きわめて示唆に富んでいるように思われる。

マーク・クーケルバークはまず、二〇一〇年の論文「ロボットの権利?――道徳的な考慮の社会的・関係論的正当化に向けて」において、ロボットの権利の問題に関して、従来の義務論・功利主義にとって代わる新たなアプローチとして社会的・関係論的アプローチを提唱した(31)。これは、道徳的な考慮を、行為主体であれその対象であれ、なんらかの特徴をそなえた「実体」に基づかせるのではなく、それらが置かれている(人間を含むさまざまなものとの)社会的な関係性のなかで捉えるべきとの提言である。

このような社会的・関係論的アプローチは、定義上、道徳的な考慮の対象を各々のアクターの属性や特性に基づかせるものではないため、ロボットだけでなく動物にも適応しうる。この点を指摘したのは、クーケルバークがガンケルと共同で執筆した二〇一四年の論文「動物たちに対面して――道徳的地位に関する関係論的、他者志向的アプローチ」である(32)。動物の道徳的主体性に関し、これまでの倫理学においては知能や受苦能力の有無が論じられてきたのに対し、上述の社会的・関係論的アプローチを適用することで、人間との(言語・技術・さまざまな実践を通じた)関係性で考えるべきとの展望を打ち出した。

さて、われわれにとってきわめて重要なのは、とりわけガンケルが、このようにロボットや動物といった人間ならざるものに関する道徳的地位を認めうるような関係論的アプローチを提示する際、その理論的な支柱として、レヴィナスの応答責任の概念を援用することである。ガンケルは『ロボットの権利』と題されたロボット倫理学に関する哲学的な考察の最終章でレヴィナスを扱い、ロボット倫理にレヴィナスの思想がもたらしうる貢献を強調している。

ガンケルは、クーケルバークの関係論的アプローチに倣い、「誰があるいは何が正当な道徳的主体とみなされるか」と問う。では、どのようにロボット等の人間ならざるものに道徳的地位を認めるのか。ここで鍵となるのが、レヴィナスの他者概念である。レヴィナスにとって、私に対面し、私を問いに付すものは誰であれ「他者」なのであり、倫理の場を構成するとする。(33) したがって、ガンケルによれば、問題は、ロボットは顔をもつかではもはやない。「もつ」という動詞においては、ロボットという実体に含まれる属性が問題になっているが、ロボットの道徳的地位はこのような実体‐属性論的なアプローチによって捉えるべきではない。ガンケルが上記のようなレヴィナス理解に基づきつつ提案する「応用レヴィナス哲学」の見地からすれば、レヴィナスの他者概念は――そこにどれほど人間中心主義的な色彩が色濃く残るとしても――、上記の関係論的なアプローチに十分に接続可能なものとなる。すなわち、「他者」とは何かしらの属性をもつことによって規定されるのではない。「私」が応答可能なもの、応答相手となりうるものが「他者」となる。こうして実体‐属性論的なアプローチを退け、動物であれ、ロボットのような人工物であれ、われわれと社会的かつ倫理的な関係を取りもつ「他者」とみなすことができるというのである。

このように、ガンケルは、道徳的主体性をめぐって、従来のような実体の属性を重視する実体論的アプローチから、関係論的アプローチへのシフトチェンジを主張し、それを補強すべくレヴィナスを参照しているわけだが、近年のガンケルの関心はそこにとどまらない。関係論的とはいえ、「応答責任」の概念から導かれるレヴィナスの他者概念においては、「他者」との関係は基本的には「私」との一対一の対面的な関係性に限られるという制限をもっている。こうした制限を超えるものとして、ガンケルはブルーノ・ラトゥールらのアクターネットワーク論を参照しつつ、人間・機械の複数の相互作用のネットワークのなかでロボットに関わる責任の問題を考えるべきだとも提言している。(34)

以上のように、クーケルバークとガンケルの言う関係論的アプローチは、レヴィナスの「顔」を、それがどのような実体であるか（人間かロボットか）でも、それがどのような属性をもつかでもなく、「私」とどのような関係を取り結ぶかという観点から理解しようとするものである。こうした解釈は、近年注目が集められる「弱さ」、すなわち人間に対する依存関係を前提とするようなロボットの在り方や、(35)ロボットをはじめとする非人間的な存在者との「友愛」を重視するアプローチとも合流するだろう。(36)と同時に、レヴィナスの解釈という次元においても、先に見た「顔の無知」論と合流することは十分に可能だろう。

＊

そもそもレヴィナスは「他者」についてどう述べていたのか。

もちろんわれわれの以上のような議論に対して、レヴィナスの「他者」は明白に「人間」として規定されているのではないかと言って反論することはできるだろう。たとえば『全体性と無限』においで次のような一節を見つけることはできる。「絶対的に異邦な者のみが私に教えることができる。そして、〔…〕私にとって絶対的に異質な者は人間しかいない」（TI, 71／一二〇）。このようにレヴィナスは、唯一「私」に「教え」ることのできる「他者」は、「絶対的に異邦」でありつつ、「人間（l'homme）」であると明言されているのだ。

しかし、中略した箇所にも注目しなければならない。そこには「あらゆる類型論、あらゆる類、あらゆる性格論、あるゆる区分けに抵抗して」とある。すなわち、ここに言われる「絶対的に異質な者」としての「人間」は、あらゆる「類型論」に抵抗するとされるのである。

問題は、「他者」はやはり「人間」であり、その枠内において一切の類、類型、性格等々の「区分け」が問われないのか、それとも「他者」にとっては、「人間」という「区分け」すら不要なのかであろう。後者の解釈を支持するような記述はいくつか見つかる。たとえば、以下がそうである。

他人の他性は、他人を私から区別するような何らかの性質に依存することはない。というのも、このような性質をもつ区別は、まさしく、われわれのあいだに類の共通性を含みこむことになるのだが、このような類の共通性はすでにして他性を抹消するからである（TI, 211／三四三）。

いずれにしても確かなのは、レヴィナスは、そこから発せられる呼びかけを呼びかけとして受け止めそれに「応答」しうる他者――『全体性と無限』の言葉では「顔」、『存在の彼方へ』以降の言葉では「隣人」――をまずもって問題としているが、この「他者」はあらゆる「類の共通性」には回収されないということだ。なんらかの「人間的存在者」がまずあって、それに対してなら「応答しうる」というかたちで「他者」が考えられているわけではない。

このかぎりで、動物などの「人間ならざるもの」とのあいだにも「人間的」な関係を構築することはありうるだろう。もちろんここにさらに、「人間的」な応答関係を原型とした「人間中心主義」を認めることはできるかもしれないが、それはデリダらが問題とした応答関係が人間に限られ動物が排除されるような「人間中心主義」とは別のものであろう。レヴィナスが断固として擁護しようとしていた「人間的」なものとは、まさしくこうした応答がなしうる関係性のことではなかったか。

ただし、最後に一つだけ注意が必要なのは、上記の議論はすべて「応答」の次元におけるかぎりのことだ。レヴィナスの思想を全体として見渡すと、「応答」の次元のほかにも、享受や傷つきやすさ、苦痛や老いが問題となる「身体性」の次元、そしてエロスや疲労や死を通じて語られる「時間性」の次元があるのだった。この点については続く章で見ていくことにしよう。

第7章　人型ロボットは愛することができるか
――キューブリック／スピルバーグ『A．I．』論

ロボットは人を愛することができるだろうか。あるいは逆に、人はロボットを愛することができるだろうか。

第二の問いに対して肯定的に答えられる場合でも、第一の問いは困惑を誘うかもしれない。「愛する」というのは人間ならではの営みなのだから、本質的にロボットには不可能ではないか」という反応は容易に想像できる。

本章では、愛するという感情をロボットに装填することが技術的に可能になるか、また、そのような技術が倫理的にどう評価されうるかは主題としない。人間の代わりに掃除や介護をしてくれるロボット、人間の代わりに人事面接や銀行ローンの選定をしてくれるＡＩ、人間の代わりに「戦

争」をしてくれる無人戦闘機《ドローン》など、(1)人工知能や自律型ロボットの開発により、これまで人間が行なっていた行為を人間の代わりに行なうことが徐々に可能になっていくと、人の営みのなかでももっとも人間臭いと思われるもの、つまり「愛」もまた、ロボットが担うと想定すること自体はできるだろう。本章では、フィクション作品の力を借りて、人間がしていることの大方をロボットが代行できるようになっていくなかで、「愛する」ことが(ある程度)可能になったと一旦仮定してみて、その上でそこにどのような問題が含まれるのかを考えてみたい。

スタンリー・キューブリックの原案でスティーヴン・スピルバーグが監督をつとめた映画『A.I.』は、「愛する」機能を備えた人型ロボットを描く作品だ。(2)この作品は、子が親に寄せる愛を主題としながらも、ロボットは人と同じように愛することができるのか、そして人はロボットを愛することができるのかという問題を考えていくにあたって、いくつもの手がかりを与えてくれる。もちろんこのフィクションから、人間的な愛とは何か、あるいは何であるべきかという問いへの答えは期待できないが、人型ロボットのデイヴィッドの冒険を通じて、同じ「愛」という言葉で漠然と言い表されているさまざまな異なる事象を選り分けていくことはできるだろう。

1　ロボットは愛することができるか

ロボットは愛することができるか――これがこの作品の主題であることは冒頭から明らかだ。サイバートロニクス社が開発に成功した新たな製品は、これまでの「知的行動回路」に加え「愛する」能力を備えた人型ロボットである。使用者が特定の言葉《パスワード》をインプットすると、ロボットはその人だけに不変の「愛」を抱くことになる。作品では、母のモニカがこのインプットを行なうことで、デイヴィッドはモニカを「ママ」と呼び、一途の愛情を抱き続けるという設定だ。

「愛する」能力を備えた子ども型ロボットは、どのように「愛する」のか。英語の love、フランス語の aimer、ドイツ語の lieben など欧米語における「愛する」を表す語には、精神的な愛情と肉体的な快を伴う性的な交わりの双方の意味が含まれるが、『A. I.』はあえて後者を捨象し、前者の精神的な愛情、とりわけ子が親に向けるそれに問題を限定している。実はサイバートロニクス社は「セックス・マシーン」をこれまで多く開発・販売しているし、作中にはジョーという「セックス・マシーン」も登場するが、本作は、こうした対比に目配せをしつつ、性的快楽を伴う「性愛」ではなく、「子どもが親に抱く愛」を備えた子どもの形状をしたロボットという設定を浮かび上がらせている。これから見ていくように、このような限定は、問われている当のものを矮小化するのではなく、むしろ選り分けていくためにはむしろ有効だろう。「性愛」を捨象しつつどこまで「愛」を語ることができるかが試みられていると言ってもよい。

　このような限定的な意味を考えるためにも、「愛」の多様な意味が伝統的にどのように理解されてきたかを少し確認しておこう。比較的まとまった整理として、アイルランド生まれの作家C・S・ルイスによる『四つの愛』による分類がある。[3] これは多分にキリスト教の思想の影響を受けた分類だが、とはいえ、キリスト教ないし西洋的な「愛」にかぎられない広い射程をもっているだろう。ルイスによれば、愛には四つの種類がある。第一は、親と子のあいだに見られる「家族愛（affection）」である。これは、人間の親子に限られず動物にも観察される自然的なものと説明される。第二は、友人同士や同じ共同体の成員のあいだに見られる「友愛（friendship）」である。これはある程度の「社会性」が発展していなければ見られない。第三は、恋人同士のあいだに見られる恋愛や性愛を指す「エロス的な愛（eros）」である。肉体的な快楽を伴い、場合によっては生殖を可能にするものもここに含まれるが、必ずしも男女間に限定されない。第四は、ギリシア語で「アガペー」と呼ばれるもので、相手のもつ属性や特徴に関わりなく、どのような人間に対しても注がれる慈愛ないし恵愛（charity）である。

　これらの四つの愛は、「愛する」ことの性質によって規定されているが、興味深いのは、ルイスが、いずれにおいても、「愛する者」と「愛される者」の関係に従って、さらに次のような三つの区別を設けていることだ。一つ目は、欠乏状態を満たすための欲求という意味での「必要（need）」、二つ目は、それとは逆に、親が子を守ろうとするときに注がれるような「贈与（gift）」、三つ目は、対象それ自体を愛でる「鑑賞（appreciation）」である。上の四つのいずれの愛であれ、「愛」を受け取る側にあるのが「必要」で、「愛」を授ける側にあるのが「贈与」、愛する者と愛される者との相互関係（あるいは愛される対象からの応答）は必要とされずに、距離をとって対象へと愛を注ぐものが「鑑賞」だろう（昨今言われるところの「推し」はこの「鑑賞」に接近するかもしれない）。いずれにしても、上記の「家族愛」も、子から親に向かうときには「必要」となり、親から子に向かうときには「贈与」となる。「友愛」も、愛を求める方と与える方で形態にちがいが現れる。このように、四つの「愛」の性質が、三つの形態のうちのいずれかで現れることで、「愛」もさまざまな形をとると言えるだろう。

この分類に従うと、デイヴィッドの愛は子が親に向ける「必要」としての「家族愛」として整理されるだろう。あるいは心理学の用語を援用して、「愛着（attachment）」と呼ぶこともできるかもしれない。ただし、『A.I.』が興味深いのは、このような一類型に特化しているようでいて、それにとどまらず、むしろ、従来の「愛」の類型論の全体を揺るがしかねないことだ。というのも、これまでの「愛」の類型においては、「人」が基本的な単位であったのに対し、自律型ロボットの登場によって、「人」と「人のようでいて人ではないもの」とのあいだの「愛」の可能性について考えてみる必要がでてくるからだ。

ロボットの愛はなぜ必要か

ところで、そもそもどうしてそのようなことを考える必要があるのか。哲学問題としては、人間以外の存在における「愛」というテーマはそれなりにおもしろいかもしれないが、[4] 実際的な問題としては、それは前提を欠いた擬似問題にすぎないのではないか。

この必要性については、『A.I.』はある設定を設けることで、一定の答えを与えている。一つは政策的な条件である。『A.I.』の舞台となる世界では、地球規模の大規模な気候変動によって、人類の居住可能な区域が減少したことになっている。そのため、「腹も減らさず資源を消費しないロボットが社会経済を成り立たせるために不可欠となった」。このような設定自体は、人口減少による労働力の代替、とりわけそこにおける労働力の再生産に頭を悩ませる必要のある社会にとっては、けっして非現実的なものではないだろう。第二の設定は、そのような時代における「人間らしい生活」に関わっている。そうした人口減少社会にあって、単に社会経済を回していく労働力だけではなく、人々が人間らしい生活を送るために、ただのぬいぐるみや愛玩ロボットを超えた「子どもの代わり」が求められる。しかも、その「子どもの代わり」が人間らしいものであるためには、本当の子どもがもつはずの「愛する」という機能を備えているべきだ、ということになる。ロボットの開発が「人間の代わり」をめざすというのが本当だとすれば、「愛する者」の「代わり」も作れるはずだ、ということだ。この点は、近年、単にメッセージのやり取りだけでなく、ある種の愛着を感じさせるようなコミュニケーション・ロボットが看護や介護のなかでますます要請されるようになっていることに鑑みると、あながち的外れな設定でもないだろう。とりわけGROOVE X社の開発したロボットに、LOVOTというloveとrobotを掛け合わせた名前が付けられているのは象徴的だ。

ロボットの愛のためのフレーム問題——「欲望」としての「愛」

おそらく、「ロボットは愛することができるか」という問いに困難があるとすれば、それは、この「人間らしさ」を目指すという目的それ自体に起因しているだろう。つまり、ロボットを、人形やぬいぐるみの代わりではなく、「人間の代わり」とするという要請それ自体が事柄をややこしくすると思われる。

このような困難は、子ども型ロボットのデイヴィッドが、両親の実の息子マーティンの「代わり」であるという点をめぐって展開されるいくつかのシーンにはっきり現れている。母モニカは、最初はデイヴィッドに戸惑うものの、徐々に慣れはじめ、愛着を抱きはじめる。デイヴィッドはもちろん、プログラム通りにモニカに対して愛情を抱く。もし、世界にデイヴィッドとモニカしかいなければ——実の息子のマーティンが病院でいつまでも昏睡状態にあるうちは——、二人の愛は成就したはずだろう。作中で言われるように、デイヴィッドにとって「もっとも幸せな日」とは、父のヘンリーもマーティンもおらず、デイヴィッドだけがモニカといる日なのだった。

だが、マーティンが奇跡的に回復し帰宅してしまうことによって、モニカとデイヴィッドのあいだに築かれはじめていた「愛」に変化が生じてくる。家に戻ったマーティンは、突然現れたデイヴィッドに対して嫉妬心を抱き、その存在を排除しようと画策する。これによりデイヴィッドは、自分のほかにもう一人ママを愛している人間がいること、さらには、ママが自分だけを愛してくれるわけではないことに気づかされる。「もっとママに愛されたかった」とデイヴィッドは漏らすが、これは二つの意味で理解するべきだろう。デイヴィッドが十全にママを愛するためには単にママを愛するだけでは不十分であり、ママからもっと愛される必要がある。さらに、マーティンよりももっと愛される必要があるのだ。

ここでの問題は次のところにある。デイヴィッドに装填された「愛」が、性愛や友愛や恵愛といった複雑な状況を度外視した、子から親へと向かう家族愛に限定されるとしても、それを特定の人に向けられる一方向的な関係性として規定するだけでは十分ではない、ということだ。

ここには、ロボットに「愛する」機能を備え付ける際に考慮しなければならないある種の「フレーム問題」があると言ってもよいだろう。「愛する」機能がうまく働くためには、対象を固定しそれを不変的に愛するという「フレーム（枠）」を設定するだけでは十分ではないということである。一つの対象を「愛する」という目的が達成されるために、それを取り囲むさまざまな状況や関係性を想定しておかなければならないということだ。そしてそれこそが、現代哲学が――そうとは知らずに――たびたび注目してきたものにほかならないと思われる。多くの理論のなかで、直接に関わりがありそうな二つの理論に着目しておこう。

第一に想起すべきは、ロシアに生まれフランスで活躍した二〇世紀の哲学者アレクサンドル・コジェーヴが発展させた「欲望」論である。ヘーゲルの『精神現象学』についての独自の解釈に基づいてコジェーヴが展開した議論は、フランス現代思想に大きな影響を与えたが、その中心にあるのは、「欲望」とは「相手の欲望を欲望することである」という考えである。コジェーヴは次のように言っている。

男女の関係においても、欲望は相互に相手の肉体ではなく、相手の欲望を望むのでないならば、また相手の欲望を欲望として捉え、この欲望を「占有」し、「同化」したいと望むのでないならば、すなわち、相互に「欲され」「愛され」ること、或いはまた自己の人間的な価値、個人としての実在性において「承認され」ることを望むのでないならば、その欲望は人間的ではない。(5)

コジェーヴはここで男女の関係を例に挙げているが、デイヴィッドにおける「愛」にもこの見解は妥当するだろう。デイヴィッドが十全に、つまり「人間的」にママを愛するためには、自分がママに不変の愛を向けていればよいのではない。ママが自分を欲望してくれるよう、「欲望を欲望する」機能を備えている必要があるということだ。

しかし、さらにそこに「占有」という意味が込められるやいなや、こうした双方向的な関係ですら不十分になる。ママには他の誰かではなく自分だけを愛して欲しいからだ。

ここで第二の参照項として取り上げることができるのは、同じく二〇世紀フランスの思想家のルネ・ジラールが提起した「三角形的欲望」という考え方だ。(6) それによれば、主体が対象に欲望を向けるとき、単にその対象との相互的な欲望関係があるだけではなく、自分のほかに同じ対象に欲望を向ける第三者がいるはずである。このような三者からなる三角形的な関係のなかで、主体はライバルに対し恨み、嫉妬、羨望を抱くが、こうした第三項への関係こそが欲望にとって本質的だとジラールは言う。

「愛すること」が「特定の対象を愛すること」という一方向的な志向にすぎないのであれば、マーティンがママを愛そうが、ママがデイヴィッドよりもマーティンを愛そうが、そうした志向自体は充足するだろう。けれども、デイヴィッドの行動が示しているように、その愛が十全であるためには、双方向的であるだけでなく、さらには三角形的であることが必要になる。作品中でデイヴィッドが見せるいくつかの攻撃的な行為(マーティンにそそのかされ母モニカの毛髪を切り取ろうとしたり、子供たちにけしかけられマーティンをプールへと沈めたりしてしまうこと)は、いずれも「ママを愛する」という欲望そのものに内属しているのだ。デイヴィッドに対して最後まで距離をとっていた父のヘンリーは「ロボットが愛することができるなら憎むこともできる」のではと疑問を呈しているが、それは正しいわけだ。ただし、それは単に「愛」が反転して「憎悪」に変わるということではない。憎悪、嫉妬、羨望等のネガティブな感情は、「愛する」という感情が成立するためにむしろあらかじめインプットされていなければならないということだ。

したがって、少なくとも「愛することができるロボット」の目的が「人間の代わり」として人間らしく愛することにあるならば、以上の問題は無視しえまい。そのとき、「他者」の欲望や「第三者」への妬みといったいわば「象徴的能力」を保持することが改めて問われることになるだろう。そして、——哲学理論としては若干古臭くとも——コジェーヴ的「欲望の欲望」やジラール的「欲望の三角形」の議論を改めて思い起こす必要がでてくるだろう。

2　ロボットは愛されることができるか

もし、以上のような「欲望」の機能までロボットに装填することに成功すれば、おそらくロボットは「人間らしく」愛することができるようになるかもしれない。けれども、ロボットが自分への愛を欲望できることがそのための条件だとすれば、人間がロボットを愛することができるか、あるいはロボットが人間に愛されることができるかについても真剣に考慮しなければなるまい。

『A．I．』冒頭の新作発表会の末尾で、とある女性スタッフの発した質問が、開発者のホビー博士を悩ませる。

問題は愛することができるロボットを作るということだけではありません。本当の難問は、人間が逆にロボットを愛することができるかにあるのではないでしょうか。〔…〕もしロボットが本当に人を愛することができた場合、人間が逆にメカに対してもつべき責任とはどのようなものでしょう。それは道徳的な問題ではありませんか。

この問いに対しては十分な答えは示されずに新作発表会は終わり、場面も切り替わる。このような議論の打ち切りは意味深い。というのも、逆説的なことに、作品全体としても、この問いを避けるかのようにして、父のヘンリーはもとより、母のモニカがデイヴィッドを愛しているか自体には焦点があたっていないからだ。だが、人間によるロボットへの愛をめぐるこの問いは、あえて語らないことでその効果を発揮する黙説法のようにして、作品全体を貫いているようにも見える。この観点では、『エクス・マキナ』（二〇一五年）をはじめ、人型ロボットにおける愛を取り扱うＳＦ映画の多くが、人間が――とりわけ男性である人間が――、ロボットに対し――とりわけ女性的なロボットに対し――執拗なまでの性的感情を抱くという主題を絶えず取り扱っていることに対して、『Ａ．Ｉ．』は興味深い対照を示しているように思われるのである。

いずれにしても、本作品では、第一部で「ロボットが愛することができる」ことが主題になっているのに対し、第二部以降では「愛する」ことを覚えたデイヴィッドが「愛される」ことを求める冒険譚が展開されていることは確かである。とりわけ、森に取り残されてから始まるデイヴィッドの冒険は、ママに愛され「本当の人間」になるという希望に導かれている。「人間がロボットを愛することができるか」だけでなく、「ロボットは愛されることができるか」という問いもまた、『A.I.』にとっては主導的な問いなのだ。そこで以下では「ロボットが愛されることができる」ために必要となりうるいくつかの条件について検討してみたい。これらの条件は、それらをクリアすれば実際に「愛される」ようになるというものではない。むしろ『A. I.』は、これらの条件を次々に提示しつつ、それらをクリアすれば本当に「愛される」と言えるのか、という問いを提起していると思われる。

「愛される」ためには「自律性」が必要か

ロボットにかぎらず、人間以外のものに注がれる愛については、これまでも多くの議論がなされてきた。人間以外のものには、たとえば、人形や車といった静物にはじまり、動物を経て、国家や人類といった抽象的な対象にいたるまで、さまざまな種類があるだろう。それぞれの内部でも、たとえば動物について、野生の動物、飼育動物、家畜、ペット……と、さらに細分化することもできるだろう。ある研究によれば、ペットに対し「愛着」を示すのはもとより、食用の動物を飼育している人はその動物の運命を承知の上で愛情を注ぐこともあるらしい。

『A. I.』からまず浮かび上がるのは、人形とロボットのちがいはどこにあるかという問いだ。まず注目できるのは、人間を攻撃してしまったデイヴィッドの処分を依頼するためにサイバートロニクス社に向かうモニカが、どうしてもこれから破壊されることに耐え切れずにデイヴィッドを森に放置する場面だ。デイヴィッドを処分場に送ることを決断できないが、けれども引き取るわけにはいかないため、モニカがとった行動は、デイヴィッドに一人で生きていく道を残すというものである。森でモニカはデイヴィッドにこう言う。「あなたはあなた自身で（by yourself）ここにいなければいけないの」。そこからすると、「あなた自身で」行為できるという「自律性」こそ、デイヴィッドを、その他の破壊可能な物体と分かつ部分ではないか。

この「破壊可能性」の問題は、ロボット殺戮ショーの「ジャンク・フェア」のシーンでも繰り返される。これは、各地でロボット狩りをして、そのむごたらしい破壊を見世物にするというショーである。人間の「生命を祝」い、「真に人間的な未来」を求めるこの集いで、聴衆の人間たちは喝采して、ロボットの破壊をけしかける。主権者たちに捕らえられたデイヴィッドも処刑台に立たされる。ショーの司会曰く、こうした人型ロボットは、人間の心をつかみ、子どもの代わりをするが、それこそが人間の尊厳に対する侮辱である。人間に見えているからといって見た目には騙されるな——こう言って、デイヴィッドの公開処刑を試みるのだ。しかし、「僕はデイヴィッド」と自分の名を何度も叫び命乞いをするデイヴィッドの姿に、聴衆は次第に心動かされ、主催者に処刑を思いとどまらせる。それ以外のロボットについては歓喜して「破壊」をけしかけていた聴衆は、デイヴィッドには躊躇したわけである。

けれども、ショーでむごたらしく処刑される諸々のロボットも、機能的には十分に「自律性」を備えているはずだ。

だとすると、デイヴィッドは、「自律性」をもたない人形と区別されるだけではなく、「自律性」をもつはずの他の破壊可能なロボットからも何らかの理由で区別されているのだ。モニカとジャンク・フェアの聴衆たちにデイヴィッドの「破壊」を思いとどまらせたものは、子どものような愛くるしい外見でなければ何だろうか。

「愛される」ためには「殺すことができる」か

ここで思い起こすことができるのは、「殺すことができない」ことを「他者」の本質的な特徴として述べたフランスの哲学者エマニュエル・レヴィナスの考えである。

レヴィナスの「他者」概念は複雑であるが、しかしそれが言っていることを素直に受け取るならば、デイヴィッドのような「ロボット」をレヴィナス的な意味で「他者」と呼ぶ余地は十分にある。というのも、レヴィナスの「他者」とは、いかなる属性によっても規定されない、ということを唯一の規定としている、つまり、あらかじめ「人間」であるか「ロボット」であるかは捨象されるからだ。より正確に言えば、すでに「私」が有している「人間」ないし「ロボット」という概念によっては把握されない存在、それ自体として自らの姿を示してくる相手が「他者」とされる。[7] この意味では、「僕はデイヴィッド」と叫び、ロボットに関する聴衆の既成概念を打ち破って自らの「それ自体」性を示したデイヴィッドはすでにある程度の「他者性」を備えていると言うことすら可能だろう。

けれども、新奇なものならなんでも「他者」であるわけではない。レヴィナスによれば、「他者とは殺すことを欲することができる唯一のものである」と同時に、「汝殺すなかれ」と命じる存在だとされる。この二つのことは一見すると矛盾しているように見えるが、どういうことか。

「殺す」というのは、「他者」の存在を抹消することと必ずしも同じではない。われわれは、なにか別の存在を抹消するときにつねに「殺す」わけではない。たとえば、目の前にあるパンを食べ、その存在を抹消するとき、「殺す」とは言わない。通常「殺す」ことができるのは、蚊のような小さな生物から巨大な怪獣にいたるまで、それなりの自律性を有した存在だろう。そのなかで、「私」に対して「殺すなかれ」と命じてくるものが「他者」だとレヴィナスは言うのである。

これは、デイヴィッドの叫びを道徳的に聞き取らなければいけないとか、殺人の禁止を告げる法的な規範を順守しなければならないということではない。問題は、もし私がそのような「他者」を「殺す」ことに成功するならば、その「他者」は「他者」ではなくなってしまうという逆説的な事態である。他者は、殺すことができてしまうと、破壊可能な対象にすぎなくなる。つまり「他者」ではなくなってしまう。「他者」が「他者」であるためには、いつまでたっても「殺す」ことができないのだ。ここでのポイントは、実際に「他者」と呼びうる存在を抹消しうるかどうかにはない。順序が逆だ。「私」による破壊が可能な対象とは異なり、「私」のあらゆる力が及ばない存在、「私」が思うままに扱うことのできない存在を「他者」と呼ぶということである。

そればかりでない。もしこのような存在と遭遇した場合、それは定義上「私」の力が及ばないのだから、場合によっては「私」に危害を加えることもありうる。レヴィナスにおいて、「他者」とは、「私が殺すことができない相手」であるばかりではなく、「私を殺すかもしれない相手」なのだ(8)。そうした相手に対し、「殺す」のではなく「応答する（répondre）」という可能性こそが、レヴィナスが倫理的な「責任（responsabilité）」と呼ぶものであった(9)。

もし、レヴィナスの議論を以上のように理解するならば、「殺す」ことができないという意味で「破壊不可能」な存在であるデイヴィッドに対して、「他者」性を認めることは十分できるだろう。ただし、その場合に、「自律性」の考え方について修正を加えることが必要になる。破壊することに耐えられない相手とは、（一般の自律型ロボットのように）単に他律的な制御を不要とするという意味で自律的であるだけではない。あるいは、（自律的な人間と言うときのように）他人に依存しなくてもよいような精神的、身体的な能力を有しているということでもない（そのように「自律性」を規定してしまえば、そうした能力を欠いた相手はもはや「他者」ではなくなることになる）。むしろ、ここでの「自律性」とは、場合によっては「私」に対し危害を加えるかもしれないほど「私」の想定を超え出た相手、私を殺しかねない相手がもつ性質である。

もし、以上のような意味での「他者」性を真にロボットが獲得することになれば、おそらくロボットは「愛する」ことも「愛される」こともできるようになるかもしれない。だが、その場合、そのような「他者」は嫉妬や妬みを抱くだけでなく、人間に危害を加える可能性も有さなければならなくなるだろう。たとえば、真に自律した無人戦闘機が上官の命令にも背くほどの自律性を得る場合や、真に自律したセックスロボットが使用者の欲望を満たすことを拒否するほど自律的になるケースを考えてみればよい。真に「愛することができるロボット」が可能になるためには、同時に、そのロボットが自身に危害を与える力すら有してしまうほど、「私」と他なるものである必要があるわけだ。逆に言えば、そのようなリスクを引き受けなければ、ロボットの愛は可能にならない、ということかもしれない。

「愛される」ためには「生まれる」べきか

以上の考察の動機は、デイヴィッドのようなロボットの特徴を、人形や一般的な自律型ロボットとの比較によって捉えようとするものだった。今度は視点を変えて、デイヴィッドの特徴を人間との比較において考えてみよう。

そもそも、デイヴィッドは治癒の見込みがほとんどなかった実の子どものマーティンの代わりだった。この「実の子どもの代わり」という役割に着目してみると、デイヴィッドは、同じ役割を担っているように見える里子や養子とどのようにちがうだろうか。

作中では、当然デイヴィッドが人間とは異なるところが多々描写されている。たとえば、プールにてマーティンの友人たちにデイヴィッドがけしかけられる点がそうである。マーティンがロボットの弟をもったことに興味を抱いたこの友人たちは、デイヴィッドに対し、小便をするのか、痛みを感じるのかと問い詰め、自分たちが「オルガ」、すなわち有機体（organism）であるのに対し、デイヴィッドを「メカ」と呼んで嘲笑する。この「オルガ」と「メカ」のちがいは、単に身体組成のちがいだけではない。作中で何度か触れられるように、もっとも根本的なちがいは、デイヴィッドには「誕生日」がないこと、つまりデイヴィッドは、生まれたのではなく生産されたという点にある。

里子や養子は、誰かが産んだ子であるのに対し、デイヴィッドは誰の子でもない。人間の子が、――奇跡と呼ぼうと望まざるものと呼ぼうと――あらかじめ調整するのが難しいという意味で偶然の産物として出産されるのに対し、ロボットのほうはある程度計画的に設計され、生産される。それゆえに、各々に向けられる「愛」は異なる――そう言えるだろうか。

しかし、改めて考えてみると、誕生と生産のちがい、すなわち、愛される相手が（技術的に生産されるのではないという意味で）自然に「生まれた」かどうかは、「愛」についてはそれほど決定的ではないように思われる。たとえば、医療技術が進み「出産」が偶然の産物ではなく、それなりに計画的かつ実効的に調整されるようになった場合、そうした技術の助けを借りて「生まれた」子は、そうではない子、つまり、自然に生まれたと言われる子に比べて、向けられる「愛」の性質が変わってくるだろうか。あるいは、自然に生まれた子が瀕死状態になり、技術的に延命が可能になった場合――たとえばナンシーの心臓のように――、つまりその「生」そのものが、自然ではなく技術などの人工物に依存するようになった場合に、「愛」の性質も変わってくるだろうか。

別の角度から見ると、この問題は、近代における「人間」の理解それ自体にも関わってくるだろう。そもそも、身分制を土台としていた前近代社会では、「人間」は、「系譜」、つまり誰から生まれた子であるかを起点にして考えられていた。これに対し、「人間」が「生まれながらにして自由」であることの宣言からはじまった近代においては、自律的な思考、意志、判断の能力を有した「人間」は――ロックの「タブラ・ラサ」であれ、「ロビンソン・クルーソー問題」であれ――、自分が「無」からはじめることを前提にしてこそ成立しているはずなのだ。これは、誰から生まれたかは問わない、というだけではない。ハイデガーにおいてそうであるように[10]、自分が現に存在しているその起源の先へと遡ることができないこと、つまり自分がどこからこの世界に投げ入れられているかを知らないことこそが、「自由」な存在としての「人間」という考え方の基盤にあったと考えることすらできる[11]。

いずれにしても、『A.I.』においては、自分が生まれているか、生産されているかは、それほど決定的な論点にはなりにくいように思える。むしろ、「オルガ」と「メカ」のちがい、「出産」と「生産」のちがいよりは、「メカ」が複製ないし「大量生産」が可能であるのに対し、「オルガ」のほうはそうではない、つまり、なにか「かけがえのなさ」のようなものがあるという点こそが根本的なのではないか。実は、これこそが『A.I.』のなかで、デイヴィッドが自分は愛される資格を有していると考えるときの最大の理由である。「ママは僕を憎んでいない。僕は特別でユニークだから。僕みたいなメカはほかにいない」。他の「破壊」可能な「メカ」とちがい、自分は「特別でユニーク」である。それゆえ愛される資格がある、という論理だ。

「愛される」ためには「かけがえのなさ」が必要か

けれども、自分にはこのような「かけがえのなさ」があるはずだと信じていたデイヴィッドは、自らの生誕／生産の秘密を知ることで打ちひしがれることになる。「メカ」を「オルガ」にしてくれる術を知るホビー博士――デイヴィッドの製作者にほかならない――に会いにマンハッタンに赴いたデイヴィッドは、そこで、自分自身と瓜二つの「デイヴィッドⅡ」と出会うことになる。「君は僕なのかい」と尋ねるデイヴィッドに対して、デイヴィッドⅡは「僕はデイヴィッドだよ」と答える。デイヴィッドが二人いるわけだ。デイヴィッドは、自分がもう一人いる、自分が複製された存在のうちの一人にすぎないという事実に耐えられず錯乱する。そこでデイヴィッドの出した答えは、あたかももう一人の自分は「愛する」に値する「他者」ではないと言いたいかのように、それを「破壊する」ことだった。そればかりでない。デイヴィッドは一人だけでも、二人だけでもなく、数多くいた。ホビー博士が目を離した隙に別室を覗いたデイヴィッドが目にしたのは、自分と同じ姿の「数多くのデイヴィッドたち」(12)が、「生誕」に備えて並べられている光景だったのだ。「特別でユニーク」だと思っていた自分が、複製の一つにすぎないことを知ったデイヴィッドは、自らの身を海に投じてしまう。

けれども、デイヴィッドがそもそもたった一つだけ、かけがえのないかたちで「生産」されていれば、「愛される」に値したのだろうか。あるいは、自分と同じ構造をもつ「数多くのデイヴィッドたち」がいたとしても、ほかならぬこのデイヴィッドの「かけがえのなさ」に変わりはないのではないか。このデイヴィッドのうちにあるはずの「特別でユニーク」な部分、愛が注がれるべき「かけがえのない」部分とは何だろうか。

ここで、次のような逸話が参考になるかもしれない。ギリシア神話には、ヘラクレスの母として知られるアルクメネが、アンフィトリオンという男と夫婦の契りを結ぶ直前、ゼウスがアンフィトリオンの姿に化けてアルクメネと交わったという話がある。それに関する逸話だ。

> この夜、アルクメネはあらゆる点で自分の夫と同じ男を愛する。二人の男を記述すれば、完全に同じ内容となる。彼女は、アンフィトリオンを愛する理由の一切と同じ理由から、アンフィトリオンの姿を取ったゼウスを愛するのだ。ゼウスとアンフィトリオンはただ数のうえで区別されるだけである。彼らは一人ではなく二人だからだ。しかし、アルクメネが愛しているのはアンフィトリオンであって、彼の姿を取った者ではない。愛の感情を、それを説明する命題の束や愛の対象に与えられた性質などから理解しようとする人があるかもしれない。だが、アンフィトリオンにあってゼウスにない「何か」にどんな合理的な説明がつけられるというのだろう。アルクメネの愛がゼウスではなく、アンフィトリオンにこそ向けられていること、それをどのように説明できるというのだろう。[13]

ゼウスが完全にアンフィトリオンに化けることに成功したとすれば、つまり、同じ容姿、同じ性格、さらには同じ「記憶」すらインプットすることに成功したとすれば、アルクメネは、どこからどう見ても、どのような会話や接触をしようとも、アンフィトリオンと同じ人物に向き合うことになる。ここでの問題は、アルクメネは引き続き同じようにこのもう一人のアンフィトリオンを愛することができるかだ。

もし愛することができない、あるいは複製に向けられている感情はアンフィトリオンに向けられていた感情とは別のものであるとするならば、その理由はどこにあるだろうか。考えられる解釈は、「愛」はその人の「性質」に向けられているのではない、というものだ。「それを説明する命題」、つまり「アンフィトリオンは〜である」という命題の「〜」には、「男である」とか「力強い」とか、さまざまなアンフィトリオンの「性質」が入るだろう。これらはどれも、確かにアンフィトリオンその人がもつ性質であるが、しかし、逆にその性質をすべて集めたとしても、本人を特定するには十分ではない。それらの性質は、ほかの人ももつことができる、共有可能、交換可能なものだからだ。「愛」はこうした「性質」に向けられているのではなく、ほかの人とは共有不可能、交換不可能な「かけがえのない」部分に向けられていると解釈する余地は十分にあるだろう。

しかし、このような説明にもいくつかの疑問が残る。この「かけがえのない」部分さえ残るならば、それ以外の属性が変わっても、引き続き同じ「愛」を注ぐことができるのだろうか。たとえば体の一部や臓器の一部や、視覚や聴覚といった感覚の一部を損傷した場合、それらを義肢装具技術や人工知能を用いた技術によって代替していった場合、何が「かけがえのない」部分として残るだろうか。デイヴィッドにとって、それは何だったのか。

「愛される」ためには「死ぬこと」ことが必要か

ところで、『A.I.』には、どんでん返しが多い。「本当の人間」になり母の愛を得るという夢を叶えてくれるという妖精のブルーフェアリーを探し求めてきたデイヴィッドは、海に身を投じるも命を落とすことなく、なんと海底にてブルーフェアリーに出会うことになる。デイヴィッドは「僕を本当の男の子にしてください」とブルーフェアリーに願い続けるが、今度はなんと二〇〇〇年後の人類が死滅した世界にいきなり移行する。破局を生き延びたディヴィッドは、宇宙人たちの力を借りて母モニカに本当の男の子のように愛されるという「夢」を叶えることになるのだ。

　こうしたお伽話のような結末には多くの批判が寄せられたが、そこにはきわめて重要なテーマが隠されていると思われる。それは、ロボットは死なないというテーマである。キューブリックの作品では「不死性」がテーマになっていることが多いが、『A.I.』においては、「不死性」がほかならぬ「愛」との関係で最終的に焦点化されているのだ。

　たとえば、第一部で、デイヴィッドを置いて外出しようとする母モニカに対し、デイヴィッドは突然「ママは死ぬの?」と尋ねる。モニカがいなくなると「僕は一人になっちゃう」からだ。けれども、「愛しているよママ、いつまでも死なないで」というデイヴィッドのセリフには、単に「愛している相手にはいつまでもそばにいてほしい」という願望だけではなく、「死ぬこと」ができないデイヴィッドは「愛される」ことができるのかという問題が秘められているのではないだろうか。「数多くのデイヴィッドたち」に出会い自分の「特別でユニーク」な性質を否定されたデイヴィッドは、海に飛び込んでも死なないし、二〇〇〇年の時が経ち地球上の生命体が死滅しても一人生き残り続ける。その挙句に、たった一日だけモニカの愛を得て願いが成就する時間を与えられるのである。この「不死性」と、ついに手に入れた束の間の「愛」はどう考えたらよいだろうか。

これについて、まず思い起こすことができるのは、ハイデガーが『存在と時間』で行なっている議論である。ハイデガーは、「死ぬことができる」ことが、「現存在」が究極的にもつ「ひとごとでない存在可能性」であると言っている。[14] 普段、自分自身の「自己」を見失っている人でも、とりたてて「かけがえのなさ」をもっていない人でも、自分自身の死だけは、誰にも交換できない、誰にも代わってもらえない「個別的」なものだというのだ。無論、ハイデガーは、これを、自らの死を覚悟した人間がとるべき実存主義的な態度決定のように考えているのではない。ただ、「自分の死を死ぬことができる」ことが「かけがえのなさ」をもっとも示すという論理それ自体は、デイヴィッドの不死性を考えるにあたっては示唆に富んでいる。デイヴィッドが自殺もできず他の生物とともに死滅することもできなかったことは、「自分の死」という「かけがえのなさ」を有していないことを示していると考えられるからだ。それゆえにデイヴィッドにとって、最後に得られた

「愛」は幻影にすぎなかった――こう結論づけてもよいかもしれない。

だが、もう一つの解釈も可能だ。それは、不死性よりも、束の間に消えてしまう「愛」をデイヴィッドが絶えず求め続けるという点に力点を置く解釈だ。先に挙げたレヴィナスは、後年になって「情欲なき愛」という概念を自らの「他者」の思想にとって根本的なものとして提示している。そこでレヴィナスは、ハイデガーにおける「死」の考えにおいては他人との関係が解消されてしまっていると言いつつ、「他人との愛」を、つねに「来たるべきもの」、つまり「私がもはや存在しないような未来に対して」向けられた「私」の応答可能性として考えようとしている。(15)

ここでの「情欲なき愛」という発想についてもう少し補足しておこう。レヴィナスにおいて「愛」は一貫して問題になってきたが、しかしその内容は単純ではない。というのも、『全体性と無限』第四部において「愛」がすでに主題的に語られていたが、そこではむしろ「情欲を伴う愛」が問題となっていた。すなわち、「女性的なもの」との関わりとして、快楽を伴うような、肉体的かつ官能的な関わりが問題とされていた。

『全体性と無限』以降、こうした官能的なエロスの議論そのものは消えていくが、「愛」のほうは密かに残り続ける。(15) ただし晩年のテクスト(たとえば一九八二年の対話「哲学、正義、愛」や一九八八年の対話「他者、ユートピア、正義」など)において、さほど概念化を施されてはいないものの、「隣人への応答責任」ないし「隣人愛」が「エロスなき愛」や「情欲なき愛」と呼ばれるにいたるのである(EN, 113/一四六)。『全体性と無限』では、愛ないしエロスの欲望は、形而上学的欲望と区別されるかたちで提示されていたのだが、後期の「情欲なき愛」の発想においては、両者が統合されると同時に、そこから情欲性・官能性が排除され、いわば全き他者へと向かう「形而上学的欲望としての愛」、「応答可能性」（EN, 241／三二七）としての「愛」とでも呼べるもののみが残るわけである。

いずれにしても、このような「情欲なき愛」が「私」の応答可能性と結びつけられるのは、それが志向性の構造を有しているからである。『全体性と無限』において、「応答可能性が溢れ出す宇宙の一点」が「最終的に私〔自我〕を定義する」とされていた（TI, 274／四四〇）。「私」がまずあって応答するのではない、ということだ。このことは、「応答可能性」としての「愛」（「情欲なき愛」）についても当てはまるだろう。

ここにあるのは、「死ぬこと」ができるから「私」があるのではなく、そうした「愛」を「他者」に向けることができるからこそ「私」があるという考えである。[16] レヴィナスによれば、自分が決して手にすることができないものを「愛する」ことができるから、つまり「応答する」ことができるからこそ、「私」は「かけがえのない」者だということになる。この意味では、二〇〇〇年以上の長きにわたり、母モニカの愛を求めつづけたデイヴィッドは、確かに「特別でユニーク」だったと言うことが可能かもしれない。

もちろん、デイヴィッドが、本当に人間の代わりとして人間らしい「愛」を手に入れたかどうかについては、「愛」の定義によるだろう。「かけがえのなさ」についても同様である。また、先に挙げたレヴィナスにおける「情欲なき愛」という発想は、さまざまな「愛」を考えるにはあまりに純粋すぎると考えることもできる。ともあれ、『A．I．』で仮定された「愛することができるロボット」デイヴィッドが示しているのは、性愛というきわめて複雑な「愛」を捨象した場合でも、私たちが「愛」と呼んでいるもの自体が、けっして一義的なものではなく、「憎しみ」や「嫉妬」、「破壊可能性」、「かけがえのなさ」、「死の可能性」といったさまざまな問題と、そしてなにより「人間」と「人間ならざるもの」との「紙一重の差異」と密接に関わっているということだろう。

いずれにしても、デイヴィッドの冒険はこの関わりのあり方をさまざまに見せてくれるものであることは確かだろう。

第8章　遠隔と接触――リモート時代における「顔」

ジョルジョ・アガンベンは、二〇二〇年一〇月の「顔のない国」（英訳の表題は「顔とマスク」）と題された小論において、コロナ禍がもたらしたマスク着用の強制がもつ問題性について、かなり大胆な主張を提示している。それによれば、「人間だけが顔をもつ。人間だけが〔…〕自分たちの現れをもたらし、他の人々とのコミュニケーションをもたらす」。他の動物にはない、人間に特有の「顔」の「公開性、裸性」こそ、「政治的なもののための場となる」とまで述べている。(1) アガンベンの議論の力点は、顔の公開性、あるいは「現れ」がもつその政治的な意義にあるだろう。この点については、ハンナ・アーレントが――「顔」という言葉は用いず――「現れ」、あるいは「ペルソナ」という言葉で論じたものと突き合わせて考察する誘惑にも駆られるが、われわれとしては、アガンベンの主張に潜むいっそう根底的な論点に着目したい。アガンベンは、「自国の市民の顔をどこでもマスクで覆い、自分自身の顔を断念することに決めた国」においては、「顔のない名前」、「顔のない人間」に宛てられたメッセージのやり取りのみが残され、「コミュニティの直接的で感性的な土台」が失われるとまで言う。つまり、「マスク」をとった剥き出しの「顔」こそが、単に「政治的なもののための場」となるだけでなく、人間的と形容すべき共同性ないしコミュニケーションのための土台をなすと言うのである。

こうした主張は、すぐさま多くの疑念や反論を引き起こすだろう。端的に、私たちは、マスクをつけていると「人間的」な対話ができないのか。あるいは、Zoomをはじめとする遠隔会議システムを活用したリモート・コミュニケーションにおいては、しばしばマスクをつけるどころか、「カメラ・オフ」にして、自らの「顔」を一切示すことなく「対話」することも可能なのだが、そこではいっそう「人間」性が失われてしまうのか。それとは逆のケースも十分にありうるだろう。たとえば、哲学対話の実践を主導してきた梶谷《かじたに》真司は、まさしく「哲学対話による新たなコミュニティの可能性」を主題にした講演で、自分の姿を映し出すことのない「カメラ・オフ」には、むしろ、これまでの対面式の対話では発言しにくかった参加者も発言しやすくなり、排除されていたものを新たに包摂する効果もあると指摘している。(2) このように、マスクをつけたり、「カメラ・オン」にせずに「顔」を晒さなかったりすることはむしろ別様な「コミュニティの可能性」すらありうるだろう。コロナ禍により二〇二〇年度から数年のあいだ日本各地の大学ではさまざまなオンライン授業が展開されたが、筆者のささやかな経験でも、多くの問題点の指摘や学生からの——もちろん誰とも「リアル」なコミュニケーションをとることのできないという――悲痛な訴えとともに、対面授業よりも「カメラ・オフ」による遠隔的な対話のほうが理解が捗るという声も聞こえてきた。

二〇一九年以降の新型コロナウィルス感染症によるパンデミックは「ソーシャル・ディスタンス」の要請を生み出した。これは、生身の「顔」を晒しての「リアル」なコミュニケーションを遮断する要請であった。だが、これまでの感染症のケースとは異なり、今回は、遠隔通信技術の発展によって、一切「顔」を晒す必要のない「対話」や「コミュニケーション」すら可能になっている。こうした時代において、「顔とマスク」の関係をどう考えたらよいだろうか。

ところで、アガンベンだけでなく、とりわけ普段から日常生活においてマスクをつける習慣があまりなかった欧米の文化圏では、コロナ禍においてマスクの着用がほぼ義務化されたことへの反発や戸惑いが見られる。そのなかで、理解することで動揺を抑えたいためだろうか、「顔」の哲学者として知られるエマニュエル・レヴィナスの知見を借りようとする試みがいくつか散見された。フランスの公営ラジオ局「フランス・アンテル」は、マスク着用の是非を考えるという主題で、いくつもの記事を公刊し、(3)そのなかでも「いまこそ哲学者レヴィナスを読むときだ」として、その「顔」概念に着目している。英語圏でも、レヴィナスを主題としつつ、コロナ禍のマスク着用は、他者への責任を担うとも考えられうるが、この他者を一介の存在者へと還元する危険があると指摘する議論もある。(4)『ニューヨーク・タイムズ』紙では、ロバート・ザレツキーという歴史家が、「目下脅威に晒された看護者の「顔」が、レヴィナスの提起した倫理にとってのまさに土台となる」と

し、現在の「危機」を理解するための「導き」をそこに得ようとしている。(5)

以下では、それらの一つ一つを論評することはしないが、コロナ禍におけるマスク着用ばかりでなく、オンライン会議やオンライン授業でのリモート対話における「顔」の変貌という状況において、あらためてレヴィナスにおける「顔」を糸口にして、目下進行している遠隔時代における「新しい存在様式」を考えるための手がかりを得たい。

1　晒される生身の顔

アガンベンの提起した問いについて、レヴィナスの側からそれに賛同することはある程度まで可能のように思われる。哲学者のアイダ・ンディアイは、先に触れた「フランス・アンテル」の記事の一つ「コロナウィルス――レヴィナスとともにマスクの着用について考える」で、こう述べている。「つまり、単にまなざしだけでなく、顔の全体、その裸性こそが私たちの人間性を具体化するのです。それにマスクをつけることは、私たちが他者に対してもっている関係を覆すことになります。それは、私たちが他人に対してもっているこの無媒介的に倫理的な関係をほとんど不可能にする、あるいは信じられないくらい難しくすることなのです(6)」。マスクの着用は、レヴィナスが「顔」という概念を通じて示そうとした他人との人間的で倫理的な関係を阻害するというわけだ。

実際、レヴィナスは、自らの「顔」の概念の特徴として、その「赤裸々」、「無防備」なまでの「裸性」を強調している。たとえば、一九八一年の対談では次のように述べている。「まず最初に、顔には廉直さそのものがあり、顔は無防備で廉直な仕方で露呈します。顔の比喩はもっとも赤裸々で、もっとも貧しいままの皮膚です」（EI, 80／一〇六）。

このような「貧しいまま」の「裸性」とは、マスクなど、それを覆って守ってくれるものが剝ぎ取られてしまい、脅威に、さらには「殺害」に晒されていることでもある。右の引用の少し後で、レヴィナスはさらにこう述べている。「顔は、暴力的な行為へと私たちを誘うかのように露呈され、脅威に晒されています。しかし同時に、顔は私たちに殺すことを禁じるものでもあります」（EI, 80／一〇六―七）。

ただし、これは、赤貧にあえぐ他者の生命を尊重せよという、単なる道徳的要請ではない。ここでの「暴力」や「殺害」は、物理的な行為ではなく、「認識」であれ「所有」であれ、「私」が「他者」に対して自分がすでに有している「権能」を働かせることによって、「他者」のもつ予測不可能性、偶然性、自律性など、その「他性」そのものを奪うことを指している。このように、「私」の「権能」に対して、「汝殺すなかれ」を告げるかのように「倫理的抵抗」を突きつける「他者」こそが「顔」と呼ばれるものである。[7]

レヴィナスが、一方で「顔」に対する「応答可能性」を説きつつ、「顔」の「裸性」に注目するのは、このような剝き出しの関係においてこそ、「対話」の根源的な可能性が宿っていると考えているからだ。この点にいち早く気づいたのは、『全体性と無限』が公刊された直後、「未知なるものを知ること」をはじめとするいくつかの論考をレヴィナスに捧げた旧友のモーリス・ブランショだろう。ブランショは『全体性と無限』の意義を、「未知なるもの」、「認識できないもの」を「認識」するというほとんど矛盾した事態を哲学的に検討した点に看取しているが、とりわけ重要なのは、次のような発言だ。「人間に対面した人間には、言葉を話すか、あるいは殺すか、これ以外の選択肢はない(8)」。「未知なるもの」としての「他者」に出会うには、「語る」か「殺す」かの選択が迫られるような、そうした対面関係が必要だというのだ。

このことをいっそうわかりやすく説明してくれるのは、ドゥニ・ヴィルヌーヴ監督の映画『メッセージ』(原題は *Arrival*)の一つのクライマックスとなる場面だろう。突然世界の各地に襲来した得体の知れない宇宙船に対し、各国政府が決めたのは、軍隊(つまり「殺す」者)と同時にルイーズ・バンクスなる言語学者(つまり「語る」者)を送り込むことだった。地球外生命体が発する記号とも言語とも思われない物体を前に、バンクスはそれがなんらかのメッセージではないかと考える。バンクスを含む交渉役は、この地球外生命体に対面する環境がきわめて危険だと考え防護マスクをつけ、顔を含めて生身の皮膚をすべて覆っていたが、一向にコミュニケーションがとれない。そこでバンクスはあえて危険を冒しマスクを取って自らの顔を見せることで対話を試みる。この場面は、「語るか殺すか」という極限状況、つまり自らの命が危険に晒される「傷つきやすい」環境において、それでも自らの生身の顔をあえて晒すことが対話を対話ならしめる最初の行為となることを示す格好の場面であろう。

さらに、レヴィナスはこうも述べる。「通常、ひとは何らかの「人物（personnage）」です。たとえば、ソルボンヌ大学の教授であったり、国務院の副議長であったり、誰それの子息であったりするわけですが」、「顔」は、物理的覆いばかりでなく、そのような社会的な役割の一切も剥ぎ取られている。「顔はただそれだけで意味なのです」（EI, 80-1／一〇七―八）。これが、「顔」の「裸性」である。

以上のように理解されたレヴィナスの「顔」概念をもとに、マスクという覆いをつけた対話の非倫理性、さらには非人間性を主張することはある程度までは可能だろう。だが、すぐさま付言しなければならないのは、以上の「顔」の理解は一面的だということだ。少なくとも、レヴィナスの思想においても、「生身の顔」を通じた対話こそが、人間的なコミュニケーションの究極の条件だとは言えないように思われる。次節ではその理由を確認しよう。

2　顔と声――ヴァーチャル空間における「顔」

その理由は、右に引用した『倫理と無限』や『全体性と無限』の箇所の周囲でも告げられるように、端的に、「顔は「見られる」ことはない」からだ。「顔」は「語る」。つまり、「顔」において問題なのは、その視覚的な相貌ではなく、「声」なのだ。

この点で、シルヴィ・クルティーヌ＝ドゥナミが提示した「見えないものを聞く」という観点は傾聴に値する。「顔（visage）」に相当する西欧語の語彙では、ラテン語の vis, visus およびそこから派生したフランス語の visage やイタリアの viso も、ドイツ語の Gesicht も、それぞれ「見る」を語源として含み、「他人に見えるように呈示されるもの」、「見られるもの」、「可視的なもの」という意味を含んでいる。これに対し、レヴィナスの顔は、これらの語圏とは異なり、ヘブライ語のパニムに基づいている。この語は語源にパナーという「〜に向き返る」を指す語を有しており、「顔と顔を合わせて」を意味するパニム・エル・パニムや、他者の歓迎、迎接を意味するカバラット・パニムに通じている[9]。以上のような解釈に基づくと、レヴィナスの「顔」は、「見る」ものではなく、声を聞こうと「振り返る」、「向き返る」ものと理解できる。つまり、レヴィナスの「顔」は、「見る」という視覚的次元ではなく、「聞く」という聴覚的次元にあるということだ。

そうだとすると、「顔」との対話があるためには、マスクの有無はそもそも問題ではないことになる。そのように「生身」の相手と直接的・無媒介的に（あるいは「リアル」に）向き合うことがなくとも、発せられた「声」に「振り返る」こと、「あの」と呼び掛けられ「えっ」と答えること、そのようなミニマルな呼びかけと応答の関係があれば「顔」との対話が可能になると言ってもよい[10]。

だが、だとすれば、別の問題が生じることになる。マスクの有無はともかくとして、オンラインによる遠隔的な対話はどうなのか。しかも「顔」を「見る」必要がないならば、カメラを消して、自分の名前のイニシャルやお気に入りの画像を掲げた「声」だけの対話も、「人間的」で「倫理的」な「対話」として成立しうるのだろうか。

少なくともレヴィナスのテクストに従うかぎり、この問いには肯定形で答えなければならない。というのも、そもそも「顔」という概念が要請されたのは、〈他者の尊重〉のような倫理的な規範を説くためではない。その倫理性は、端的に、「私」は自分がもっている「知」を生み出した主体ではないと気づかせてくれること、つまり、「知」は「私」ではなく外部から与えられる、「教えられる」という点に存している（TI, 81／一四二―三）。ここでの「教え」とは、プラトンにおける産婆術のように、自分の内部に眠っていたが気づいていなかったものを活性化することではない。これまでの「主体」の「知」の体系のなかからは生じえなかったもの、「主体」の「知」の「容量」をはみ出てしまうものが、外部からの「教え」を通じて与えられること、そこではじめて「主体」が何かの「学び」を得ること、そのことを可能にするのが「顔」だからだ（TI, 43／七二―三）。それこそ、先ほどの『メッセージ』の事例のように、相手が発するなんらかのものがそもそも「メッセージ」かどうかわからずとも、それを読み取ろうとしてそちらのほうへと振り向こうとすることによって、それが確かに「メッセージ」であること、自らの既存の理解の枠組みではまだ理解できないが、自分のものとは別の意味の体系が存在することを告げるものが「顔」だと言ってよい。

だとすると、マスクで顔を覆っていようが、リモート・コミュニケーションであろうが、さらにはそのときにヴィデオ・カメラをオフにして自分のイニシャルかアイコンだけを表示していようが、はたまたときに「オンデマンド」により時間差があろうが、コミュニケーション形態の如何にかかわらず、自分の内部にはなかった何か新しい「知」が「教え」られさえすれば、レヴィナスが「顔」と呼ぶところのものを認めることは十分に可能になるだろう。実際、レヴィナスは、一九四八年の講義のなかで、あたかも現代のオンライン対話を見越すかのようにして、次のように述べていた。「教え、すなわち遠隔的言葉（télé-logie）は、光の領分においてではなく、音の領分においてなされる」（O2, 83／八二）。

3　顔と身体

だが、目下の状況で真に問題となっているのは、（マスクの有無が人間的かどうかでないのはもとより）オンライン対話においても人間的なコミュニケーションがありうるかでもないだろう。そもそも、「声」さえあれば人間的なコミュニケーションが可能だと述べて満足してしまっては、ヴァーチャル空間さえあれば十分だということにもなりかねない。とりわけそのとき埒外に置かれてしまうのは、顔の下のほうにあるはずの身体ではないか。

和辻哲郎は「面とペルソナ」でこう述べていた。「面は元来人体から肢体や頭を抜き去ってただ顔面だけを残したものである。しかるにその面は再び肢体を獲得する。人を表現するためにはただ顔面だけに切り詰めることができるが、その切り詰められた顔面は自由に肢体を回復する力を持っている」[11]。和辻が念頭に置いていたのは舞台上の伎楽面《ぎがくめん》だが、ディスプレイ上で「切り詰め」られた「顔」には、「自由に肢体を回復する力」が残っているのだろうか。遠隔技術によって、「肢体」を必要としない「面」ないし「顔」だけで人間的コミュニケーションが可能だというとき、「人間的」ということの意味もまたそれなりに切り詰められてはいないだろうか。「身体」を必要としない「顔」との「共生」はありうるのだろうか。

レヴィナスについて触れておけば、その「顔の倫理学」は、けっしてレヴィナス哲学の特権的かつ中心的な主張ではなく、あくまで「享受」や「愛撫」といった身体的・感性的な経験をめぐる現象学がそこにつねに同伴していることは付言しておくべきだろう。なるほど、レヴィナス哲学を「顔の倫理学」に還元しようとする立場からは、ヴァーチャル空間でも「顔」が可能になるという議論はとても非倫理的なものに映るだろう。だが、レヴィナス哲学にとって「顔」との対話は、それが現象学的分析を施すことを目指す人間的経験の一部ではあるものの、中核ではない。「顔」と対話する「自我」は、食べものを食べたり、空気を吸い込んだり、地面を踏みしめたりすることで「糧」を「享受」もするし、他人の身体に触れ「愛撫」することもする。「顔」との「対話」における「意味（sens）」の生成ばかりでなく、食べ、飲み、触れるというさまざまな「感覚（sens）」の経験が多層的に織りなす人間の「実存すること」の総体こそが、レヴィナス哲学が対象とするもののはずだ[12]。

レヴィナス哲学をどう解釈するかはさておき、「顔」と「肢体」の関係は、コロナ禍におけるコミュニケーション、というより、コロナ禍を通じて露わにされた遠隔技術を用いた新たなコミュニケーションの形態がもたらす問題を考えるとき、喫緊の問いとなるだろう。私たちは、感染のリスクのある「接触」をできるだけ避けようと閉ざされた自室に籠っても、遠隔技術によって人間的な「対話」をもつことはできるだろう。しかし、身体を介する「糧」の享受や（「顔」ではなく「エロス的」な）「他人」との愛撫的な関係を、自閉空間で遠隔的に可能にするのは難しい。感染のリスクがあろうとも、自らの部屋を、あるいは口や鼻や性器を少し開け、外部に晒すことがなければ、それら「他なるもの」に接することはできないからだ。「愛撫」はなくてもよいかもしれないが、少なくとも「糧」のほうはそうではないだろう。

4　グレゴワール・シャマユー――「行為の現象学的統一性」とその解体

遠隔技術時代におけるコミュニケーションの人間性を考えるとき、あるいは遠隔技術時代において改めて浮かび上がったコミュニケーションの人間性そのものの性質を考えるとき、グレゴワール・シャマユーの考察は示唆に富む。

グレゴワール・シャマユー（Grégoire Chamayou）は一九七六年生まれのフランスの哲学者である。

高等師範学校（フォントゥネ゠サン゠クルー）にて科学哲学者のドミニク・ルクールに師事し、現在はフランス国立科学研究所（ＣＮＲＳ）研究員を務めている。本章で中心的に取り上げるのは彼の名を一躍有名にした『ドローンの哲学』だが、[13] ただし彼は、単なる軍事倫理、科学技術倫理の専門家というわけではない。

彼の第一の著作は、博士論文にあたる『卑しい体――一八・一九世紀における人体実験の倫理と政治』である。[14] 表題が示す、一八・一九世紀を通じて人体実験がいかに正当化されるようになったのかという問いについて、まさしくどの身体ならば人体実験を施して良いとされたか、どの身体が「卑しい」とされたか、という観点から、実験されうる「身体」をめぐる知と権力の系譜学を描いたものである。

次著『人間狩り――狩猟権力の歴史と哲学』では、今度は医学ではなく「狩猟」という実践に関心を寄せている。[15]「狩猟」と言っても、狙われるのは野生動物ではなく人間である。魔女狩りからユダヤ人狩りにいたるまで、これまでの歴史が人間を「狩る」ことをいかに正当化してきたのか、その系譜がたどられる。

このように、シャマユーの関心は一貫して、人間の「身体」が、実験、狩り、さらには操作、拷問といった具体的な介入の対象になってきた系譜、そこにおける権力の作用に向けられている。この観点では、『ドローンの哲学』は、単に無人軍用機についての哲学的なエッセーではなく、遠隔操作されたもはや「身体」を有さない幽霊のような兵器によって追跡され、監視され、攻撃を受け、殺される「身体」を主題化したものと言える（ちなみに、近著『統治不能社会——権威主義的自由主義の系譜学』では、若干観点が変わり、今日の国家／市場の関係における統治性の変容が主題となっている）。(16)

それゆえ、『ドローンの哲学』は、単に二〇〇〇年代以降のとりわけアメリカを中心とする無人軍用爆撃機をめぐる技術哲学／戦争倫理学的考察にとどまらない。もちろん、同書は全体として見渡したとき、そうした分野への目配せは広く見出される。たとえば、同書は、ドローンによる無人爆撃攻撃の導入の経緯や、その技術的な特色、さらにそれが引き起こす倫理的問題に関しての推進派および反対派の論理の整理を随所で行なっている。だが、同書のこうした広範な考察は、この遠隔技術の登場がもたらすいくつかの概念の根本的な「変容」を明らかにする哲学的な問題関心に貫かれていると言ってよい。それぞれの議論は相互に重なりあっているが、概要を示すならば、第一章は遠隔テクノロジーがもたらす「戦争」の変容（戦争論・技術論）、第二章は人間の「精神」の変容（心理学）、第三章は「道徳」の変容（倫理学）、第四章は「法」の変容（法学）、第五章は「権力」の変容（政治哲学）である。

本章はこれらの諸点については踏み込むことができないが、とりわけ注目したいのは、こうした議論の裏で、シャマユーが一貫して「身体」の位置づけに注意を払っていることである。問題となるのは、とりわけ同書第二章五節「遠隔的に殺すこと」である。この節の直接の主題は遠隔テクノロジーによる殺害が可能になった時代の新たなタイプの精神病理学を考察することにある。とりわけ、デーヴ・グロスマンが『戦争における「人殺し」の心理学』で指摘した、標的との距離と殺人への抵抗は反比例するという枠組みに関し、[17] シャマユーは、ドローンによる殺害がそれにうまく当てはまらない、という点を強調する（TD, 165／一三八）。ドローンの場合、一方で、引き金と銃口の距離は何千キロも離れていることが可能であり、距離という点では従来の遠距離爆弾を凌駕するほどだ。だが、他方で、銃口と標的はこれまでのあらゆる武器以上に接近することが可能になる。遠隔操作されることで、銃口のほうは、標的の身体間近まで接近しうる。ここから浮かび上がるのは、遠隔爆撃機の場合、従来の飛び道具や殺傷兵器と同じ「距離」概念を用いることはできない、という点だ。地球の裏側まで遠隔的に殺害することができると同時に、その光景を間近で観察できるようになる。言い換えれば、爆弾の発射を指示する「指」と、その着弾を見届ける「眼」が、まさしく遠隔的に分離し、これまでの「距離」の概念がそのままでは通用しなくなる。そのことによって、物理的距離は遥かに大きくとも抵抗感はきわめて強くなりうる、というわけだ（TD, 166／一三九）。

シャマユーはまず、この距離の変容が、遠隔爆撃機のオペレータの精神に大きな影響をもたらす点を強調する。この距離の変容ゆえに、自分の行為（と思われるもの）の帰結が、確かに自分が為したことだという感覚がなくなる、ということだ。シャマユーはここで、有名なスタンレー・ミルグラムのいわゆる「アイヒマン実験」に言及し、電圧を上げる教師役の被験者と悲鳴を上げる生徒役の被験者とのあいだの「距離」こそが、「道徳的緩衝材」の役割を果たしていた、と述べる（TD, 169／一四二）。あるいはシャマユーは言及していないが、たとえば哲学者のギュンター・アンダースは、広島に原子爆弾を投下する作戦に加わったパイロットはその圧倒的な距離ゆえに良心の呵責を感じることがなかったと指摘している（それを感じたがために精神病院へと隔離されたクロード・イーザリーだけが例外だ）[18]。シャマユーによれば、遠隔テクノロジーは、「距離」を変容させることで、単に「それは私がしたことだ」という感覚だけでなく、それに対する「責任感」や「良心」といった感覚すらもいっそう根底的に麻痺させる、というのである。

さて、シャマユーは本文中では遠隔爆撃機における「距離」概念の変容の問題を、それを操作するオペレータにおける精神的な影響に結びつけているが、その議論の射程はそこにとどまらない。注目すべきは、そうした議論を展開する本文と並行して、そこに付けられた二つの長大な注において、こうした遠隔テクノロジー時代における「身体」の変容についての哲学的な考察が展開されていることだ。

問題となるのは、第二章五節の注10と注25である。

まず一つ目の注10から見ていこう。本文で注が付けられているのは、前述のデーヴ・グロスマンの図式に関して、ドローンという遠隔爆撃機によって、「いまや、同等ではない次元を組み合わせることでプラグラマティカルな同時存在が可能になり、[*10]近くにいることと距離を隔てていることが同時に可能になる」（TD, 165／一三九）とする箇所だ。ここで、先に触れたような「距離」概念の変容だけではなく、「同時存在」のあり方を考える必要があることが示唆されている。シャマユーは、この観点から、自身が「プラグラマティカルな同時存在（coprésence pragmatique）」と名づける概念を説明するために原文にして八頁におよぶ注をつけるのである。

「プラグラマティカルな同時存在」とは何か。本章にとって重要な二つの点を確認しよう。まず、この「プラグラマティカルな同時存在」は、一般的な「共存」、「共現前」とは異なる。違いは、「局所化(localisation)」の有無にある(TD, 335/三二四)。一般的な「共存」とは異なり、「プラグラマティカルな同時存在」にとって、場所的に近接して存在していることは問題ではない。ここには上述の「距離」概念の変容が大きく関わっている。シャマユーによれば、遠隔技術とは、単に遠いところまで射程を伸ばすことができるという意味ではない(TD, 339/三二九)。たとえば、メガフォンやメガネは、声を遠くまで聞こえさせたり、遠くのものを見たりするのに役立つ。しかし、これらは遠隔技術ではない。遠隔技術による音声や画像伝達は、単に遠いところへと声を響かせたり、見せたりする、という点に存するのではない。一〇センチの防音壁の両隣ではどんなメガフォンもほとんど音声を伝えられないのに対し、遠隔技術を用いれば、一〇センチであれ、一〇万キロであれ、音声の共有は可能になる。つまり、「遠隔」とは「遠い」ことよりは「隔たっている」こと、距離が無関係となることを指すのである。シャマユーによれば、こうした「プラグラマティカルな同時存在」における「局所化」の不在は、次の利点を有する。すなわち、場所的規定にかかわらず、「隔絶」した相手へのアクセスが可能になる、ということだ。

次に、このような「プラグラマティカルな同時存在」によって「隔絶」した相手へのアクセスが可能になるとき、当の主体のほうは「離脱の経験」を被る、とシャマユーは述べる(TD, 340/

三一八)。問題は単に、「身体」が「場所」から離脱していることだけではない。「ここで離脱するもの、それはもともとは分離していなかった身体的な存在の諸側面」(TD, 341／317)である。シャマユーによれば、通常、身体は、少なくとも次の四つの側面が統一的に作動している。一つは、行為主体としての身体(「身体は行為する」)。二つ目は、知覚主体としての身体(「身体は知覚する」)。三つ目は、知覚客体としての身体(「身体は知覚される」)。四つ目は、可傷性／傷つきやすさをもった身体である(「身体は傷つきうる(vulnérable)」)。「「身体」とは、経験のもつこれら四つの次元、あるいは四つの側面の、見かけ上は分離しがたい直接的な総合のことなのである。〔…〕この直接的な統一こそ、遠隔テクノロジーによって根底から解体されるものである」(TD, 341／三一六)。この総合的統一を、シャマユーはミルグラムの言葉として、「行為の現象学的統一性の断絶」と呼んでいる(TD, 168／一四一)。(19)

こうした身体の「統一性」の「断絶」という観点の意義は、たとえば軍用ドローンのオペレータにおける「シフトチェンジ」を説明してくれる点にある。オペレータは、戦場に赴くことなく、三交代制の切替のように、遠隔殺害の業務に就く。そこでは、「朝は殺人者、夜は家庭の父。「平和的自我」と「戦争的自我」のあいだに日常的な切り替えがある」(TD, 170／一四二)。*25 われわれもまた、コロナ禍において、満員電車での通学や通勤という一種の通過儀礼がなくなることで、在宅でのリモートワーク／リモート授業に直面し、そこで家庭モードと仕事モードとをすぐさま切り替えることの困難に直面したが、それに似て、遠隔爆撃機のオペレーションにおいては、「平和的自我」と

「戦争的自我」の「シフトチェンジ」をしなければならない。三つ目の知覚客体、四つ目の可傷性を有した身体はオペレーションルームにて匿われ、さらに一つ目の行為主体（指）と二つ目の知覚主体（目）も分離するなかで、こうした「シフトチェンジ」がなされるわけだ。

さて、本章で注目したいもう一つの長い注は、今引用した「平和的自我」と「戦争的自我」との「切り替え」に関する記述に付されている。この注25では、この遠隔テクノロジーによる「シフトチェンジ」の現象学的な構造が、ダニエル・デネットやジャック・ルーミスといった英語圏の哲学に依拠して検討されている。[20] ここで取り上げられるのは、軍用ドローンにとどまらず、実験室や工場などで用いられるようなロボットアームにも共通する、ある種の「錯覚」である。そうした遠隔操作に従事する者は備え付けられたカメラを通じてロボットアームを操作するとき、あたかも自分の知覚意識が、自分の身体にではなく、ロボットアームのほうにあるような錯覚をもつことがある。自分の身体（行為主体）が実際に手を触れているのは、操作卓にあるレバーだったり、キーボードだったりするわけだが、知覚主体としての身体は、ロボットアームが触れている当の対象に自分自身も触れているかのように錯覚する。こうした錯覚をどのように理論的に説明するか。シャマユーは、従来のように「認識論的な失敗」[21] としてではなく、「プラグマティカルな成功」として理解すべきだと言う（TD, 347／三一〇）。つまり、行為主体としての自己が触れている道具への直接的な知覚を忘却（あるいは非焦点化）することによってこそ、「遠隔存在」についての新たな感覚を得ることになる、というのだ。ここには、先に触れた「身体」を構成するもののうち、「行為」と「知覚」の統一の解体が生じている。あたかも自らの身体に備わっている「知覚」や「触覚」が、自らの身体から離脱し、「遠隔存在」のほうに転移しているかのようなのである。このことは、従来の認識論的な枠組みから「錯覚」や「失敗」と呼ばれようが、遠隔時代における新たな感性の獲得とみなせるということだ。あるいは、あえて現象学的な用語を用いるならば、遠隔技術によって形成された環境に応じた新たな情態性の獲得とも言えるかもしれない。

以上をまとめると、軍用ドローンをめぐる考察の背後で繰り広げられたシャマユーの遠隔テクノロジー時代の「身体」の位相には次の特徴がある。

一つは、脱局所化、すなわち身体が場所的規定から離脱することが可能になることである。

もう一つは、「身体の統一性の解体」である。行為主体、知覚主体、知覚客体、可傷性という、これまで身体において統一的に作動するとみなされていた四つの次元が別個に作動するようになる。シャマユーは、どうしてこの四つに大別されるのかについては詳論してはいないが、いずれにしてもここで問題になっているのは、「身体」を構成していた「視覚」や「触覚」などの「感覚（sens）」がそれぞれ「転移（translocation）」（TD, 346／三一一）する事態だと言えるだろう。

こうした議論から、さまざまな論点を導出することができるだろう。もとより、遠隔テクノロジーが実効的に作動するには、それがネットワーク化されている必要がある。たとえばアメリカによるドローン攻撃も、けっしてそれを操縦するコクピットの「指」とアフガニスタンやイエメンの上空を飛ぶドローンの「眼」と「牙」のあいだの遠隔的同時存在だけではなく、米軍が世界に張り巡らせているネットワークの存在が必要不可欠だ。つまり、そこでは、オペレータや標的などの個々の「身体」における分裂だけではなく、こうしたネットワーク全体に配置されたさまざまな「身体」が結合すると同時に、それぞれの「身体」がネットワーク的に同時存在する事態も考慮に入れる必要がでてくるだろう。この種のネットワークのなかでは、自分自身の身体は断片化され、巨大なネットワークの作用を分担することになり、人間であれ非人間であれ、同じ機能を有するものに容易に代替可能となるだろう。軍用ドローンか自爆テロか、空撮ドローンか高所自撮り撮影者《ルーファー》か、配達ドローンかUber Eatsか、という問いがここで入り口としてふさわしいかもしれない。さらにここでは、どの身体なら「資材」として役立ちうるか、経済的に費用対効果が高いかという点も当然考慮しなければなるまい(22)。

5　「感覚＝意味（sens）」の多層性

だが、本章では、シャマユーが素描した遠隔テクノロジーにおける「身体」の解体という問題の現象学的な側面を強調しておきたい。どれほど意外に見えようとも、遠隔テクノロジーに関するシャマユーの着想は、エマニュエル・レヴィナスのまさしく「感覚＝意味（sens）」をめぐる現象学的思想と照らし合わせると、その哲学的な意義についてのいっそう広汎な視座が得られるように思われるからだ。以下では、拙著『レヴィナスの企て』で論じたことに基づき、(23)とりわけ「身体」と「感覚＝意味(sens)」の連関について、要点を確認しておきたい。

実のところ、先に指摘した「身体」における「脱局所化」、そして視覚、触覚などさまざまな「感覚(sens)」の乖離／転移という二つの事態は、レヴィナスの思想に一貫して見られるものである。

この観点では、初期の著作とされる『実存から実存者へ』がきわめて重要である。同書では、「身体」は、「眠る」こととして考えられている。もちろんこの「眠る」とは睡眠行為を指しているのではない。「ある(il y a)」において遊離していた「意識」が「定位(position)」というかたちで場をもつこと、「局所化(localisation)」することを指す(EE, 117／一五一)。『実存から実存者へ』においては、なんらかの物体が「身体」としてまずあって、それが意識をもったりもたなかったりするとは考えられていない。「ある」において「意識」は非人称的なものとして、非活性的な物質としての身体から遊離していたのに対し、この「意識」が「身を横たえ」「身を置く」こと――「接地」すること――が、「身体化」と考えられているのである(EE, 120／一四八)。

このような奇抜な発想は、少なくとも「「ある」からの脱出」のようにして語られる倫理的主体の成立を語るものではなく、あくまで現象学的に検討すべき事柄である。ここでたとえば、物理的身体(Körper)から生きられる身体(Leib)への転換という現象学的身体論を思い起こすこともできるだろう。ただし、ここでは、「身体」が「局所化」と「脱局所化」の結節点をなすという事態にもう少しとどまりたい。

実際、『実存から実存者へ』は、こうした「局所化」に成功した「身体」が、なんらかのかたちで「脱局所化」する可能性に繰り返し言及されている。(24) 一つは、前述の「ある」の事態への回帰である。ここでは、「実存する」ことの主体（主語）をなしていた「実存者」が不在となり、一切の存在者が「実存者なき実存」の「力の場」のなかに融即することが問題となっている。このことは「身体」の側から見れば、「意識」が自らを局所化していた「身体」から離脱し、非人称的に浮遊する事態と解される。もう一つは、そうした極端なケースではなく、知覚というありふれたケースだ。レヴィナスは、「光としての世界における実存は、〔…〕存在のただなかで、存在から自らを離脱させる可能性である」（EE, 79／一〇二）と述べる。ここで「光としての世界」と述べられているのは、知覚の対象となる客体的世界である。知覚する実存者は、「存在のただなか」に身体的に実存しつつも、そこから自らを「離脱」させることができる。「世界との接触」の通路が「知覚」にのみ縮減され、「存在のただなか」に触れているそれ以外の感知器官は後景に退く、ということだ。たとえば、寝食を忘れてＰＣの画面に没頭したり、仮想現実の光景を見つめつづけ身体感覚が麻痺してしまうときを考えれば、こうした「離脱」も理解されよう。ここでは、脱局所化が、同時に複数の「感覚」の分離を伴うことが含意されていると言える。いずれにしても、少なくとも『実存から実存者へ』においてすでにレヴィナスは、「身体」というものを、人間的実存者の行為の土台となる物質的要素とみなすのではなく、局所化／脱局所化が織りなされ、「知覚」がその他の身体的な感覚から離脱するような場とみなしていたように思われる。

その後のレヴィナスにおいてこのような身体論は、同じ語彙のもとでは維持されないものの、局所化の場としての身体、そしてさまざまな sens の統一／離脱という観点は、一貫して保持されているだろう。

とりわけ、身体を構成するさまざまな sens の多層的構造こそ、『全体性と無限』という主著を構成する三つの要素、すなわち「糧」の「享受」、「顔」への「応答可能性」、「女性的なもの」への「エロス的欲望」が織りなすものであると思われる。これまで、『全体性と無限』の議論の展開は、「内部性」の次元における「享受」における自我論が「乗り越え」られて、「外部性」の次元における「顔」としての他者との倫理的関係にいたる「ジグザグ」な道筋と論じられることがままあった。だが、「享受」、「応答」、「エロス的欲望」とは、そうした弁証法的な契機ではなく、人間的存在者の「実存すること」を構成する志向的ないし超越的様態として捉えなければなるまい。「糧」を「享受」するその感受性、「応答」における意味の成立、「愛撫」における「感じること」、そうした感覚＝意味（sens）を介した「世界との接触」は、「身体」を土台として、「実在すること」を多層的に構造化していると理解することができるだろう(25)。

レヴィナスは、さしあたりたいていは統合的に作用しているこうした多層的な構造化が、「ある」においては、たとえば知覚の遊離というかたちで解体するという事態に気づいていたように思われる。ところで、COVID-19 におけるような遠隔技術によるコミュニケーションの再編成によって露わになったのは、こうした多層性の統一性が解体し、それぞれの感覚、意味（sens）が離脱的に作用する事態ではないか。

先に述べたように、コロナ禍での欧米では、感染症の蔓延により、マスク着用が強制されたことについての哲学的・倫理学的省察の拠り所としてレヴィナスがたびたび援用された。そこでよく言われるのが、マスクを剥いだ、剥き出しの「他者」の「顔」との対面関係こそが「人間的」であり「倫理的」だ、という観点である。

レヴィナスのテクストにそのような解釈を誘う文言は確かにあるのだが、とはいえ、哲学的にはそうした解釈はやはり牽強だろう。まず、「顔」との関係は基本的に、「顔」という物理的な形態を見る、という知覚的な関係ではなく、そこから発せられた「声」を聞くという、聴覚的な関係である。レヴィナスにあって、それは――「音」というよりは――「意味」を生み出す層に位置づけられる。だとすると、一方では、マスクをつけていても、遠隔技術を通じた音声的なコミュニケーションでも、ある程度の人間性ないし倫理性は可能だ、というふうにも読める。それはそうかもしれないが、ただし、レヴィナスの思想はそのことにとどまらず、けっして遠隔技術では代替することのできない人間の「身体」的な存在様態のことも忘れてはいなかった。それが、『全体性と無限』第二部で提示される「糧」の「享受」という思想、さらに同書第四部における「女性的なもの」と言われる他者との身体的接触＝「愛撫」の発想だろう。「顔の倫理学」は、けっしてレヴィナス哲学の特権的かつ中心的な主張ではなく、つねに「享受」や「愛撫」といった身体的・感性的な経験をめぐる現象学がそこに伴っているのである。つまり、レヴィナス哲学を「顔の倫理学」に還元しようとする立場からは、ヴァーチャル空間でも「顔」が可能になるという議論はとても非倫理的なものに映るだろう。だが、レヴィナス哲学にとって「顔」との対話は、それが現象学的分析を施すことを目指す人間的経験の一部ではあるものの、中核ではない。「顔」と対話する「自我」は、食べものを食べたり、空気を吸い込んだり、地面を踏みしめたりすることで「糧」を「享受」もするし、他人の身体に触れ「愛撫」することもする。そうしたさまざまな「顔」との「対話」における「意味（sens）」の生成ばかりでなく、食べ、飲み、触れるというさまざまな「感覚（sens）」の経験が多層的に織りなす人間の「実存すること」の総体を、レヴィナス哲学は対象としていたように思われる。この観点からすると、レヴィナスの思想は、遠隔技術が可能にしているもの（身体を要しない対話）、そしてその可能にするということを通じて変容させているもの（身体における諸感覚の統一）を考えるための哲学的な資源を提供してくれると言えるだろう。

シャマユーにおいては、やはり念頭にあったのがドローンであれロボットアームであれ遠隔技術であったため、行為／知覚する／知覚される／傷つきやすさという四つの側面の統一／解体という見地において考察されていたが、レヴィナスのほうは、人間の経験全般のなかで、「意味」に関わる作用、食べることや触れることを含む世界における身体的な実存、そして同様に身体的接触を介して「未来」へと関わる時間的な実存様態のそれぞれについての考察を展開したということができるだろう。この発想から導かれるのは、さまざまなsensの統一こそが人間的だ、という規範論的な主張ではない。このようにさまざまなsensをそれぞれの志向性に即して明らかにしようとする現象学的な発想は、通常「人間」の「身体的経験」と呼ばれるものであっても、それが接触する「世界」の変容に応じて、脱局所化したり、離脱したりするという現象を説明してくれるだろう。

いずれにしても、COVID-19の状況下においてシャマユーの技術哲学およびレヴィナスの現象学を読みなおすならば、それらは、感染症の時代で「接触」が拒否され、新たなかたちでの「日常」、「新しい生活様式」が技術的・政治的に再編成されるなか、そこにおいて人間の実存様態がどのように変容しているのかを理解する手がかりが得られるように思われる。

3 食べる、老いる、ケアする――身体のままならなさについて

第9章　ケアと福祉——応答から身代わりへ

レヴィナスは「ケア」や「福祉」を主題的に論じることはなかった。にもかかわらず、「他者」をめぐるその思想は、近年、こうした分野に携わる人々に徐々に共感とともに注目されてきている。本章ではまず、これまでの議論を参照しながら、レヴィナス哲学と福祉がどのように結びつくのかを確認したい。レヴィナス自身は意図していなかったかもしれないが、両者の関わりを見ていくことで、福祉の実践がむしろレヴィナス哲学の理解を助けてくれる具体的な営みをなしているとすら言いうるように思われる。

ところで、本題に入る前に確認すべきは、「福祉」という用語の多義性である。この語は、最広義では人類の幸福や安寧を指す場合から、「福祉国家」とか「社会保障」と言われる場合のような制度的・政策的な次元、さらには（高齢者、児童といった）具体的な援助対象者を念頭に置いたソーシャルワークやケアマネジメントなどの「社会福祉」まで、さまざまな次元にまたがっている。(1)本論では、とりわけソーシャルワークをひとまず足がかりとするが、後半ではさらに広い次元にも言及したい。というのも、前半で見るように、レヴィナスの「他者」の思想はソーシャルワークにおけるケアないし援助行為の根源的な意義を考えるうえで示唆に富むばかりでなく、「社会福祉」という体制それ自体を考えるうえでも参考になる考えを示しているように思われるためだ。

1 レヴィナスと社会福祉におけるケア

まずは、これまでの議論を整理しておこう。冒頭で述べたように、レヴィナスとケアおよび福祉という結びつきはそれほど自明なものではなかったが、研究史においても同様だった。「ケア」をめぐる哲学・倫理学の議論は、キャロル・ギリガン以降、フェミニズム理論のなかで精力的になされてきたが、近年では、現象学研究においても「ケア」という主題にかなり注目が集まっている。レヴィナスの思想も現象学の文脈に位置づけられるが、しかし、「ケアの現象学」という文脈でレヴィナスの名前が挙がることはあまりなかった。この観点で取り上げられる「現象学」の哲学者は、フッサール、ハイデガー、メルロ゠ポンティらが主である。というのも、まずこれらの現象学者の議論をケアの問題に取り込んだ英語圏の研究者らの研究をもとに、(2)現象学研究、看護理論の双方において「ケアの現象学」研究が深化してきたからだ。(3) さらに「ケアの現象学」の関心の中心は医療や看護の分野にあり、福祉分野では(のちに見るような幾人かの研究者を除いては)それほど注目されてこなかった。もっともキャロル・ギリガン以降の「ケアの倫理」とレヴィナスの思想の親近性には一定の注目はあったが、(4) レヴィナスと社会福祉におけるケアのつながりに焦点をあてた研究はほとんどなかった。

だが、二〇〇〇年代以降、レヴィナス思想は、「ケア」一般との関係においてばかりでなく、(5) 社会福祉の領域においても徐々に注目を集めている。(6) 英語圏ではすでにいくつもの研究があるが、日本ではとりわけ、中村剛《たけし》や児島亜紀子が社会福祉の倫理学的研究において積極的にレヴィナスに注目している。

中村は、社会福祉の根本についての考察を「福祉哲学」というかたちで提示するという壮大な試みのもと、英語圏での倫理学はもとより、社会哲学から現象学にいたるまで幅広い知見を吸収しようとしているが、(7) なかでもレヴィナスの思想に特権的な意義を見出している。レヴィナスにおける「他者の声なき声に応える」という発想こそ、「福祉の哲学」に対して根本的な貢献をもたらすというのである。(8)

思い起こせば、そもそも「福祉」が、障がい者、高齢者、児童など、援助を必要とする人々に向けられる営為を基本とするものである以上、「他者」という問題は、「福祉」の実践のなかできわめて本質的なものであっただろう。かつて糸賀一雄が提起した、「生命と自由を尊重しない社会の現実のなかで、〔…〕その極限的な状況のなかに投げ出されている人々」の「叫び」をどう受けとめるかという問いは、社会福祉に携わる多くの人々に共有されたものだっただろう。(9)

だが、中村は、そもそも「他者」の問いがこうした社会福祉に関わる原理的な問いとの関連で重視されてきたわけではないと指摘する。一方で、これまで社会福祉学の領域では、初期の慈悲や友愛から、心理学を援用した接触、共感、感情移入、転移、等々さまざまな用語・概念が取り入れられてきた。(10) あるいは、『福祉の哲学』の著者である阿部志郎に顕著なように、日本において多分にキリスト教の思想的背景に基づいた「愛」がその原理とされることもあった。(11) また、いっそう倫理学的な観点では、「尊厳」概念が基本的な人権の基盤として重視されてきた。だが、他方で、中村によれば、これらの説明はそれほど説得力をもってきたわけではない。依然として「他者を支援するという事象」の根源的な意味を理解する作業が残されているというのだ。この作業を後押しするものとして、中村は、レヴィナスから「福祉の原初的な体験」としての「他者」との出会いという観点を引き出してくるのである。(12) このような中村の主張は、近年増えつつある社会福祉学におけるレヴィナスへの関心を根底的に表すものであろう。

2　レヴィナスの「他者」論とソーシャルワーク

レヴィナスの思想が具体的に社会福祉の実践にどのように関わるかについて、これまで取り上げられてきた議論を確認しよう。中村をはじめ多くの論者が共通して注目しているのは、無論、レヴィナス思想における「他者」についての思想だ。

レヴィナスの「他者」への関係の特徴は、エイミー・ロシターの二〇一一年の論文で的確に指摘されている。ロシターは、「倫理が知識に先行するというレヴィナスの強調は、ソーシャルワークにおける専門的な実践と倫理の関係を深く問いなおす力をもっている」と述べているが、(13)ここでの「倫理」と「知識」の関係が鍵となる。ロシターはソーシャルワーカーとしての自身の経験において、ある家族に対し、これまで身につけた介護理論などの「知識」を適用するかたちで接してきたことを反省的に振り返ったうえで、レヴィナスの「倫理」の発想にはそうした理論的・客観的な他者へのアプローチと根本的に異なるものがあると指摘している。「倫理」と「知識」の差異について、ロシターの指摘を踏まえつつ、レヴィナス自身の考えに基づいて少し説明を加えておこう。

一般に、われわれは他者に関わるとき、その人についての何らかの「知識」を重視している。たいていの場合、どこそこの団体に所属しているとか、要介護認定の度合いがいくつであるとか、血圧がどういう数値を示しているとか、さまざまな「知識」に基づいてその人を判断する。

これに対し、レヴィナスは他人を「顔」と呼ぶのだが、そのポイントは、他人はどれほどこうした「知識」を押しつけても説明しえないという点にある。逆に言えば、私が何らかの「知識」を押しつけるとき、私は他者その人ではなく、あくまで私が理解している範囲、データや数値で説明できる限りのものとして接していることになる。こうした私の「知識」の押しつけをレヴィナスは「暴力」と述べることも辞さない。それぞれの個人の個別的な特徴が、他の人にも共通する客観的な「知識」や「数値」でかき消されてしまうからだ。

これに対し、「顔」としての「他人」に対する関係は、「知識」ではなく「倫理」だとレヴィナスは述べる。つまり、他人を私の「知識」の枠内に押し込んで理解しようとするのではなく、その人が発するメッセージそれ自体を受け取ってその人に対して「応答する」こと、これがレヴィナスによれば他者との「倫理」的な関係の本質である(14)。

注意する必要があるのは、ここでの「倫理」とは、他者を大事に労らなければならないとか、道徳的に振る舞わなければならないといった、「〜すべし」という規範的な要請ではないことだ。私の「知識」に基づいて他者に接するという「私」先行型の関係性ではなく、他者の呼びかけに私が応答するという、「他者」先行型の関係性をレヴィナスは「倫理」的関係と呼んでいると理解しておいてもよいだろう。

具体例を挙げるならば、予約客のみを相手にするハイヤーと、手を挙げた客がどのような人であれ基本的に乗車を拒むことのできないタクシーの違いを思い浮かべていただければよい。前者のほうは、「私」がすでに知っている予約客のみを相手にし、道すがら移動手段を欲して手を挙げているそのほかの「他者」たちの呼びかけは無視することになる。逆に、タクシーのほうは、「私」の判断や希望を起点とするのではなく、どの「他者」でも受け入れなければならない。

このように、レヴィナスが「倫理」と呼ぶのは、「私」が有する先行知識にかかわらず、目の前にいる「他者」の呼びかけに応えるという関係そのもののことだ。それゆえ、レヴィナスにおいて、「私」と「他者」の関係は、それぞれ等しい権利を有した対等・平等なものではない。「私」と「他者」は非対称的な関係にあり、「私」のほうが「他者」の呼びかけに「応答する」ことを責務としている。「応答する」の原語はフランス語の répondre（英語の to response）だが、これは「責任（仏responsabilité／英 responsibility）」という語を構成する語でもある。

従来の哲学では、「私」の「権利」を出発点にして、そのうえで理念的には「私」と平等に権利を有するはずの「他者」との関係を考えようとしてきたが、こうした前提では、援助を必要としている人にどうして「私」が援助しなければならないのかはなかなか説明しにくい。とりわけ、自由主義の哲学が第一原理とする有名な「危害原則」に従えば、「他者に危害を与えないかぎり私は自由に振る舞う権利を有する」のであって、「危害」を与えないことは厳命されているけれども、援助を必要としている他者を援助するかについてはとくに触れられていない。援助するかどうかは、「してもよい」（がしなくてもよい）という「自由」の問題とされてきたわけだ。

これに対し、レヴィナスは、「私」の「自由」や「権利」ではなく、「他者」の呼びかけを出発点にし、それに対して「応答する」ことこそが、逆に「私」を「私」たらしめる原理だというのである。

さて、ロシターは、こうした他者についての考えは、専門的「知識」に基づく従来の職業的なケアラーの実践を問いただすと述べている。この点は、レヴィナスと「ケア」をめぐる議論において多くの論者が一様に強調するものである。

コリーヌ・ペリュションは『レヴィナスを理解するために』という入門的な著作の一部で、「ケア」の問題を医療の問題と絡めて論じている。「傷つきやすい状態にいる人、あるいは話すことのできない人を目前にした場合でも」、「その人を、われわれが病気について有している知識を向上させてくれるような興味深い症例とみなしたり、われわれがなしうることを他者に示すのに適した症例とみなしたりしてはならない」とし、次のように続けている。「重要なのは、とりわけ、その人の語ること、ただし、単に彼が語っている内容（語られたこと）ではなく、対話者としてのその人に訴えかけることである(15)」。

さらに、フローラ・バスティアーニは、「倫理的ケアの関係はありうるのか」と題された論考(16)のなかで、「人間をよりよくケアする」ことがレヴィナスに基づくとどう説明されるかを検討している。バスティアーニが対象としているのも医療におけるケアの問題だが、彼女は「共時性」と「隔時性」という対によって、ケアについての専門的な態度と倫理的な態度の区別を説明しようとする。

「共時性」とは、字義どおりにはケアラーとケアされる者を同時間的な尺度に置くことだ。ここでは、さまざまな技術的なツールや尺度によってケアされる者の状態が標準化される体制が問題になっている。これに対し「隔時性」のほうは、レヴィナスの術語である。これは、ケアラーとケアされる者が各々異なる時間のリズムで存在すること、そしてケアされる者がその人に固有の独特な時間のあり方をもつことを重視するものだ。用語は難解だが、ペリュションもバスティアーニも、「他者」に対して、標準的・客観的にアプローチするのではなく、その差異や特殊性を尊重したかたちで接することに、レヴィナスの「他者」の考えと「ケア」の実践の近さを見ている。

狭義の社会福祉の領域では、とりわけ児島亜紀子がかなり早い時期からレヴィナスに関心を寄せている。レヴィナス思想をソーシャルワーク論と接続するという展望のもと、児島はレヴィナスの思想とソーシャルワークにおける「援助」関係の接点として、とりわけ次の二点を強調している。[17]第一は、レヴィナスにおいて主体としての「私」と「他者」の関係性が、根本的に非対称であることだ。「私」と「他者」は、等しい権利を有した平等な主体ではない。とはいえそれは、「他者」を援助してあげるという特権的な意識でもない。非対称性は「私」のほうが一方的に他者に責任を負うという点にある。このような「他者との根源的な出会いの場に自らを送り返」すという発想によって、「レヴィナスの思想をたどることによって、「他者と関わるということの意味」がなんであるのかが示される」とも述べられる。[18]この点は、児島が注目する第二の点である「主体性」のあり方の変容に関わる。これまで社会福祉における援助論が前提としてきたのは、「能動的・理性的・

自律的な「自己決定する」能力を有した近代的主体」であった。こうした「主体」のイメージは、今日の介護保険制度における契約主体としての被援助者という考えにも継続しているだろう。だが、周知のように、理論上はともかく、実際的には判断能力が徐々に衰えていく要介護者への「支援」を、「自律的な主体」という枠組みで論じ切るのは難しい。児島によれば、こうした考え方とは異なるかたちで「主体」を捉え、他者の呼びかけに応答し責任を引き受ける受動的な主体というヴィジョンを提示した点で、レヴィナスはこれまでのソーシャルワーク（ないし「社会福祉学」）に支配的だった言説に対する対抗言説をもたらすとされる。

3　他者への応答と身体性――「主体」概念の転覆

さて、以上のようにレヴィナスの「他者」についての考え、とりわけ「顔」としての「他者」に対して「私」が担う「応答責任」という考え方は、ソーシャルワーカーの実践を「他者との根源的な出会いの場」へと送り返すものとして評価することはできるだろう。だが同時に、こうしたレヴィナスの考えに対しては、当然、いくつもの問いや疑問が思い浮かぶだろう。ここでは、とりわけ重要だと思われる二つの問いに絞りたい。

第一の問いは、レヴィナスの哲学思想に対してたびたび提起されるものである。レヴィナスの

「顔」への「応答責任」という考えは、確かに「他者」その人を尊重することを重視するものだが、そこには「呼びかけ」「応答」という言語的なコミュニケーションが前提されているように見える。もし、被援助者が十分な言語能力をもたない場合、その人は「顔」を有さなくなるのか。その人にどのように「応答」すればよいのか。

第二の問いは、社会福祉の実際の体制に関わる。なるほどレヴィナスの「他者」の思想は、「どうして他者を援助するのか」という根源的な問いを考える手がかりを与えてくれそうだ。しかし、現実におけるケアの実践に対し、その思想はどれほど有効なのか。実際には、援助を求めるさまざまな声がしかも絶えず発せられているが、それは「私」一人が対処できる限界を超えてしまう。むしろ効率的な分担や標準的な対応をしないことのほうが無責任になるケースもあろう。荒井ママレの作品『アンサングシンデレラ——病院薬剤師葵《あおい》みどり』(コアミックス、二〇一八年—)はソーシャルワーカーではなく薬剤師を主人公とした物語だが、個々の患者に寄り添うことにしばしば過度の情熱を傾ける主人公の葵に対し、同僚薬剤師は次のように述べている。「そもそも葵は一人一人の患者に関わりすぎ。〔…〕医療従事者は患者のために働いている。でも、利益を出さなければ、病院はその部署の縮小を進める。長い目で見れば、それは患者さんのためにはならない。単なる自己満足だよ」。介護・看護・医療における「福祉」が今日では「社会」的な共同によって支えられている以上、目の前の「他者」への援助を説く倫理は、むしろ実効性の伴わないものになりかねない。

この第二の問いについては次節で検討することにし、一点目の、「他者」への「応答」という思想は「対話」という言語的関係に限定されるのかという問いについて見ていこう。

結論を先に言えば、レヴィナスにおける「応答」は、言葉を用いた返答に限られない。たとえばレヴィナスは、プラトンの著作のなかに出てくる、議論に参加したくないために首を横に振って拒否を示すだけの登場人物に注目し、そうした身体的な身振りであっても「応答」たりうると述べている。[19] というのも、「応答」において重要なのは、メッセージの内容ではないからだ。むしろそれは、コミュニケーションの条件、あるいは他者との関係の条件に関わっている。ふつう、私たちはどのような音声にも「応答」しているわけではない。風のうねりや車のエンジン音やチャイムの音色に対し、「応答」しはしない。空耳で声が聞こえたと錯覚して応えてしまう場合はあるが、そのときにしているのは「応答」というより「反応」だ。これに対し、「他者」の呼びかけに「応答」するということは、その呼びかけを発した者を、単に機械的に応答しておけば済むような単なる音ではなく、ほかならぬ私が（言語的であれ非言語的であれ）「コミュニケーション」をとることのできる「他者」だと認めることである。つまり、「対話」を「対話」たらしめるのは、相手を単なる音声の発生源ではなく「対話相手」と認めることだということだ。それゆえ、たとえば意味を有したフレーズを発することができない状況にある人に対しても、その人の顔の動き、目の動き、手の動きなど、どれほど些細な動作であれ、そこに私が「応答」することで「倫理」的な関係は十分に生じうるだろう。

また、もう一つ重要な論点として、レヴィナスが人間という存在を、単に「対話」のレベルにおいてだけでなく、つねに「身体」を備えた存在と捉えていることがある。従来の哲学では、人間的な主体とは理性を備え合理的な思考やコミュニケーションが可能な主体だとみなされることが多かった。それに対しレヴィナスは、そうした理性的なコミュニケーションに限られない身体的な要素、つまり食事をしたり、生殖したり、傷ついたり、老いていったり、死に晒されたりといった要素を一貫して重視している。これまでの社会福祉学におけるレヴィナス受容ではこの点にあまり力点が置かれてこなかったように思われるが、社会福祉が対象とする「他者」が十分な「言語」能力を有さない場合もあることに鑑みれば、こうした身体性の問題はむしろきわめて重要な点となるだろう。

たとえば、レヴィナスの第一の主著と呼ばれる『全体性と無限』では、もちろん「他者」への「応答」こそが、「倫理」的な関係の基盤となると述べられているが、その点が同書の結論なのではない。全体で四部構成をとる同書のなかで、第三部はこうした「他者」との倫理的な関係を主題としているが、それに先立つ第二部では、「他者」はほとんど登場しない。むしろ「自我」が身を置く環境（「境域」とか「元基」と呼ばれる）のなかで、視覚・味覚・触覚といったさまざまな感受性を通じて周りの事物に触れるあり方が描かれている。このことをレヴィナスは「糧」の「享受」と呼ぶ。「他者」との対話的な関係に入るに先立って、私たちはつねに自分の置かれた環境のなかで、さまざまな要素を自分のなかに取り込みながら存在している。養分としての食べものの摂取もそうだし、味わったり匂いを嗅いだり、あるいは場所の空気感を察したりすることもそうだ。つまり、人間は場所から切り離されて宙に浮いたように存在しているのではなく、ベッドの上、自宅の寝室、専門的な介護者や家族とともに等々、さまざまな環境との関係のなかで生活を織りなしている。その全体が、「享受」という存在様態を形成しているということだ。ここで重要なのは、「他者」への「応答」だけでなく、そうした環境との関わりのなかでその「生」を送っていることもまた、「私」や「他者」のあり方を構成しているということだ。

第二の主著と呼ばれる『存在の彼方へ』では、このことがさらに「老い」や「傷つきやすさ」といったキーワードとともに語られる（本書第10章も参照）。ここでは、『全体性と無限』における周りの環境からさまざまな「糧」を「享受」するという環境的・身体的な存在のあり方のもう一つの側面が強調されていると言える。人間存在は身体を備えていることによって、さまざまな外的な要素に晒されながら生きている。時間の流れとともに、自分の意のままにならない要素、自分の自由な意志を行使できない要素が（単に社会的な次元においてではなく）自分の身体の次元でさまざまに生じてくる。動かしにくくなる部分、痛みが増していく部分等々とともに生きていくことが必要になる。レヴィナスの見立てとしては、身体的な「苦しみ」や「老い」は、「健康」というモデルから離反するがゆえに矯正したり厄介払いしたりすべきものではない。そうではなく、これらの側面は、そもそも時間の経過から逃れることのできない人間の身体的な生そのもののむしろ構成要素だと考えている。人間の「健康」はめざすべき理念としては重要だろうが、人間の具体的な存在のあり方を観察する現象学の立場からすれば、外部のさまざまな要素に晒され、それを取り込み、「〈同〉のなかの〈他〉」を抱えていることのほうが根本的である。このような存在のあり方をレヴィナスは傷つきやすさ（可傷性）と呼ぶ。

先に見たように、レヴィナスの思想は、これまでの哲学（さらには社会福祉学における援助論すらも）が前提としてきた「能動的・理性的・自律的な「自己決定する」能力を有した近代的主体」という考え方を転覆させた点にその特徴を有することはまちがいない[20]。だが、その転覆の先にあるのは、単に「他者」に応答する受動的な主体という考えだけではない。理性的で自由な主体の転覆は、単に「他者」に向かうのみならず、自己であれ他者であれ、身体を備え環境のなかで「享受」しつつ、さまざまな外的要素に晒されて生きる「傷つきやすい」主体としての人間全般に関わっているのである。

4 レヴィナスの思想と社会福祉とのいくつかのギャップ

以上のようなレヴィナスの哲学的な思想は、ソーシャルワークにおける「他者」への援助のあり方を考える際に多くの示唆を与えるように思われる。だが、その思想があまりに哲学的で抽象的だとして、ソーシャルワーク倫理にレヴィナスを導入することに否定的な論者もいる[21]。とりわけ、先に第二の問いとして提示した、その思想とソーシャルワークの具体的な実践や社会福祉の制度とのギャップを見過ごすことはできないだろう。

第一に、ソーシャルワークの具体的な実践とのギャップについては、先に引用したロシターや児島も当然注意を払いつつ、いくつかの解決を提案している。ロシターは「倫理」と「知識」の二つの次元の関係を認めつつ、むしろ「専門的知識と特異性の倫理のあいだの解消しえない矛盾」を直視すべきだとして、「知識」と「倫理」の双方を行き来する「未決性（unsettledness）」を提唱している(22)。児島によれば、レヴィナス的な「他者への配慮」とは、「認識や思考、科学、交易、ロゴスに先立つ範疇に存する」ものであり、実際の援助関係で求められる他者の対象化や科学的な認識とは次元を異にするものであって、同時に、後者の実践が否定されるわけではない(23)。児島は、「倫理」とは実際の実践に具体的な指針を与える行動規範ではなく、あくまで「援助原理の始原」だと強調している。つまり、レヴィナスの思想は、これら二つの次元の違いを浮き彫りにしつつ、指針ではなく原理的な考察を提供しているというわけだ。

第二に、このギャップは、より広い次元における社会福祉の実践にも見てとることができるもので、むしろこちらのほうが深刻だろう。実際、社会福祉の実践は、以上のようなケアラーとケアされる者の関係という具体的な対人関係に限定されない。言うまでもなく、社会福祉は、単に目の前の「他者」に応答し援助することに限定されず、そうした援助が社会的に組織化・制度化されている必要がある。とりわけ日本では一九九七年の介護保険法の制定をうけ、二〇〇〇年より介護保険制度がスタートしたが、その設立理念として掲げられたのは、これまで家族による、もしくは家庭内で担われてきた高齢者の介護を「社会全体で支え合う仕組み」として整えることである。目の前の「他者」のみならず、「社会全体」が問題になる場合、レヴィナスの「応答」の思想は何をどのように語ることができるだろうか。

第三に指摘できるのは、こうした「介護の社会化」に伴う「標準化」の問題である。社会的な取り組みとしてのソーシャルワークないしケアマネジメントは、近年は少子高齢化の進行とＡＩやＩｏＴを含めたさまざまな科学技術の進展という文脈で新たな展開を示している。近年の社会福祉は、介護の担い手の不足だけでなく、高齢化や専門的な知識のばらつきといった問題に直面しているが、それに対する解決策の一つとして、ＡＩをはじめとする先端技術の活用が模索されている。たとえば、居室に複数のセンサーを設置し、それらをクラウドと結ぶことによって、要介護者の体調の変化を自動的にモニタリングする方法も提案されている。あるいは、ケアマネジャーの経験・技能・知識の差異によるばらつきを防ぎ、ケアプランの作成を効率化・標準化するためにＡＩを活用する試みもみられる。「他者」への「倫理的」支援よりも、実際問題としては「標準化」や「効率化」が喫緊の問題になっている。もちろん、これまで人と人との関係であった「介護」や「ケア」の営為の一部がＡＩなどの先端技術に代替されることについては、誤った判断を下した場合の責任の所在やデータに特有の認知バイアスなどさまざまな倫理的な問題が懸念されている。こうした問題は本論の範囲を超えるが、このように「ケア」が「機械」によって代替されることが、「他者」への

「応答」の思想からどう評価されるかは検討しておくべきだろう。

以上の三つの問題は、さまざまな論点を含むが、要約すれば、個別的な他者への対面関係という次元と、普遍性や標準化が問題となる社会的な次元の二つの次元の関係として整理できる。倫理の個別性と社会の標準性の衝突と言い換えてもよい。こうまとめられるとすれば、問題を考えるための糸口はレヴィナス自身によっても与えられている。なかでも、『存在の彼方へ』という後期の著作で提示されるいくつかの考えのなかでも、(1)「他者」への「応答」を骨子とする「倫理」とは区別される、「正義」という原理、(2)「他者」への「応答」をさらに徹底化させ、自らの目の前にいる他者以外にも「私」は「責任」を負っているという「身代わり」の思想が重要である。

5　倫理と正義の補完関係

レヴィナスの思想は、『存在の彼方へ』を中心とする後期思想において、倫理と正義という二つの概念の区別をよりはっきりと示すようになる。[24]一方の倫理は、上述の「応答」を骨子とする。これは「私」と「他者」の二者の関係であること、そして「私」にのみ義務が課せられる非対称性を特徴とする。これは「顔と顔を合わせる」ような二者間の対面関係であるため、「応答」を向ける「他者」はただ一人のみである。だが、そもそもレヴィナスは「他者」が一人に限られると言いたかったわけではない。「応答」の意義を説明するためにはこうした二者間の非対称的な関係が求められるが、実際問題として、「他者」の「他者」、そのまた「他者」……と、「他者」が複数存在することは当然考慮されている。レヴィナスは、こうした複数の「他者」たち（「第三者」と総称されている）を考慮する際には、「倫理」とは別に「正義」という原理が求められると言う。ここの「正義」とは「公平性」と言い換えてもよい。そこでは、「倫理」においては拒否されていた「知識」や「認識」の必要性が求められ、複数の他者たちの誰に応答するのかを「比較」「計算」する必要すら出てくるとされる（本書第3章を参照）。

レヴィナスの後期思想が打ち出したこの「倫理」と「正義」の関係は、キャロル・ギリガン以降の英語圏の倫理学における「ケアの倫理」という潮流における「ケア」と「正義」の区別と近しい構造をもっている。「ケア」が具体的な個人の個別性・差異・傷つきやすさに関わるのに対し、「正義」は形式・抽象的な観念としての平等性・自律性に関わっている。[25]ただし「ケアの倫理」の思想では「ケア」と「正義」が対立関係に置かれがちであるのに対し、レヴィナスにおいては「倫理」と「正義」はむしろ補完的である。つまり、ある場合には「倫理」を、ある場合には「正義」を行動指針とするという二者択一的な原理が問題になっているのではなく、「他者」関係においては「倫理」が「正義」を支えることが求められているというのである。[26]

このことは、具体例を挙げるならば、正義を象徴する女神とされるテーミスが好例となるだろう。テーミスは、片手には平等・衡平を象徴する天秤を、もう片手には決断を象徴する剣を手にしており、よく裁判所等にその銅像が掲げられている。ここで重要なのは、このテーミスには目隠しをした姿としていない姿という二つの異なるヴァージョンがあることだ。目隠ししたほうは相手の「顔」をあえて見ないことで公正な裁きを下す。レヴィナスにおいても、「第三者との関係」において「顔は顔であることをやめる」(AE, 246/三五九)。だが、これに対し、目隠しをとったテーミスは「顔」を直視し、その個別性に留意する。個別の事情をあえて無視した「公正」としての「正義」は、あくまで、目隠しをとることによって「顔」を直視する「他者」への「倫理」によって補完される、というわけだ。

こうした倫理と正義の補完的な関係は、社会福祉の制度化や標準化の問題を考える際にも参考になるだろう。社会福祉の営みは、それが「社会」を対象としている限りにおいて、目の前にいる他者だけを援助の対象とするわけにはいかない。目の前にはいない複数の他者たちをも平等に取り扱い、誰がケアを担当する場合でもできる限り同等のサーヴィスを提供しなければならない。そうした目的をいっそう効率的に達成するには、AIをはじめとするさまざまな最新技術を活用する必要性も出てくるだろう。けれども、誰にでも妥当する普遍性・標準性を備えた制度や技術は、必然的に個々の人々の個別的な事情をすべて考慮に入れることはできず、各々の「顔」を見ないことにもつながってしまう……だが、そのことは、たとえばAI等の活用における「倫理的配慮」の限界や欠落であるわけではない。レヴィナスに従えば、「倫理」はAIと「他者」とのあいだにではなく、あくまでそれを利用する「私」と「他者」とのあいだにあるのであって、技術的には匿名性が要請されたとしても、その後で「顔」に「応答」する機会が担保されているかどうかが、「倫理」的かどうかを検討する際の鍵となるだろう。[27] いずれにしても、レヴィナスが提示する「正義」は「倫理」に補完されるという考えは、このようなジレンマを考えるための解決策ではないものの一つの糸口になるだろう。

6 「身代わり」と福祉国家

さらに、レヴィナスが同じ『存在の彼方へ』という後期著作のなかで提示した「身代わり」という概念は、先に第二のギャップとして指摘した「福祉の社会化」を考えるための糸口になっているように思われる。

レヴィナスは、一九七四年の同書で、一九六一年の『全体性と無限』の思想をいっそう過激なかたちで発展させている。とりわけこの「身代わり」という概念がそうだ。この「身代わり」とは、『全体性と無限』において対面関係にある「顔」に対する「応答責任」であったものが、いっそう拡張された概念である。『存在の彼方へ』においては、対面関係にない「他者」に対しても応答し責任を負う必要があるとされる。しかも、自分が行なったことに対してだけではなく、他者が行なったことについてすらも、私が「責任」を負わなければならないとされる。しかもこのことが、けっして道徳的な命令ではなく、「私」という「主体」を成立させている根拠となっている、というのが「身代わり」概念の主旨である。

きわめて奇怪な考え方だが、どうしてこのような極端な考えが出てくるのかは、同書の原書タイトル「存在するとは別の仕方で」が示唆しているだろう。ここで批判される「存在する」とは、物理的に実在することではない。そうではなく、自分自身の生存や利害関係を第一の目的として利己的に存在しようとする傾向のことを指している。レヴィナスにとって、伝統的な哲学は多かれ少なかれこうした考えに「私」の存在理由を見出してきた。他者との共存が問題になるにしても、ホッブズにおけるような社会契約などはあくまで「自己の生存」を大前提とした相互安全保障にすぎない。これに対してレヴィナスは、「私」の存在理由はこうした「自己の生存」にあるのではなく「他者のために」応答し責任を負うこと、自分自身が行なっていないことについても「他者の代わりに」「身代わり」として責任を負うことが、「私」の存在理由となっていると述べるのである。

繰り返すが、このような発想は、社会的義務や奉仕を説く道徳論ではなく、あくまで原理的な考察として提示されている。とりわけレヴィナスは、従来の政治哲学や道徳哲学が「私」の「自由」を起点にしてきたのに対して、「責任」や「身代わり」のほうが根源的であると主張することによって、これまでの自由主義的な哲学の伝統に対してラディカルな異議申し立てをしているのである。ところで、この観点からすると、むしろ「身代わり」の発想は、「社会福祉」という制度の根幹と重なっていると言えるようにも思われる。

歴史を遡ると、近代における福祉国家の成立は、それ以前の自由主義的な社会体制を支える自由と責任の論理だけでは立ちゆかなくなり、責任を社会全体で分担する必要性が生じたことに関わっている。[28] 従来の、自由主義的な考え方においては、自分のしたことに対し責任を負うのは当たり前であった。だが、ここで強調すべきは、一八世紀型の自律した主体の自由および自己責任を重視するような自由主義社会においても、「他者」や「弱者」への援助や他者への責任の問題は無視されていたわけではないということだ。もちろん、弱者が弱い立場にいるのはその人の選択の結果であり自己責任であるという型の主張は当然見られた。それにもかかわらずそうした「弱者」の援助は否定されていたわけではない。ただし、こうした社会において援助を肯定するために持ち出される論拠は、あくまで善行や慈愛といった道徳的・宗教的観念にすぎなかった。そこでは、自立した個人の「自由」という原理はあくまで揺らぐことはない。皆「自分のため」に生きるなかで、慈愛や憐れみを抱くお人好しか利他心を自己の評価の向上へと転換しうる計算高い人物であれば、十分に「他者」に「応答」することも可能だったわけだ（もちろん「応答」しないことも自由だ）。

それに対して、福祉国家体制は「責任」という考えそのものに転倒をもたらした。福祉国家において「弱者」への援助が要請されるのは、自分がなしたことに対する責任というパラダイムではない。労働災害や保険などが同時期に制度化されていくことが示すように、災害や事故によって被る被害は、当人の行為に起因するか否かに関わりなく、その人だけに責任を負わせるのではなく、社会全体でその補償は分担されることになる。各人は、自分のなしたことだけでなく、他者のなしたことについてすら、責任と補償を分担することになる。フランソワ・エヴァルドが描きだしたこのような「責任の社会化」のプロセスは、レヴィナスの言葉を用いれば「私のため」を存在理由とする自己責任型パラダイムから、「他者のため」を原理とする「連帯」への転換と捉えることもできるだろう。[29]

もちろん、こうした福祉国家体制がその後直面したさまざまな課題については考える必要があるだろう。だが、問題になっているのは、こうした責任の分有という制度を支えている原理的な問題である。レヴィナスはもちろんこうした社会的連帯の制度化に関する考察を行なっているわけではない。だが、彼自身が自らの「責任」をめぐる議論が「一切の連帯の条件」(AE, 186／二七三)に関わっていると述べるように、こうした「連帯」という社会的な形態の原理を問題にしていることはまちがいない。

すでに述べたように、従来、福祉は「慈愛」といった(多くの場合宗教的な色彩を含む)価値観に基づいて語られてきた。だが、こうした観点は、自由主義的な自律した「強い」個を軸とした観念と一見対立するように見えつつも、親和的、少なくとも相補的になりうるものである。それに対し、レヴィナスは、自由主義的な制度を支える「私」先行型の議論とは別の仕方で、「他者」先行型で「私」のあり方を説明しようとしているわけだ。しかもそれは目の前にいる「他者」に対して「応答」することのみを重視する行動規範ではない。問題になっているのは、そうした個別のケースではなく、「一切の連帯の条件」である。レヴィナスが「身代わり」という概念で提示した、自分が行なったことではないことについても他者の代わりとして責任を負う、という考えは、このような意味で、社会的な存在としての人間存在の存在理由に関わっていると言うことができるだろう。

以上見てきたように、レヴィナスは社会福祉について直接言及したわけではないとはいえ、両者のあいだには密接に交差する論点が多々ある。それは単に「他者」というレヴィナスの発想がソーシャルワークの原理的な考察の参考になるというだけではない。「享受」や「傷つきやすさ」をめぐる「身体」の現象学、「倫理」と「正義」の補完的関係、さらに「身代わり」をめぐる「応答責任」概念の拡張といった、レヴィナス哲学の核心をなす諸論点は、それぞれ社会福祉のさまざまな側面を照らし出すものとなるだろうし、逆に、かなり複雑で抽象的に見えるその思想を理解するための具体的な事例を社会福祉の実践のなかに見出すこともできるだろう。いずれにしても、今日、社会福祉という営みが政治的・経済的・社会的などさまざまな理由で困難な局面を迎え、改革や新しいモデルの提案を必要とするようになっているように思われるが、それでも援助が必要な他者に対して援助を差し向けるという意味での福祉（あるいはソーシャルワーク）の必要性が残り続ける限り、原理的なレベルでこうした他者関係の意義を考え続ける必要があるだろう。その際に、きわめて抽象的ではあるものの、人間的主体に対する従来の考え方の根本的な問いなおしを提案するレヴィナスの思想には改めて耳を傾けるところがあるだろう。

第10章　「食べること」と「老いること」

コリーヌ・ペリュションに

食べること、それは言うまでもなく人間が生きていくうえで欠かせないことだ。欠かせないばかりでなく、楽しいことでもある。それもあってか、食べることは哲学者の考察のテーマとなってきた。レヴィナスにおいても、食べることは、「糧」という概念とともに、重要な位置を得ている。ただし、本章ではこの「食べること」と「老いること」を結びつけて考えてみたい。というのも、一見するとあまり交わることのなさそうなこの二つの主題は、レヴィナスからすると、きわめて本質的な点で重なり合っているように思われるからだ。

このような重なり合いは、筆者自身がレヴィナスを読むなかで徐々に関心を寄せていったものでもあるが、とはいえ、コリーヌ・ペリュションというフランスの哲学者の考察に触れるにつれ、この関心はいっそう深まることになった。ペリュションは、『レヴィナスを理解するために』というレヴィナスについての概説書を書いているが、レヴィナスの専門家というわけではない。その専門はむしろ生命倫理、環境倫理、動物倫理等の倫理学および政治哲学にある。(1) ただし、ペリュションは、英語圏の倫理学や政治哲学への豊富な知識をもちつつ、レヴィナスやリクールらの現象学的な哲学の方法論にもかなり通じており、そのアプローチおよびパースペクティブの広がりは特筆すべきものがある。そうした独特の立ち位置ゆえ、彼女の仕事からレヴィナスを読み返すと、レヴィナスのきわめて重要な側面が際立って現れることがある。それがもっとも現れるのが「食べること」と「老いること」だと思われる。

「食べること」と「老いること」がどこで関わるか。端的に言って、それはいずれも、「私」のなかに「他」を取り込むことだという点にある。レヴィナスが『存在の彼方へ』で述べた「同のなかの他」という考えは直感的にはなかなか理解しにくいが、ペリュションを媒介にして「食べること」と「老いること」の重なりを見ていくと、この「同のなかの他」という考えについても、いくらかの見通しがついてくるだろう。それだけではない。「食べること」のほうは、とりわけ「糧」や「享受」といった概念とともに『全体性と無限』のなかで論じられていたのに対し、「老いること」のほうはもっぱら『存在の彼方へ』のなかで論じられるのだが、「食べること」と「老いること」の重なりは、これら二つの本を貫く関心を垣間見させてくれるばかりでなく、そのあいだにある観点の移動――「転回」とは言うまい――も浮き彫りにすると思われるのである。

1　食べること

『全体性と無限』における「食べること」

今触れたように、レヴィナスは『全体性と無限』において「食べる」ことを、「糧」の「享受」という見地から取り上げている。

「享受（jouissance）」は、「糧（nourriture）」を吸収するという意味で「によって生きる（vivre de）」ことをその基本的な構造としている。「糧」とは、その語が想起させるような、ものを食べたり飲んだりするという摂取行為だけを指すわけではない。享受は、同根の英語の enjoy がわかりやすく伝えるように、糧を吸収することで楽しさ、快楽や幸福といった感情を得るという側面をもっている。つまり、享受は、単に食べることによって養分を吸収することと同じではない。美味しい食事の場合にはたいていそうであるように、味覚だけではなく、見ること（視覚）、匂いを嗅ぐこと（嗅覚）、その手触りや喉越しを感じること（触感）といったさまざまな感覚が連動して「美味しさ」を感じとっているだろう。[2] 食事ばかりでない。街を散歩するときでも、単に目にした景色や歩行数（およびそれに相関したカロリー消費）のみがその行為を構成するわけではなく、街の匂いを感じたり、足が道路の抵抗を感じたりといったさまざまな感覚が連動している。実際、興味深いことに、レヴィナスは「享受」の対象となるものの具体例として「大地、海、光、都市」を挙げている(TI, 138/二三一)。「糧」には、「大地」や「海」、「光」など、自我を取り巻くいわゆる「自然」的な環境がそこに含まれるのはもとより、都市のような人工的な環境も含まれるのだ。

筆者は研究目的で何度かフランスに足を運んでいるが、かつては土産として当地の比較的安価な白ワインを日本によく持ち帰っていた。しかし、あるとき——たしかパリのカフェのテラス席だったと思う——ふと気づいたことがある。辛口の白ワインのあのフレッシュさは、気温は比較的高いけれども乾燥したフランスの夏に喉を潤すにはもってこいだが、日本のような高温多湿の夏にはむしろビールやハイボールのような炭酸が好ましいのではないか、ということだ。ワインを飲むということに関しても、その味、喉越しだけでなく、取り巻く気温、場所、あるいはそれを注ぐ瓶や飲むためのグラス、グラスの手触り、いつ、誰と飲むか、そうした環境全般が関わっている。

同じことは別の角度からも言える。コロナ禍において大打撃を受けた観光業は、ステイホームの状態でもなんとか「観光」気分を味わってもらおうと、策を巡らせた。「観光」とは、一説によれば「国の光」を「観る」ことに由来するようだが、「観る」だけでは「観光」たりえない。たとえば神戸観光局は、「五感で神戸　Feel KOBE at home」というプロジェクトを立ち上げ、特産の食品を宅配して「舌で味わう」こと、「香り」や「肌触り」や「音色」を楽しむというかたちで「五感」に総合的に働きかけることを提案した。(3) コロナ禍のように、これまでの「当たり前」が崩れたとき、そもそも「観光」とは「観る」という視覚ばかりでなく、五感を総合した営みであったことが露呈したわけだ。レヴィナスの「享受」もまた、これらの例のように、人間の身体が環境とどのように全面的に、あるいは多層的に関わっているかを対象にしていると言えるだろう。ただ、レヴィナスは、こうした環境全体の構造を俯瞰的に記述しようとするのではなく（後に見るようにこれを試みたのがペリュションである）、現象学者として、「私」という主体がこのようなさまざまな環境にどのように触れているか、そこからどのような影響を受け取っているかを、あくまで問題としている。

ちなみに、影響と言ったが、「糧」は基本的に「私」の外部からやってくるものである。その意味で、「享受」は、広い意味での「他者」（あるいは「他なるもの」と言ったほうがよいだろう）を「私」の内部に入れること、体内化することである。タンパク質は私の筋肉となり、必要以上の糖質は中性脂肪になる……。

ただし、「享受」がこうした「他者」を取り入れる「行為」だと言うだけでは正確ではない。レヴィナスにとって「享受」とは、「私」の生の内実をなすものだからだ。「享受」とは、「〜によって生きる」ことだと言われるが、それは、行為というより、生の状態を指す。行為であれば（たとえば「書く」という行為がそうであるように）、それを途中で中断することができるが、「享受」はそのように中断することのできる行為ではない。ワインを飲むという行為なら中断することができるが、それが喉を通るときのフレッシュさ、それで引き起こされる心地よいという状態を途中で中断することはできない。この意味で、「享受」とは「生きている」ということの内容そのものである。

「享受している」こと自体を「享受する＝楽しむ」。そこでは、「対象との関係とこの関係に対する関係」の双方が「生」の内実をなすということなのである（TI, 114／一九三）。

何かを食べるとは、食物を口を通して胃のなかに入れ、そして消化して排泄物として出していくという、物理的な移動のことだけではない。何かを食べて「美味しい」（あるいは「不味い」「苦い」「辛い」）と感じること、胃のなかで消化されていったりうまく消化されずに腹痛を覚えたりすること、そうした関わりがどれも「生きている」の内実となっているということだ。（念の為言っておけば、これは必ずしも生きている実感を覚えるとか、快楽や充実感を覚えるといったことではない。不快感や不満足感を覚えることもまた、「享受」のあり方の一つである）。

レヴィナスのこのような享受論はどこから出てきたのだろうか。論点の置き方によっていろいろな説明ができるだろうが、レヴィナス自身においては、フッサールによって創始された現象学における、自我と環境との関わりの議論を深化させる、あるいは別の言い方では批判的に継承することが重要だったことは確かだろう。

実際、一九五〇年の哲学コレージュ講演でレヴィナスはすでに「糧」を主題にしている。そこでは、フッサール現象学は（当時参照することができた資料に基づくかぎり）視覚中心主義、主体中心主義の批判にとどまっているとされる。「私」の存在のあり方を全体的に見渡した場合、「私」は世界のなかにつねにすでに置かれているのだから、「見る」こと（あるいは「思考する」こと、「意識すること」）以外にもさまざまな関わりがあるはずだ。それゆえ、思考や意識化を支える「裏側」を明らかにする必要がある、というのがレヴィナスのもともとの動機だったと言えるだろう（O2, 163／一六五）。

もちろん、ハイデガーの世界内存在の分析、とりわけ用具性の分析は、こうした視覚中心主義的な世界との関わりに異議を唱え、「私」が身をおく場所と「私」が織りなす関係を描くものであった。世界は、そのなかに投げ込まれた私との相関的な関係によって意味づけを得ている。こうした世界との関わりをハイデガーは記述することができた。

しかし、レヴィナスにとってこのハイデガーの「現存在」は「お腹が空かない」。ハイデガーは「用具」という観点で世界との関わりを捉えていたが、「享受」という身体的、感性的な観点は不在だった。レヴィナスが注目するのは、「用具」のように何か別のものの「ために」摂取される栄養部分としての食糧ではなく、それを「食べる」という営み自体である。食べることの対象に限らず、「私」と関わる事物は、単に「用具」として、つまり同じ目的を達成できるものが他にあればいくらでも交換がきくものとしてではなく、「糧」として、つまりそれとの感性的な関わりが問題となるものとして現れる。たとえば「椅子」についても、「用具」としての椅子は、座ることができればいくらでも同じ機能を担うものはありうる。しかし、「享受」の対象としての「椅子」は私との身体的で感性的な関係の観点から問題となる。「座り心地の良さ」が問題となる以上、同じ機能を満たすからといって代替物はなかなか見つからないのだ。

いずれにしても、「享受」の概念はこのようにして、「私」を中心とした世界における、さまざまな事物との身体的な関わりを描き出してくれる。「享受」とは、「エネルギーの回収を目指したもの、自己の保存を目指したものではない」。「享受」は、何かの別の目的のためにあるのではなく、自足的なもの、「自己のために」なされるものである。この意味で『全体性と無限』では、「享受において、私は絶対的に私自身のためにある（pour moi）」（TI, 142／二三六）。「享受」はこのように、「私」を起点に、「私」が自らの身の回りの事物、あるいは他者たち、自然や都市といった環境とどのように関わっているかを描き出してくれるのである。

コリーヌ・ペリュションの「糧」論

こうしたレヴィナスの「享受」の議論は、これまでもそれなりに注目を集めていた。ただ、一時期のレヴィナス読解においては、今見たような享受における「私のために」の自己中心的な性格をめぐって、むしろ批判的な見解が見られていた。『全体性と無限』第二部における「享受」についての考察は、「私」のこうした自己中心性を際立たせるためになされているのであって、続く第三部において登場する「顔」との出会いがこうした自己中心性を打ち砕き、「顔」という「他者」への応答可能性を開く、という解釈だ。

けれどもこうした解釈は、先に見たような、「享受」がレヴィナスの関心のなかでどういう役割を占めているのか、それが現象学の継承という観点でどのようになされているのか、という問いにはあまり触れてはいなかった。むしろ今日では、レヴィナスの「享受」の分析を、環境のなかで生きる主体の存在様態をめぐる現象学的分析として肯定的に評価するという見方が一般的だろう。

こうした方向性をはっきりと示し、レヴィナスの「享受」論の意義を最大限評価し、さらに射程の広い「糧の哲学」を展開したのがペリュションであった[4]。

ペリュションは、一方ではレヴィナスの「享受」論を「糧」論として、つまり基本的に「食べること」に特化した読み方をする。他方で、このように「食べること」に特化しつつ、レヴィナスがとどまっていた現象学的分析という枠内をはるかに飛び越えて、環境倫理学、政治哲学におよぶ接続を試みるのである。

ペリュションの『糧――政治的身体の哲学』は二つの部に分かれている。第一部は「糧の現象学」と題され、レヴィナスの「糧」論に基づく現象学的な考察、さらにそれに基づく環境倫理学的な考察が展開される。第二部は「共通世界の創出」と題され、社会契約、民主主義、さらにコスモポリタニズムなどの政治哲学的な主題が扱われる。以下では主にその前半の議論に焦点を絞ろう。

ペリュションは同書の冒頭で、レヴィナスの「享受」概念を引き合いに出しつつ、自らの試みを次のように提示している。「「〜によって生きている」主体の身体性を勘案するならば、人間を自然から分離することをやめ、自然／文化の二元論を克服することによって、生物学的であると同時に社会的かつ自然環境的な実存の諸条件を浮き彫りにする必要がある」（『糧』六頁）。このように、出発点にあるのは「食べる」主体、「身体」をもった主体の存在のあり方を条件づけている社会的、政治的、そしてエコロジー的次元への関心だ。

ペリュションのエコロジーへの関心は、その仕事全体にも関わっていると思われるだけに、もう少し付言しておこう。『糧』の序論によれば、「エコロジー」とは、「生物が生き、生み殖やされる諸々の環境についての研究」であるだけでなく、「生物たちの実存の環境と条件についての学」でもある。しかもここでの「生物」とは、「人間たちと諸々の動物――これらは苦痛を感じるという意味で感性的な存在である――、諸々の植物――これらは周囲の環境と相互作用し合う――、ならびに、諸々の生態系――これらは有機体ではなく、刺激反応的でもないが、自ら発展し、回復能力をもち、この回復能力は、われわれの土地開発の仕方次第では脅かされることがある――である」（『糧』九頁）。このように、ペリュションは人間たちが動物や植物や生態系と関わりながらどのように実存しているか、どのように「大地に住まうか」、その条件を問おうとしている。(5)

こうした試みのためにレヴィナスの「糧」および「享受」の思想が参照項となるのは、レヴィナスが「飢えた人間の傷つきやすさ」を強調するからである（『糧』一五頁）。人間が「飢える」ものであること、「傷つきやすい」存在であることを認めることは、ペリュションによれば、「人間を第一に自由として考える哲学」、すなわち「選択する能力、選択を変えることのできる能力として自由を定義する哲学」に「断固反対」することである。人間の主体的な能力や行為を基盤にするのではなく、それが「糧」という自らを取り巻く環境に依存しており、外的な刺激により場合によっては「傷つきやすい」という受動性を基盤とするという側面こそ、ペリュションがレヴィナスに見出したものと言える（『糧』一六頁）。

とはいえ、ペリュションはレヴィナスの「糧」の思想をそのままのかたちで援用するわけではない。「レヴィナスとは違って、われわれは、自己との関係から他者および他者たちとの関係への移行、享楽の次元から倫理の次元への移行のなかに断絶があるとは考えない」（『糧』一六頁）。レヴィナスは、『全体性と無限』第二部の享受論では「倫理」を語らず、「倫理」はあくまで「顔」と呼ばれる人間的な他者との関わりにおいて問題になるとしていた。ペリュションはこうしたレヴィナスの用語法に逆らってでも、動物や植物や生態系といった、いわば「人間ならざるもの」との関わりのうちにも「倫理」を見ようとするのである。

このように、レヴィナスの「糧」の議論を批判的に拡張するという点でも、ペリュションの議論は興味深い。この批判的な拡張がどのようになされるのかをもう少し見ておこう。

レヴィナスの議論は、上述のように、あくまで現象学的な分析として、「糧」を通じた主体の実存様態の記述に向けられていた。ペリュションもまた、「グルメなコギト」という表現を用いて、単に「思う」だけではなく、食べること、また食べるのを楽しんだり欲したりすることを人間の存在の基本的なあり方とみなす（『糧』三六頁）。その角度から、「口」における味覚、皮膚における触覚における感受性が問題となるわけだ（この点はレヴィナスを踏襲しているだろう）。

だが、ペリュションの考察はこうした身体における感受性の次元にとどまらない。「私がリンゴをかじり、食物が私の舌の上に置かれ、私がこの食物を摂取し身体に取り込み、自分を再び元気にしてくれるエネルギーをそこから汲み取るとき、私は事物との関係、環境との関係、そして世界や私の真のあり方を表現する関係のなかに身を投じているのである」という印象的な一文を残しているが、ここに現れているように、糧の享受における「身体に取り込む」という面と、「私」と「環境」ないし「世界」との関係の双方にいっそうの目配せをする。別の言い方をすれば、「口とは、身体と世界、主体と社会、私と他者たち、個人と自然、人間と動物のあいだにある諸々の関係と交換の、多彩で動的なネットワークの中心点」でもある（『糧』四六頁）。すなわち、「食べること」は、単に口を通じた糧の摂取にとどまらず、誰と一緒に食べるのか、どこで食べるのか、どのように食べるのか、何を食べるのかという、「他者たち」（人間、動物、植物等々）や「世界との関係」（食事の場や環境）と切り離せないのである。(6)

まずは誰と食べるか。他の外国語には相当する語がないようだが、フランス語にはグルマディーズ（gourmadise）という表現がある。これはまさに味わい深く食べることへの欲求であり、食を通じて「他者たちと共に生きる技法」であるとされる。食べること、食事は生理学的な栄養摂取には還元できず、まさに「共生（コンヴィヴィアリティ）」に関わっている（このことは、いわゆる孤食や「ぼっち飯」の問題とも関連するだろう）。

どこでどのように食べるか。「茶の湯」と題された節で唐突に岡倉天心が引かれ茶道における茶室の構造や座り方や飲み方の作法に言及されているが、それも、まさに食べることの「共生」が、どこでどのように食べるかという社会的で文化的な慣習と絡み合っていることを、茶道がはっきりと示しているからにほかならない。

どこで食べるかという問いは、茶室やレストラン、はたまた食堂やダイニングといった実際に食事を行なう場所に関わるだけではない。ペリュションは第二章の一節を「住まうこと、建てること、耕すこと」と題し、ハイデガーから和辻を経てオギュスタン・ベルクにいたるまで、「地理的環境」ないし「風土」が食べることとつねに結びついていたことを指摘する。

「地理的環境」は食べる場と関わるだけではない。食べものとなる「糧」が生産される場や様式とも関わっている。私たちが食べるこの「糧」はどこで、どのように作られているのか。都市化が進み、都市と農村とが区別されるにつれ、自然環境に依存するかたちで生産されていた野菜は、生産性の向上によって人工的にも製造可能になっている。ペリュションが触れるところによると、スーパーに陳列された魚の切り身に慣れた私たちは「魚」がどこでどのように生息しているか知らないままそれを食することもある（『糧』五七頁）。このことは、畜産をはじめとする食糧生産の工業化・技術化の問題とも結びつくし、動物の苦しみや肉食の是非といった問題とも結びつく。このように、ペリュションの「糧」をめぐる考察では、現象学と動物倫理や食糧倫理とが架橋される。

何を食べるか、という問いは、食べるものがなにもないという状況にも関わる。これは一方では、「飢え」ないし「飢餓」の問題である。とりわけ問題なのは、自然災害や紛争等による食糧危機の問題だ。こうした問題は、生産体制ばかりでなく、その流通や分配のあり方、あるいはそれを支える思想的な基盤にも関わる（ここでペリュションはアマルティア・センのケイパビリティ・アプローチを参照している）。同書第二部で検討される正義論やコスモポリタニズムの問題もここに関わるだろう。

他方で、この問題は逆に個人の内面にも関わる。ペリュションは「食べること」をめぐる過食症や拒食症といった病理的な問題に触れることも忘れてはいない。この問題もまた、精神療法的アプローチに加えて、「食べること」を、食べるものやいっしょに食べる人との関係に注目して考察する現象学アプローチから考察されている。

以上のように、ペリュションは、レヴィナスから引き継いだ「糧の現象学」の視座を、きわめて多面的に展開し、「食べること」を起点に、いかにわれわれの生が、植物、動物、他の人間、社会、文化、政治、そして環境といったさまざまな次元と結びつき、これらに依存しているかを示しているのである。

2　老いること

ペリュションは、『世界を修復する——人間、動物、自然』という近著において、『糧』で示された観点をいっそう具体的な論点に絞って論じ、動物の権利、気候変動、脱炭素社会の問題などを取り上げている。だが、同書を締めくくるその最終章の主題が「老い」であるのは興味深い(7)。

とはいえ「老い」をめぐるペリュションの関心は、意外なことに『糧』から通底している。『糧』

における「食べること」をめぐる分析が、人間の実存様態を他者・動物・環境といった「他なるもの」への従属という観点から見ることで、自由で自律した人間主体という考えと袂を分かつことを起点にしていたとすれば、「老い」についても、「自律」の名のもとに自己のパフォーマンスを最大限に発揮することが求められる社会の規範に対して、「老い」を起点とすることで、人間の存在のあり方、他者や社会との関わりのあり方を別様に考えることを目指しているからだ。ここには、「現役でなくなった構成員をどう処遇するかによって、社会はその真の相貌をさらけ出す」とし、「老い」が「人間相互のすべての関係をつくり変えねばならない」と述べたボーヴォワールの影響を見てもよいかもしれない(8)。実際、後で述べるように、ペリュションはこうした企図のもと、これまでの社会の指導的な原理であった「自律の原理」に対し「傷つきやすさの原理」を提起しようとするのである。

ところで、ペリュションも同書で触れるように、レヴィナスにおいても、実は『存在の彼方へ』において「老い」は秘められた主題となっていた。しかも、レヴィナスの「老い」について詳しく見ていくと、それは『全体性と無限』に見られた「食べること」との関わりのなかでむしろ理解すべきものに思えてくる。ペリュション自身は「食べること」と「老いること」を結びつけているわけでもないし、レヴィナスの「老い」についてまとまって考察をしているわけではないが(9)、ペリュションに示唆を得て「食べること」と「老いること」とのあいだの結びつきをしばし考えてみたい。こうすることで、ペリュションが提示する「傷つきやすさの原理」の意義もいっそうはっきりしてくるだろう。

享受から傷つきやすさへ

『全体性と無限』と『存在の彼方へ』との関係については、そこにデリダの批判による「転回」があったとする解釈は今日ではあまり支持できないが、とはいえ多くの変化があることは確かである。「享受」や「食べること」といった、『全体性と無限』では一つのセクションの主題となっていたテーマですら、次著では言及される回数は減っていく。ただし、こうしたテーマがもはや検討の対象外になったわけではない。たとえば次のような見解は『存在の彼方へ』でも保たれている。

食べる主体だけがもっぱら、「他者のために」でありえ、あるいは、意味することがありうる（AE, 119／一八一）。

ここには「食べる主体」への関心が確かに引き続き保たれている。しかし同時に、見過ごすことのできない変化がある。先には「享受」の本質は「自己のために」にあるかのように語られていたが、ここでは「他者のために」というかたちで逆転しているからである。

平石晃樹《こうき》がこの一節に注目しつつ的確に指摘しているように、『全体性と無限』と『存在の彼方

へ』とのあいだには、「享受」から「傷つきやすさ（可傷性）」へ、と言うことのできる展開がある。(10)

この「自己のために」から「他者のために」への逆転は独特のかたちをしている。『存在の彼方へ』においては「傷つきやすさ」は「その反定立とは別のかたちで享受を前提としている」と言われるように（AE, 80／一五九）、「傷つきやすさ」は「享受」を弁証法的に否定し、乗り越えていくものではない。「感受性が傷つきやすさでありえるのは、それが享受であるからにほかならない」（AE, 93／一八一）とされるように、「享受」はつねに「傷つきやすさ」を支える条件となっているのである。

こうした「享受」と「傷つきやすさ」の関係は、「食べること」に対する「老いること」の関係を見ていくことでいっそう明らかになるだろう。

「傷つきやすさ」としての「老い」

『存在の彼方へ』のなかで「老い」はそれほどクローズアップされているわけではない。ただし、それほど多くない用例を見渡すと、「老い」はかなり具体的な考察を施され、同書全体にとっても重要な主題の一角をなしていることがわかる。

まず注目すべきは、「老い」が、老化や老衰をめぐる生理学的な観点でも、他者からの目線や「老人」をどのように認識したり扱ったりするかといった社会学的な観点でも捉えられていないことだ。ボーヴォワールは「老いは実存的規模をもっている」とし、「老いは時間に対する関係を変え、したがって世界に対する、そして彼自身の歴史に対する彼の関係をも変える」と述べた。[11] これから見ていくように、レヴィナスにおいてもまさしく「老い」は「時間に対する関係」として、あるいはより正確には「時間」という「関係性」そのものの構造として考えられている。しかし、ボーヴォワールにおいて老いは「たんに生物学的事実であるだけでなく、文化的事実」として、むしろその社会的な側面において論じられていたのに対し、[12] レヴィナスにおいてはかなり現象学的な観点で捉えられている。

この「老い」の現象学的な分析は、表面的には次の二つの性格をもつ——のちに見るように、これらは実は同じ一つなのだが。一つは「身体」的な性格、もう一つは「時間」的な性格である。まずは「老い」の「身体」的な性格のほうを見ておこう。ここで「老い」は、自らの身体のうちに、自らの思うようにならない部分が現れてくることとして考えられる。いささか長いが、決定的な箇所であるので省略せずに引用しておきたい。

主体の主体性は、まさにこの、再把持できないこと、当為を超えた負債の増加である。それは、いわゆる肉体的な苦痛を受け、侮辱と傷、病と老いに晒された身体性において堆積した敵対性(adversité)である。しかしこの敵対性は、身体の最初の努力である疲労の敵対性でもある。主体としての私の受動性、他者に対する私の露呈が肉体的な苦痛であるがゆえにこそ私は搾取されうるのであって、私が搾取されるがゆえに他者に対する私の露呈が絶対的に受動的な、すなわちあらゆる引き受けを排除した、我が意に反したものになるのではない。身体性の運動は疲労であり、その持続は老いなのだが、このような身体性の相のもとでこそ、意味作用——他者のための一者——の受動性は、能動的でなく忍耐になる、言い換えれば、それ自体で感受性であり、あるいは苦痛の切迫となるのである（AE, 71／一四一。強調は引用者）。

肉体的な苦痛、侮辱、傷といった言葉が並ぶが、たとえば他人から侮辱されたり、事故で傷を負ったりといった具体的なケースが問題になっているのではおそらくない。「敵対性」と言われているものは、明白に「敵」として認知される存在であるよりは、「私」が統御できないもの、私の「意に反したもの」として、気づかずして私の「身体」のを苛《さいな》んでくるもののように思われる。

以前だったら徹夜をしてもそれほど疲れを感じることはなかったのに、今となっては疲労を感じる、ということがあるだろう。筆者自身も、せっかちのため歩くのは速いほうだと自認していたのだが、最近では自分では早足のつもりでもどんどん抜かされるようになってきた。身体が私の意図のとおりに働かず、「意に反した」振る舞いをしている。意識せずとも、「意のままにならない」ものが私の身体に巣食っているのだ。

ただし、痛みや疲労、身体機能の低下などが生じること自体が「老い」の証だというわけではない。むしろ問題となっているのは、そうしたこれまでの私の身体のなかにはなかったもの、今後もできれば避けておきたかったものが突如現れ、それにつきあって生きていかざるをえなくなることである。身体をもって生きるとは、そうしたものに晒されていること、「受動性」や「傷つきやすさ」をもって生きざるをえないことだと言うこともできるだろう。「老い」がこうした身体の「持続」の仕方だというのはそのような意味で理解することができる。

　レヴィナスの思想の形成という観点から見ると、「疲労」や「苦痛」に焦点を当て、人間の存在のあり方にはこうした「身体」における受動的な要素が本質的に関わっているとする分析は、「逃走論」や『実存から実存者へ』といったレヴィナスの初期の仕事のなかでもすでに現れていた。「我あり＝私は存在する」とは、水槽脳の実験で偽造できる経験のことではなく、切れば血が出る身体をもって私が存在することである。「疲労」や「苦痛」とは、私が身体をもっているせいで、できれば避けておきたいがそうするわけにもいかないような「他なるもの」が私にとりつき、逃れがたく重荷になっていることを明示するものにほかならない。『存在の彼方へ』では、こうした分析のなかに「老い」が付け加わることになるわけだ。

　もう一つ目を引くのが、レヴィナスが『存在の彼方へ』において、このような「老い」の経験における「我が意に反して」という語を強調し、かつそれを「応答可能性＝責任」に結びつけることだ。

> 老いという隔時的時間性としてのこの存在者の存在の相においてこそ、トラウマを与える衝撃のような直接的な呼びかけへの応答が私の意に反して生じる（AE, 68／一三六。強調は原文）。

「老い」とは、トラウマのように私の記憶には回収されなかったものが、それでもやはり私に現れる出来事であると同時に、それに対して私が「意に反して」、不承不承「応答」することを迫られる時間だというのである。このことはどういうことだろうか。少し先でレヴィナスはさらに次のように説明を付け加えている。

それは、自分自身の寛大さによってすら引き受けられることのない〈自らを捧げること〉である。受苦としての、自ら自身の意に反する（malgré）善性としての〈自らを捧げること〉。この〈意に反する（malgré）〉は、障害による妨げを受けた意志へと解体することはない。それは、生であり、この生の老いであり、回避しがたい応答責任である――〈語ること〉である（AE, 70／一三九）。

「生の老い」とは、「敵対性」をもった「意に反する」ものである一方、「善性」として「自らを捧げる」ということでもあるという。「自らを捧げること」、もちろんそれは、一つの「贈与」のあり方だ。普通、贈与は対抗贈与を伴っていて、自分が何かを提供すれば、それに対して返礼があり、結局は自らの利益になることが予定されている。あるいは、推薦入試での加点を見込んだボランティア活動のように、最初から自らへの利益を見込んで自己犠牲的なかたちで贈与をすることもある。しかし、ここで問題になっている〈自らを捧げること〉は、かなり独特なあり方をしている。それは単に、自らへの利益をあてにした贈与でないばかりでない。通常、こうした自らへの利益をあてにしていない贈与は、「寛大」とか「慈愛」といった名のもとに考えられてきた。相手から愛されることを求めない神の「慈愛」から、自分の財産を惜しみなく提供する富者の「寛大」がそうだし、一般に「慈善」と言われるものもそうである（ちなみに「チャリティ」のラテン語源の「カリタス」の訳語は「慈愛」である）。しかし、「生の老い」における「自らを捧げること」は、上の引用で言われるように、「寛大さによってすら引き受けられることがない」。このことはやや錯綜しているので、もう少し細かく見てみよう。

『存在の彼方へ』では、こうした一見すると「寛大」に見える自己贈与的なあり方が何度も描かれる。日本の読者にとっては、やなせたかしの『それいけ！アンパンマン』におけるアンパンマンのことがどうしても想起されるが、自らの口元にあって食べようとしている「パン」すらも他者への贈与する、という例が幾度も出てくる。この自らの口元のパンを他者に渡す、という贈与は、きわめて「寛大」な贈与に見えるが、実のところこの事例は「生の老い」における「意に反した応答」を説明してくれるだろう。

実際、「パンを貪る口からこのパンを引き剥がして他者に与えること」は「自我の核が染み込んでいた享受の核を破砕すること（dénucléation）」（AE, 81／一六〇）だとも言われている。つまり、この寛大な贈与は我が身の安泰を保ってなされるのではない。自らの「顔」を相手に贈与するアンパンマンが自らの力を失うように、まさに我が身を削って、自らを差し出すことが問題となっているのだ。もう一つ重要なのはここでの「他者」である。パンの贈与の例はこの点でむしろミスリーディングなのだが、問題になっているのは、目の前の飢えた他者に糧を授けるという道徳的な義務ではない。力点は明らかに、「寛大」さや「善性」よりも「自ら自身の意に反する」に置かれている。「老い」において問題となっている他者とは、「私」の「現在」に対して襲来してくる他者、具体的に言えば苦痛や疲労のようにして、私の身体に介入してくる「敵対」的な「他者」のことである。これに対し、「享受」の主体でもあるところの「老いる」主体は、好むと好まざるとを問わず、「身体」（あんぱん）をもっている。この身体が、襲来する他者に耐え、しかしそれに押しつぶされて我が身を無とするのではなく、それに不承不承応答すること、これが寛大ならざる「意に反した」贈与であり、「生の老い」の基本形式なのである。具体的な何かを贈与するのではない。身体をもった私がそうした「他者」に晒されながら存在すること自体が「自らを捧げること」なのである。

意外なことに、このような角度から考えてみると、「老い」とは、自らの「身体」のなかに、私のものではなかった「他者」を招き入れるという点では「食べること」に似ている。しかし、「食べること」が私に美味しさや満足感をもたらすのに対し、「老いること」において私にやってくるのは、苦しみや痛みなど、できれば引き受けたくなかったもの、「敵対的」なものである。
とはいえ、迎え入れられるものが望ましいかどうかという点で正反対に見えるからといって、そこに対立関係を見出すのは性急だろう。薬がつねに毒となるように、美味しさや苦さは「他者」そのものの性質ではない。美味しいものに対しても敵対的なものに対しても、あえていえばこのような敵／味方の区別を超えて、いずれの「他者」にも受動的に開かれ、それらを受容することこそが、そもそも「私」の構造をなしているのだ。

いや、単に「他者」に開かれているだけではない。この「他者」は私のなかに、それこそ「皮膚のなかに」入り込んでくる。注目すべきことは、『全体性と無限』のなかでは、享受の場として描かれていた「心性（psychisme）」が、「同のなかの他」として描かれていることだ。「心性は、受肉のような装いで、自らの皮膚のなかにあること、自らの皮膚のなかに他者を抱くことのように、疎外のない同のなかの他性を意味しうる」のである（AE, 146／二六六）。ジャン＝リュック・ナンシーにおける他者の「心臓」のようにして[13]、「同」の只中に他者が入り込んでくる。「苦痛は、享受において、自らにおいて喜びを得て自らの生を生きる生において鼓動する「他者のために」の心臓そのものに入ってくる」（AE, 72／一四三）。このように、自らの身体のなかに入り込んでくる苦痛、自らの意のままにならない他なるものに受動的に身を晒し、それに応答し、それとともに生きることこそが、レヴィナスにおける「老い」の第一のかたちだと言えるだろう。このようにして、「老いること」は、「他なるもの」へと我が身を晒すという「傷つきやすさ」の典型的なあり方を示しているのである。

「時間」としての「老い」

しかし、以上はあくまで「老い」の一つの側面、静態的に見た場合の側面にすぎない。先の引用に現れていたように、「老い」は「持続」として、「時間」の流れそれ自体に関わっている。いや、単に関わっているだけではなく（つまり「老い」を総合的に考えるにはその時間的な側面を考慮することが欠かせないというだけでなく）、『存在の彼方へ』が提示しようとしている「時間が過ぎ去る」という現象そのものの構造を具体的に示すものが「老い」なのである。

> 時間が過ぎ去る（Le temps se passe）。忍耐強く出来上がるこの綜合——深遠にも受動的綜合と呼ばれるこの綜合は、老いである。それは、年月の重みのもとで破裂し、現在から、言い換えると再現前から不可逆的に引き剝がされる。自己意識においてはもはや、自己の自己への現前があるのではなく、老化（senescence）がある。記憶の回収を超えた老化としてこそ、時間は——回帰なき失われた時は——隔時的となり、私に関わる（AE, 67／一二三—四。強調は引用者）。

このように、問題となっているのは、人が老いたときにどのように時間の移りゆきを感じるかではない。あるいは、「老いる」ことに伴う時間の現れ方の特性ですらない（たとえば若いときには時間が早く流れるように感じるが老いとともにそれを遅く感じるといった時間感覚ではない）。「時間が過ぎ去る（le temps se passe）」「時間が流れる」という事態そのものを「老い」として捉えようとしているのだ。

さらにそれは、たとえば今ここの現在時をAと名づけた場合、時間の経過とともにこのAが「古くなる」ということでもない。その場合には、あたかもAの老化を眺める主体がいるかのように、「時間の流れ」が客観的なものとして（あるいは空間的なものとして）イメージされているだろう。レヴィナスは、あくまで現象学的に、「時間の流れ」を「私」という主体における「時間意識」として捉えようとしている。だからこそ、フッサールの時間論で決定的な意義をもつ「受動的綜合」という考えを引き合いに出しているわけだ。

この場合の「受動」性について、乱暴を承知で言えば、時間経験が「私」の能動性によっては捉えられないものによって形成されていると理解できるだろう。私はかつてあった過去を想起したり、これから起こる未来のことを予期したりできる。しかし、そのような能動的な過去や未来の把握は、あくまで「私」の記憶できるものや予期できるものへと取り入れることだ。つまり、「私」の「現在」のなかにそれらを回収する「現在化（représentation）」だ。私がかつて触れたもののなかで「私」の記憶にとどまらなかったものは無数にあるし、これから私に触れることになるもののなかで「私」の想定にはけっして入っていなかったものもそれこそ無限にあるだろう。「私」の時間意識を考える場合、それが「私」のものであろうと、「私」のこうした能動性（あるいは「できるもの」という意味での可能性）を超えて、それこそ受動的なかたちで襲来するもののことを考えなければならない。

> というのも、時間の推移とはまた、回収不可能なもの、現在の同時性に逆らうもの、現在化しえないもの、記憶しえないもの、歴史に先立つものだからだ。覚知および認知の綜合に先立って、老いという絶対的に受動的な「綜合」が成就される。これを通じて、時間は自らを過ぎ去らせる（le temps *se* passe）のだ（AE, 48／一〇〇。強調は原文）。

このように「私」の「現在」に回収できないもの、記憶や予期などのかたちで現在化できないもの、このような「他なるもの」を、受動的に受けとることが、「老いる」であり、「時間が自らを過ぎ去らせる」ことだと言われているのである。

「時間が自らを過ぎ去らせる」と訳したのは、フランス語としては一つ前のブロック引用における「時間が過ぎ去る」と同じ文である。ただ、今引用したところでは、「自らを」に相当する *se* にレヴィナスによる強調がある。この *se* が passer という動詞と組み合わさり、文法用語では *se* passer という代名動詞をなしている。この表現自体は日常用語でもよく使われるもので、何かが「起きる」こと、一定程度の時間が「経過すること」を指す。代名動詞というのは、自分自身を指す再帰代名詞の *se*（英語で言えば itself）と普通の動詞の passer が合わさったものであって、英語にはあまり見られないものである。一般的な意味としては、再帰代名詞の *se* が対格（目的語）として他動詞と組み合わさることで、全体的に自動詞的な意味になる（たとえば「自分自身を起こす（se lever）」は「起きる」という意味になる）。se passer の場合には、ほぼ慣用表現のようにして「起きる」「経過する」を意味するのだが、レヴィナスは再帰代名詞の se を強調することで、改めて通常の用法に立ち戻らせて、「時間が自らを過ぎ去らせる」というふうにあえて他動詞的に読ませようとしていると言えるだろう（あるいはこれは「時間が自らを譲り渡す」とも訳しうる）。

『存在の彼方へ』では、随所でこの対格（目的語）を強調している。すなわち、「私」を主語＝主格＝主体（sujet）として行為の主人や起源に位置づけるのではなく、あくまで目的語＝対格（一人称の場合は me）と位置づける。「我ここに（me voici）」がそうであるように、「私」なるものの成立は、「私」にとって「他なるもの」から「私」に発せられた呼びかけに対して受動的なかたちで応答することに基づく、というのがその考えだ。

こうした対格的で受動的な「私」という考えは、受動的綜合という時間論にも関わっている。時間が流れる際、「自己」は、時間を綜合的に把握する主体ではなく、「過ぎ去らせる」あるいは「譲り渡す」ことの対象となる。

時間化とはこの忍耐の受動性による志向性の「逆（contraire）」のことだ。時間化において主体は、主題化する主体の逆となる。それは、〈自我〉の自分自身との自己同一化が予期することのない老いの主体性、拒否しえない責任の命令のなかで自己同一性を欠いた一者、とはいえ唯一的なもののことだ（AE, 68／一三七。強調は引用者）。

このように、「私」が自らの自己同一性を保とうとする「主題化する主体」の「逆」となる。「予期」の及ばないところ、期待の地平を超えたところから逆行してやってくるものを受け入れること、それに対して拒否できないかたちで応答することが「老いの主体性」としての「自己」を構成する。ところで、このように逆行してやってくるものを受動的に受け入れるという時間化が、「老いという隔時的時間性」と言われているのである（AE, 68／一三六）。

時間の現象学

「老いという隔時的時間性」とは何か。そして、そこで逆行してやってくるものとは何か。ここでやや専門的な現象学の議論に入り込んでしまうが、[14]この「老いという隔時的時間性」で問題になっているのは、フッサールの「受動的綜合」の概念をレヴィナス自身が引き受け、それに新たな光を当てようとする企てであったように思われる。

本章がこれまで述べてきた、「老い」における「私」が応答する相手、受け入れる相手、それに対して晒されている「他者」とは、フッサール現象学の用語で言えば、「原印象」である。すなわち、外部からの触発によって意識に刻印される印象である。『内的時間意識の現象学』講義の「補遺I」によれば、原印象は、意識によって産出されるのではなく、「絶対的はじまり」として、自発的に発生する「原産出」ないし「原創造」である。[15]つまり、「私」からすれば、「私」のなかから生じたものではなく、受動的に受け取られるものである。フッサールにおいては、こうした原印象が、「私」の意識によって過去把持・未来予示と関係づけられることによって時間の地平が形成されるということになる。

レヴィナスが注意を向けているのは、こうして時間の地平が形成される手前の、前言語的で対象化作用に先立つ根源的な次元において、まさしく原印象が受動的に到来するというその出来事である。ところで、すでに拙著で述べておいたように、こうした関心はすでに『全体性と無限』においても見られていた。フッサールはこの「原印象」を「原産出」とも呼んでいたが、メルロ＝ポンティはこれを「出生性」だと呼んでいた。[16]それに呼応するかのようにして、レヴィナスは『全体性と無限』の第四部の繁殖性をめぐる議論において、「子の産出」や「絶対的な若さ」に言及していた。「繁殖性の非連続的な時間は、絶対的な若さと再開を可能にする」と言われていたように、そこで問題になっていたことは、「繁殖性」という「子の産出」というかたちでこの「非連続的な時間」を説明することだった（TI, 315／五〇九）。[17]

『存在の彼方へ』では、「繁殖性」、「父」、「子」といった語彙はまったく用いられなくなる。だが、「老いという隔時的時間性」をめぐるその議論は、『全体性と無限』が十分に描き切れていなかった「時間」概念の構築（レヴィナス自身の言葉では「時間概念の脱形式化」（EN, 244／三二一）の企てを確かに引き継いでいるだろう。実際、一九七九年に『時間と他なるもの』が新たな版で公刊された際、レヴィナスはこれに序文を寄せているが、そこでは「他人との関係、女性的なものとの関係、子どもとの関係、自我の繁殖性」は「隔時性の具体的な様態」と述べているのである。(18)

このような「繁殖性」の放棄、「女性的なもの」から「母性的なもの」への変容については稿を改めて論じる必要がある。だが、いずれにしても、考えてみるならば、現在の私に対し、外部から予期せぬものが私の意に反してやってくるとき、それは、「子」のように「まったく新たなもの」でもありうるし、「疲労」や「苦痛」のように、私に重荷としてのしかかり、思うような動きを妨げるものでもありうる。「糧」が、私を元気づけてくれる栄養になることもあれば身体を蝕む毒になることもありうるように、(原印象、原産出、出生性としての)「他者」がもたらすのは、「若さ」であると同時に「老い」でもあるわけだ。この意味では、『全体性と無限』から『存在の彼方へ』への展開は、「若さ」から「老い」への転回というよりも、晩年のフッサールが関心を示していた「誕生、老い、病い、死」という主題をめぐる考察の変奏とも言えるかもしれない。(19)

「傷つきやすさの原理」へ

われわれはこれまでコリーヌ・ペリュションに導かれて、レヴィナスにおける「食べること」と「老いること」に着目してきた。ところで、ペリュションにおいては、これらの問題は彼女が「傷つきやすさの倫理」と呼ぶものに結びついている。

ペリュションはその初期の主著と言える『砕かれた自律』において一貫して、「自律の倫理」に

「傷つきやすさの倫理」を対置している。この身振りは、近著『世界を修復する』ではさらに深められているが、ここではさらに「傷つきやすさの倫理」と「ケアの倫理」との近さと違いとが語られる。

「自律の倫理」とは、自己の自由、自己自身の統御、自己決定、個人の権利を基盤とするもので、ホッブズやロックといった自由主義的な政治哲学に由来する。[20]ペリュションは単にこれを無効なものだと否定しているわけではない。実際、『砕かれた自律』が主たる分析対象としている医療倫理の分野において個人の自律の尊重は基本的な原則となっている。過去の人体実験や病院における患者に対する権力の濫用などを批判し、医療におけるインフォームドコンセントの考えをはじめとして患者の権利を保護することができるようになったのは、理念的にはまさしく患者の自由と権利を尊重するこの「自律の倫理」のためでもある。

しかしこの「自律の倫理」はさまざまな難点も抱えている。『砕かれた自律』は医療倫理の具体的な事例にも切り込んでいるが、実際的にも医療従事者が患者の「自律」を尊重しつつ診断や治療や支援を行なうとき、患者の判断力、選好（しばしば家族的、文化的、宗教的な背景にも依存する）と衝突することもある。「自律の倫理」からすればたとえば医師と患者との関係は「契約」的なものとなるが、実際にはそこには不均衡や非対称性が残りうる。さらに、病を患う患者においては、自らの身体に対する統御も困難になり、自らの身体こそが自らの自律に対する障害にもなりうる。こうして「自律が砕ける」局面はどうしても生じる。[21]『砕かれた自律』の第一部では、医療倫理や生命倫理を主たる領域として、このように「自律の倫理」を再考した後、第二部において、それにとって代わるオルタナティブとして、あるいは「自律の倫理」の土台となるべきものとして、「傷つきやすさの倫理」を提示している。すなわち、単に「自律の倫理」に無効を告げて、それを超えるものとして「傷つきやすさの倫理」を提示しているわけではない。「自律」自体は今後も要請され続けるが、それを「傷つきやすさの倫理」を基盤に「定義しなおす」というのがペリュションの立場だ。(22)

この「傷つきやすさの倫理」を導出する際、ペリュションはとりわけレヴィナスを中心的な参照項としているが、そのときに取り上げるのがほかならぬその「老い」概念なのである。ペリュションによれば、「老い」こそ、レヴィナスの思想がフッサールやハイデガーの現象学を踏まえつつそこに新たな地平を開く鍵となる。「老いおよび苦痛の経験においてはっきり見られる傷つきやすさへの注目が、配慮の——つまり死に臨む存在および企投の——存在論に対する批判と、自己自身を目がけた存在を超過する人間性の意味の開示とを結びつける」。(23)

ペリュションによれば、レヴィナスにおいては、私の「主体性」がいかなるものかという関心が一貫してあるが、「主体性が絶対的なものとして課せられるのは〔…〕自由なものとしてではない」(AE, 76／一五〇)。「私は、私の主権性を廃位したものとして自らを定位する」(AE, 76／一五一)。つまり、レヴィナスは単にいわゆる主体中心主義を脱却するというよりは、「私」の「主体性」を、その「身体性」ないし「受動性」において捉えなおそうとする。すでに十分に見たように、「老い」

や「苦痛」が示すのは（そしてまた「食べること」も）、「私」という存在がそもそも他なるものに開かれていること、晒され、他を取り込んでいることである。こうした主体の身体性・受動性に着目した記述にこそ、ペリュションは「傷つきやすさの倫理」を見てとるのである。

こうしてペリュションは『砕かれた自律』で「自律の倫理」と「傷つきやすさの倫理」との対比を打ち立てた後、『世界を修復する』において、「傷つきやすさの倫理」と「ケアの倫理」とが、同じ方向性を向きつつも、とはいえ峻別すべきいくつかの差異をもつとし、自らの「傷つきやすさの倫理」の主張を先鋭化させる。なお、ここでペリュションが念頭においている「ケアの倫理」とは、とりわけキャロル・ギリガン以降に英語圏で提示されたものと理解してよいだろう。

まず両者の共通点だ。「傷つきやすさの倫理」も「ケアの倫理」も、「身体的および心理的な脆弱性（fragilité）」、「不安定（précarité）で社会的支配」を被る主体を念頭に置き、自律した主体ではなく、関係的な主体という考えを要請するという展望は共有している。[24] 各々の主体は、自己自身を統御できる自足的な存在なのではなく、他人にかぎらず多くの他なるものに依存しており、場合によっては容易に傷つけられる存在である。[25] そして、こうした支配・従属的な関係を生み出す社会の状態の変革を志向するという意味での「世界を修復する」という展望についても同様である。[26]

しかし、両者のあいだには差異もある。

第一の違いは、その射程に関わる。ペリュションによれば「ケアの倫理が個別主義的である、すなわち個々人が自らの他者や自らの環境とともに織りなす個別の関係に注意を向ける」のに対し、

「傷つきやすさの倫理は、現象学に立脚し、ある種の普遍主義との関わりを断つことはない」[27]。

第二に、このように「ケアの倫理」は、ケアをするという行為を他人との関係の範例とするわけだが、とはいえ社会的な支配・従属関係に対する批判にいっそう重きをおく[28]。「ケアの倫理」もまた、「傷つきやすさの倫理」と同様に、傷つきやすさを問題とするが、それはむしろ克服すべき脆弱性として理解される。すなわち、フェミニズムが問題としてきたように、そうした脆弱な状態を人々に課してくる支配的な関係の批判や変革が問題となるわけだ。

ペリュションは「ケアの倫理」をこのように理解したうえで、自らの提示する「傷つきやすさの倫理」を対照的に際立たせる。「傷つきやすさの倫理」は、もちろん社会的な従属関係の変革への志向を共有するものの、いっそう重視するのは、身体を有した主体の存在の仕方である。言い換えれば、「傷つきやすさの倫理」は、社会的に規定された脆弱性（これは社会条件の変革によって解消されうる）よりも、われわれが逃れることのできない肉体的な条件としての「傷つきやすさ」に関わる[29]。空腹や喉の渇きを覚えたり、寒さに震えたり、疲労、不眠、苦痛に苛まれたり、もちろん快楽を得ることもある――そのような、身体をもった存在の受動性であり物質性、糧を享受し生きるという物質性が問題となるのである[30]。

このようにペリュションは、いわば社会哲学的な意味で理解された「ケアの倫理」に対し、レヴィナスの「食べること」や「老いること」をめぐる身体性の現象学に多分に依拠することで、「傷つきやすさの倫理」を提示するのである。

このような対照化は、「ケアの倫理」に現象学の観点からアプローチする際にも興味深いものとなるだろう。たとえば、「ケア」の問題に関する現象学的アプローチは、主に看護倫理の分野を中心に、ハイデガーやメルロ＝ポンティを参照項とすることで推進されてきたが、ここにレヴィナスの「傷つきやすさ」の問題系を導入することはできるだろう。同時に、ペリュションが理解するような、他人へのケア的な関係と社会状況の変革を志向する「ケアの倫理」と各人の身体的な条件に注目する「傷つきやすさの倫理」との関係は、アイリス・マリオン・ヤング以降の「フェミニスト現象学」の只中にも見られうる。そこには、女性の「生きられた経験」の記述を通して男性支配的な社会的メカニズムを暴こうとするボーヴォワールのフェミニズム思想と、「身体としての実存」が社会的で歴史的な文脈・状況にすでに貫かれているとしたメルロ＝ポンティの現象学との同居が見られるからだ。(31) こうした観点でも、ペリュションがレヴィナスから引き出す「傷つきやすさの倫理」は幅広いポテンシャルを有しているだろう。

いずれにしても、「食べること」と「老いること」が映し出すのは、他者へと開かれなければならない、他者を受け入れなければならないという倫理的・道徳的な要請ではない。正しい食べ方／老い方の提示でもなければ、正しくない食べ方／老い方を強いる体制への批判にも還元されない。「食べること」と「老いること」がともに示しているのは、私たちが周りの環境や時間の流れのなかで存在しているときに、身体をもつがゆえに、一方で主体的で能動的であろうとしつつも、他方においてさまざまな「他なるもの」との関わりのなかで、それらに従属して存在している、ということである。「私」の成立は、「私」自身によるものではなく、つねにすでに「他なるもの」に依存しており、「他なるもの」に晒されている。この「他なるもの」は美味しいものであることもあれば不味いものであることもあるし、若々しさをもたらすものであることもあれば苦痛や疲労をもたらすものであることもある。レヴィナスの傷つきやすさの現象学が描くのは、この当たり前の事実なのである。

むすびに代えて――顔の向こうに

「顔であるにはさまざまな仕方があります。口も、眼も、鼻もなくとも、ロダンの腕や手はすでに顔です」(1)。

本書の各章は、もともとは別々の媒体に書かれたものだが、振り返ってみると、「顔の向こうに」と言いうる事柄をめぐっていたように見える。「顔」についてというよりは、「顔」にとどまらず、それを越え出ていくことだ。

本書を締めくくるにあたり、この「顔の向こう」ということで問題になっていることを改めて確認しておこう。そのために、いささか回り道となるが、本書の表紙にその作品の写真を掲げたサシャ・ソスノという芸術家に触れておきたい。

ソスノとは、本名はアレクサンドル・ジョゼフ・ソスノウスキーといい、エストニア人の父とフランス人の母のもと一九三七年にマルセイユに生まれた。主に南仏ニースを拠点として活動し、写

ソスノ《四方の風にさらされた頭》1980年

真、絵画、彫刻などさまざまな芸術作品で知られる。とりわけ有名なのが、「打ち消しの技法（l'art de l'oblitération）」と言われる手法だ。「打ち消し」とはさまざまな意味があるが、抹消することや除去することに加えて、郵便葉書の消印や印字された文字の上に取り消し線を引くときのように、消すべきものを残しつつそれを打ち消すという意味をもつ。ソスノの彫刻作品は、人間の顔面や身体に四角の空洞を開けたり、あるいは直方体の物体で貫通させたりというかたちで「打ち消す」ことをその特徴としている。(2)

晩年のレヴィナスとも親交があり、レヴィナスは、ソスノに注目していた美学研究者のフランソワーズ・アルマンゴーとソスノを主題としたインタビューも行なっている。(3) レヴィナスと芸術という主題について日本では研究はいくつかあるが、(4) クルティーヌ＝ドゥナミを除いてソスノについて本格的に言及されることはあまりなかった。ただし、このインタビューにおいてレヴィナスはソスノの芸術作品に対しきわめて肯定的な評価を下している。その意味でもソスノは例外的だ。

ソスノに対する肯定的な評価は、レヴィナスの芸術論を知るものにとっては二重の驚きである。

第一に、すぐ後に見るように、一般に、レヴィナスは芸術論を展開することはほとんどなかったからだ。しかも、主題的に言及される稀な場合でも、むしろ芸術作品のあり方そのものを批判的に捉えるような論を展開しているのである。第二に、ソスノについては、その「打ち消しの技法」は、なんと「顔」の解体を目指しているようにも見えるのだ。「顔」の哲学者であるレヴィナスがそれを評価するというのは、どういうことだろうか。

ソスノについては後で見ることにし、まずはレヴィナスの芸術論を振り返ろう。

レヴィナスは『実存から実存者へ』のなかでも「異郷性」と題された章で芸術に触れていた。そこではロダンや映画のクローズ・アップに言及しつつ、芸術作品が、これまでわれわれに馴染み深く思われていた「世界」をいわば宙吊りにし、存在の裸性や物質性を露わにすると言われていた。(5)

だが、レヴィナスの芸術論としてもっとも有名なのは一九四八年公刊の論文「芸術とその影」に見られる芸術批判だろう。そこでは芸術作品の偶像性や芸術家の芸術の無責任性に対する辛辣な批判が展開される。さまざまな論点があるが、問題となっているのはとりわけ、彫刻がはっきりと示すように、芸術作品は完成型を提示することで、時間を「停止」するという点だ。海蛇に襲われるラオコーンを象ったその彫像はいかに力動的に見えようとも、「未来なく持続する瞬間」を示すのみだ。そこでは「瞬間が無限に持続する」のであって、新たなものが生まれるわけではない。彫刻ばかりでない。「あらゆる芸術作品は、結局のところ、彫刻だ」。それゆえ「モナリザは永遠に微笑んでいるだろう」(IH, 119／一二二)。芸術作品は、そこに描かれた諸存在から一切の自由を奪い、

「運命」のなかに閉じ込めてしまう。このようにつねに持続しつつも、存在が凝固してしまう時間性をレヴィナスは「間《あいだ》の時間」と呼ぶが、ここには「非人間的で怪物的なもの」があるとすら言う（IH, 124／一二七―八）。

「現実とその影」は、「顔」の観念を取り上げているわけではないが、このような「偶像崇拝の禁止」を敷衍したかのような芸術作品批判に鑑みると、レヴィナスにおける「顔」が、「仮面」としてのペルソナや、「顔面」を中心とする胸像のようなものからは程遠いことがわかるだろう。

ところで、実のところ、「顔」の観念が現れるのはこの芸術批判と同時期なのである。[6] われわれの知るかぎり、「顔」がはっきりと概念化されて登場するのは、「現実とその影」と同年に哲学コレージュでなされた講演「発話と沈黙」だ。そしてそこでは、すでに第4章で論じたとおり、「見られるもの」ではなく「聞かれるもの」、すなわち「音」との繋がりで「顔」が提示されるのである。「光が外部性から内部性への転換だとすれば、教え、すなわち遠隔的言葉は光の領分においてではなく、音の領分においてなされる――教えとは聴くことである。〔…〕音の感覚が単に感覚ではなく光ではないのは、それが他人を前提としているからである。すなわち、内部性には変換不可能な他者の顔である」（O2, 83／八二）。

すなわち「顔」とは、物理的な形態として、静止的に現れる「顔面」とは異なる。第4章で「大砲が発射する」に関して述べたことと同様、「顔」は単に名詞的な実体として現れるのではない。「音」がそうであるように、外部から闖入し、物音を掻き立てる。そうすることで「存在の反響」

を引き起こす（O2, 92／九二）。あらかじめ与えられた「形式」を破り「溢れ出す」。このプロセスが「顔」において問題となっているのだ。

この観点で触れておくべきは、ソスノ以外にもう一人レヴィナスが好意的に評価した芸術家・画家のジャン＝ミシェル・アトランだ。アトランは一九一三年に当時フランス領だったコンスタンティーヌ（現アルジェリアの都市）に生まれた。一九三〇年にパリに移り哲学を修める一方で、反植民地主義闘争などの政治活動にも従事する。一九四一年以降に絵を描きはじめる。一九四六年にアスガー・ヨルンに出会いその前衛芸術運動コブラに参加する。一九六〇年に癌で早逝するが、とりわけそのアンフォルメルな絵画作品は死後にますます評価されるようになり、デリダやナンシーにもアトランに捧げたテクストがある。(7)

レヴィナスも、一九八六年のナントでのアトラン展に寄せた文章「ジャン・アトランと芸術の緊張」のなかで、アトランの「真の創造的な活動についての正統の意識」を称えている。その芸術的な営みは、「すでに完遂されていることを望む存在が僭称する充足のなかに人間を闖入させようとする特権的な様態」とも評価されている。「〔アトランは〕絵筆によって、連続的な形態の同時性、画布のうえで完遂する原初的共存、空間の原初的な空間性〔…〕から、リズムの隔時性、時間性の動悸、持続、生を引き離そうとしているのではないか」と述べられているように、(8)レヴィナスは、アトランの絵画が、通常の芸術作品とは異なり、画布のうえにおいて諸存在が「完遂」する、すなわち空間的で同時的な「形態」のなかで凝固することを拒んでいると言う。そして、アトランの作

アトラン《アマリリス》1959年

品がこのようにいわば「存在の彼方へ」を描き出すその仕方は、描かれる内容や技法というより、隔時的な「リズム」、時間の「動悸」を示すというのだ。

このようにリズムを奏でる絵画という主題は、アトラン自身が意識していたものだ。「リズムの必要性こそが、私の絵の特徴でしょう。そこに描かれた形は、踊ったり戦ったりしているのです[9]」。それは、「ダンス」としての絵画でもある。「私のダンスに対する情熱、私の絵自体も、ある意味ではダンスとして、ともかく自然の本質的なリズムを把握し、捉える芸術とみなすことができます[10]」。あるいは次のようにも言われる。「リズムこそが形を生み出し、画布の空間を共有し、生きた構成を創り出し、ついにはわれわれが名前をつけることができないような形に生を与えるのです[11]」。

このようにレヴィナスのアトランへの関心は、本書第5章において指摘した、「見られるもの」の地平から「聞こえるもの」の地平へと移行するレヴィナスの「音の現象学」およびそれ以降の「リズム」観の変容と確かに共鳴しているだろう。

そしてレヴィナスのソスノの評価も、こうした動きの延長線上にある。

レヴィナスはまず、顔面や肉体の欠損といらソスノの彫刻を特徴づけるものに、むしろ芸術作品の「完遂」や「完成」の拒絶を見る。「作品は決して完成してはいません。そして作品が決して完成していないのは、現実がつねに損なわれている、この意味で言えば打ち消されているからです」[12]。

それだけではない。このような「打ち消し」には「倫理的次元」があるという。「抹消の倫理的次元、芸術の魔術的な操作の逆です」[13]。ここでの「魔術的」というのは、ソスノ自身の言葉である。「私が打ち消しをするのは、視線に対する治療を行ない、よりはっきりと見えるようになるためです。そして、トーテム、イコン、まじない、偶像を作らないためです。芸術的な創造と魔術的な操作のあいだの一切の相関関係を拒否することが必要なのです」とソスノは述べている[14]。ソスノ自身は、この「視線に対する治療」として、単に与えられた作品を受動的に受け取るだけでなく、「注視者自身が顔や身体の欠けた部分を再構成する」ことで「受け取り手が創造者になる」という逆転を見てとっていたようだ[15]。だが、レヴィナスが「倫理的」ということで注目するのは、こうしてイコンや偶像に象られた「人間」の姿をソスノが解体している点だろう。「打ち消しは、事物における偽の人間性を打ち消す」のである[16]。

とはいえレヴィナスもまた、欠損や不在を通じて「よりはっきりと見える」ようになるというソスノの考えを確かに受け取っている。ソスノの作る「顔」は、芸術作品の表面が示す光の部分から、それを超えた見えない部分を指示する。「盲目が、事物の彼方の究極の視覚へと変転する」。「見えない」ものというより、現れてくる諸々の事物の「彼方」を目指すという視覚だ[17]。

以上、芸術作品についてのレヴィナスの考察を追ってきたが、そこにはレヴィナス自身の「顔」論との驚くべき符合を認めないわけにはいかない。とりわけ『他者のヒューマニズム』に見られる一節は、アトランやソスノについてのレヴィナスの関心が、「形態を解体する」ものとしての「顔」という点に結びついていたことを示すだろう。

〔顔の〕生は形態を解体する点に存する。〔…〕顔において顕現する他人は、なんらかのかたちで、それに固有の可塑的な本質に穴を開ける(perce)。あたかも、ある存在が、自らの形象がすでに描かれていた窓を開けるかのようにだ(HAH, 47-8/七六)

「顔」は、「形態」をまとい「形象」と化すかたちで「未来なく持続する瞬間」のなかに閉じ込められることを拒む。それはこうした「形態」や「形象」の地平に穴を開け、「見えるもの」の彼方へとわれわれを誘う。『全体性と無限』の序文では、「顔」は「外部性ないし超越の炸裂」(TI, 10/二一)と言われていたが、それは視覚の対象としての面でもなければ、形象化された「他者」の姿でもなく、むしろそれを通してその向こうへと通路を開くものなのだ。

＊

それでは「顔」の向こう、「顔」が穴を開けた窓の向こうには何かあるのか。本書の議論全体を振り返りながら確認しておこう。

第一に、本書第４章で見たように、「顔の向こう」にあるものは、とりわけ『全体性と無限』の文脈では、いわば「無限の知」だ。『全体性と無限』の言葉では、「自我」は、「〈自我〉の容量（capacité）を超えるかたち」で（TI, 43／七三）、「顔」を通じてこうした「知」（あるいはレヴィナスがデカルトから借り受けた言葉では「無限の観念」）のいくばくかを受容する。その意味で顔は、「私」と「無限」の境界面にあるインターフェースとも言えるだろう。

レヴィナスにおいて、こうした「顔」を通じた「無限」との接触による「知」の受容は「教え」と呼ばれるが、このことは、一方で、「私」＝「自我」が「意味」の起点ではないことを意味している。「私」の有する「知」は、けっして自らのなかにすでに潜在的に眠っていたものが想起させられることによって得られるのではなく、「他者」から受動的に教えられるということだ。つまり、「顔」とは、対話やコミュニケーションが有意味なかたちで成立するための土台としての、「応答」的な志向性の相関項ということができるだろう。

ただし、そうであるならば、インターフェースとしての「顔」が、私たちがすでにもっていると思いこんでいる知をはみ出て新たなものを創発的に「教えて」くれる存在であるかぎり、それはけっして自らの「対面」に「現前」する存在である必要はない。「遠隔的言葉」という表現をレヴィナス自身が用いていたが、遠隔通信による対話の場合であっても十分に「顔」は現象しうるだろう（第8章）。あるいはまた、同じ理由で、「顔」は、生物学的な意味での「人間」に限られる必要もない。なんらかのコミュニケーションをとることができる動物やロボットとの関わりにも、「顔」との関係を見出すことは十分に可能だろう（第6章）。

さらに、志向性としての「応答」が問題なのであれば、空間的な理由で隔たっているだけでなく、時間的な隔たりのある他者（書物の作者や死者などすでにここにいない他者）との関わりにおいても、「顔」との関係を引き伸ばしていくことはできるだろう（それは「読書」（第4章）というかたちをとることもあれば、「情欲なき愛」（第7章）というかたちをとることもあるだろう）。

「顔の向こう」の第二の行き先に関して思い起こすべきは、『全体性と無限』第四部が「顔の彼方へ」と題されていたことだ。そこで問題になっていたのは、第一に「女性的なもの」と呼ばれる他者との肉体的で感性的な関わりであり、第二に「父」と「子」の関係による「時間化」の問題であった。本書ではこれらの問題に関する直接の考察は行なわなかったが、とはいえ、身体性と時間性の問題の意義はそれなりに指摘したつもりである。というのも、上述の対話やコミュニケーションの土台となる志向性としての「顔」への「応答」という観点は、レヴィナス哲学の独創的なものであるとはいえ、やはりそればかりが「他者」との関係を汲み尽くすものではないからだ。

人間的な他者との関わりにおいてでさえ、「応答」という関係性にかぎらず、身体的な関わり――「愛撫」や「接触」など――はレヴィナスの思想のなかで無視しえない。ここではとりわけ

「享受」という観念が問題になるだろう。こうした身体的な関係性に対して、「顔」への「応答」的な関係性は、けっして原型を与えているわけではない。むしろ問題は、異なる種類の「志向性」であっただろう。レヴィナスは「応答可能性の志向性」と「享受の志向性」とを分けていたが[18]、他者（この場合にはとくに人間的な他者）に対する関わりにあっても、こうした複数の関わり方がつねに重層的に働いているだろう。ケアや福祉をめぐる思想にレヴィナスの議論をつなげると、こうした多層性がいっそうはっきりと見えてくるだろう（第9章）。

もちろん、「享受」は、人間的な他者だけではなく、「糧」——植物であれ動物であれ——、「自然」、「環境」等々のさまざまな「他なるもの」と関わる。ここでのインターフェースは、糧を取り入れ味わう「口」や「舌」であったり、匂いを嗅ぐ「鼻」であったり、寒暖や乾湿を感じる「皮膚」であったりするだろう。コリーヌ・ペリュションの「糧の現象学」は、「顔」に限定されない、さまざまな他なるものとの関わりを示してくれる（第10章）。

レヴィナスの身体論は、こうした「他なるもの」との「接触」・「享受」という側面に加えて、「時間」に関わっているところにその特徴がある。単に「時間」を「身体」がどのように感じるか、という問題ではない。「時間性」を、「触発」を通じた「身体性」として考えるということだ。『レヴィナス著作集1』の「捕囚手帳」に収められたメモ書きの表現を借りれば「時間の身体的な意味」がつねに問題となっているのだ（O1, 186／二一八）。本書第10章では『存在の彼方へ』に見られる「老い」の考察を通じて、この身体性をめぐる考察が、どのように「享受」と「傷つきやすさ」という問題を結びつけているのかを検討した。

第三に、「顔の向こう」は、直接対面し応答するこの他人のほかの、さまざまな他人たちに関わる。そこにはもちろん、「人間」以外の動物やロボットも含まれるが、目の前に現れる「顔」以外の、潜在的な「顔」たち、さしあたり「顔」をもっていない他人たち、レヴィナスの言葉では「第三者」も含まれる。

一般的には、レヴィナスにおける「第三者」の問題は、複数の他者たちを公正に比較考量する原理としての「正義」論というかたちをとる。ただし、第1章および第2章で見たように、八〇年代以降のジャック・デリダの「無限の正義」概念の影響を強く受けた読み方は、レヴィナスの「無限の責任」概念の理解の特定の型を強く規定するものだったように思われる。本書第3章では、レヴィナスの「正義」論そのものにおいても、「顔の向こう」に複数の型があるということを示した（なお、本書ではデリダが繰り返し引き立て役のように出てきているが、けっしてデリダの解釈を批判したいという意図からではなく、もっとも優れたレヴィナスの読み手であるデリダは、本書にとってもっとも重要な対話相手だったからである）。

「顔の向こう」のもう一つの行く先として最後に付言しておければ、先のアトランへの言及に見られたように（あるいは第5章で触れたように）、存在の律動としての「リズム」の問題も、「顔の向こう」の行く先たりうるだろう。先に示唆したように、レヴィナスの「顔」は、その出自としては「音の現象学」と切り離せないものであったが、そこで問題になっているのは、単に「音」の聴取の次元に限られるものではない。それは、「音」の共鳴がつねにそうであるように、われわれに与えられる現象を静止的にではなく力動的に（あるいはあえて言えば「他動詞的に」）捉えようという、レヴィナスの秘められた哲学的企てに関わっている。[19]

本書第5章で示したように、この発想は、たとえば『実存から実存者へ』において見られるようなリズム批判からレヴィナス自身が方向転換することを強いたものだっただろう。たしかに、「顔」概念と同時期に現れた、哲学コレージュ講演原稿に見られる「音の現象学」の試みは、公刊されたテクストに取り入れられることはなかった。しかし、『存在の彼方へ』における芸術論や、さらに先に見たアトラン論やソスノ論は、「存在すること」を名詞的・実体的に捉えるのではなく、動詞的・律動的に捉え、その様相を描き出そうとするレヴィナスの試みを物語るものだろう。この方面での読解の余地はさらに残っている。[20]

いずれにしても、レヴィナスの思想を「顔の向こうに」という角度から読みなおしてみると、本書で指摘したような論点のほかにも、いっそう多くの読み方ができるようになるだろう。本書がその機縁ないしたたき台になれば本望である。

＊

本書は、筆者がこれまで『現代思想』誌をはじめいくつかの媒体で書いてきたものをまとめたものである。青土社書籍編集部の山口岳大さんからこれらをまとめることをご提案いただいたときにはあまり意識していなかったが、原稿をお渡ししてから、山口さんがそれらを並び替え、各部に適切なタイトルを挿入してくださったのを見て、筆者が書き散らしてきたものに一筋の線があることに気づいた。「顔の向こうに」という副題は、それをよく表しているように思う。完成までの工程も細やかなサポートで導いてくれ、山口さんなしには本書がこのようなかたちをとることはありえなかった。記して感謝申し上げます。

また立教大学大学院の長田慶大さんには草稿を読んでいただき有益な助言をいただいた。ありがとうございます。

最後に、本書のとりわけ最後の芸術論を書きながら、二〇一一年にレヴィナス『全体性と無限』をめぐる国際シンポジウムのために来日したシルヴィ・クルティーヌ゠ドゥナミさんのことをどうしても思い起こさざるをえなかった。それまでも彼女の仕事は何度も読んでいたが、実際にパリのカフェにてシンポジウムへの登壇を打診してから、日本で再会し、レヴィナスの芸術論やシモーヌ・ヴェイユについてなど、いくつかの講演をしてもらった。凛とした女性だった。ユダヤ思想の研究や翻訳でいくつも優れた仕事があるが、彼女の『問われる顔』と題された顔論は(21)、潜在的に本書の機縁になっていたかもしれない。二〇一四年に亡くなっているのを知ったのは、それからだいぶ過ぎてからのことだった。本書が彼女への応答になっていればと思う。

二〇二四年一〇月

渡名喜庸哲

註

第1章

（1）たとえば、リュック・フェリーとアラン・ルノーの『68年の思想——現代の反‐人間主義への批判』（小野潮訳、法政大学出版局、一九九八年）や、フランソワ・キュセの『フレンチ・セオリー——アメリカにおけるフランス現代思想』（桑田光平・鈴木哲平・畠山達・本田貴久訳、NTT出版、二〇一〇年）では冒頭で一度言及されるだけである。

（2）サロモン・マルカ『評伝レヴィナス——生と痕跡』齋藤慶典・渡名喜庸哲・小手川正二郎訳、慶應義塾大学出版会、二〇一六年、一三四頁。ただし、レヴィナスが〈六八年五月〉における「若者」についてどのように考えていたのかを論じるには、このような逸話だけでなく、『タルムード新五講話——神聖から聖潔へ〈新装版〉』（内田樹訳、人文書院、二〇一五年）に収められた「ユダヤ教と革命」（六九年）および「イスラエルの若さ」（七〇年）という二つのタルムード講話を参照すべきだろう。

（3）たとえば以下を参照。稲賀繁美「オリエンタリズム論——異文化理解の限界と可能性」、山内昌之・大塚和夫編『イスラームを学ぶ人のために』世界思想社、一九九三年、二九〇頁。

（4）コリン・デイヴィス『レヴィナス序説』内田樹訳、国文社、二〇〇〇年、一二頁。

（5）高橋哲哉『戦後責任論』講談社、一九九九年。高橋のレヴィナス論としては、『記憶のエチカ——戦争・哲学・アウシュヴィッツ』（岩波書店、一九九五年）も参照。『デリダ——脱構築と正義』（講談社学術文庫、二〇一五年）の著者でもあり日本におけるデリダ研究を牽引した高橋の、戦争責任、記憶、証言等の問題をめぐる理論と実践が、後に見るような、日本における〈レヴィナス＝デリダ〉的な「無限の責任」解釈に大きな影響を与えていたことはありうることだろう。

（6）石崎嘉彦ほか『ポストモダン時代の倫理』ナカニシヤ出版、二〇〇七年、第一〇章（執筆は吉永和加）。

（7）東浩紀・千葉雅也「震災以後の哲学を考える――他者と暴力をめぐって」、『atプラス』第一二号、二〇一二年。

（8）この点は拙著『レヴィナスの企て――『全体性と無限』と「人間」の多層性』（勁草書房、二〇一一年）第Ⅳ部を参照。

（9）原田佳彦「ポストモダンの哲学・序説――エマニュエル・レヴィナスの〈他者〉にふれて」、『研究年報』（学習院大学文学部）第三四号、一九八八年。

（10）Beverly R. Voloshin, "The Ethical Turn in French Postmodern Philosophy", in *Pacific Coast Philology*, vol. 33, no. 1, 1998.

（11）ジャック・デリダ『ならず者たち』鵜飼哲・高橋哲哉訳、みすず書房、二〇〇九年、八五頁。

（12）Simon Critchley, *The Ethics of Deconstruction. Derrida and Levinas*, Edinburgh University Press, 1992.

（13）拙著『レヴィナスの企て』前掲、「はじめに」を参照。

（14）リオタールのレヴィナス読解の全般的な傾向や特徴については以下を参照。Corinne Enaudeau, « Levinas et Lyotard. La dette politique », in *Esprit*, no. 1, janvier, 2007 ; Gérard Sfez, « Le dénuement éthique », in *Cahiers philosophiques*, no. 117, 2009.

（15）Jean-François Lyotard, « Logique de Lévinas », in François Laruelle (éd.), *Textes pour Emmanuel Lévinas*, Jean-Michel Place, 1980. 以下に所収。Jean-François Lyotard, *Logique de Levinas*, Verdier, 2015.〔ジャン＝フランソワ・リオタール『レヴィナスの論理』松葉類訳、法政大学出版局、二〇二四年〕

（16）Jean-François Lyotard, *Le Différend*, Minuit, 1983, p. 163-9.〔ジャン＝フランソワ・リオタール『文の抗争』陸井

四郎・小野康男・外山和子・森田亜紀訳、法政大学出版局、一九八九年、二二八―二三九頁〕

（17）Emmanuel Levinas, *Autrement que savoir*, Osiris, 1988. これも以下にまとめられている。Jean-François Lyotard, *Logique de Levinas*, *op. cit*.〔『レヴィナスの論理』前掲〕

（18）Jean-François Lyotard, *Logique de Levinas*, *op. cit.*, p. 75-6.〔『レヴィナスの論理』前掲、一〇二―三頁〕

（19）*Ibid.*, p. 76-8.〔同右、一〇四―五頁〕

（20）この点については、以下の論文が参考になる。ジェラール・ベンスーサン「レヴィナスの作品におけるナアセー・ヴェニシュマー」西山達也訳、『京都ユダヤ思想』第四巻二号、二〇一五年。

（21）たとえば、ジャン゠ピエール・ルゴフ『ポスト全体主義時代の民主主義』渡名喜庸哲・中村督訳、青灯社、二〇一一年、第二部を参照。また拙著『現代フランス哲学』ちくま新書、二〇二三年も参照。

（22）Cf. Jean-François Lyotard, *Le Différend*, *op. cit.*, p. 130-158.〔『文の抗争』前掲、一七九―二二一頁〕この点については、以下も参照。渡邊雄介「沈黙はいかに聴き取られるか――J゠F・リオタール『文の抗争』における「抗争」と「沈黙」について」、『ソシオロジカル・ペーパーズ』第二二号、二〇一三年。

（23）ロバート・イーグルストン『ホロコーストとポストモダン――歴史・文学・哲学はどう応答したか』田尻芳樹・太田晋訳、みすず書房、二〇一三年、一五頁。

（24）Emil L. Fackenheim and Raphael Jospe (eds.), *Jewish Philosophy and the Academy*, Associated University Press, 1996, p. 44.

（25）Emmanuel Levinas, « Transcendance et mal », in Philippe Némo, *Job et l'excès du mal*, Grasset, 1978.

（26）Emmanuel Levinas, « La Souffrance inutile », in *Entre nous. Essais sur le penser-à-l'autre*, Grasset, 1991.

（27）Jean-François Lyotard, « Discussions, ou : phraser "après Auschwitz" », in Philippe Lacoue-Labarthe et Jean-Luc Nancy (dir.), *Les Fins de l'homme. A partir du travail de Jacques Derrida. Colloque de Cerisy, 23 juillet-2 août 1980*, Galilée, 1981, p. 284-315. これは『文の抗争』に再録された。また以下も参照。Jacques Derrida, « Lyotard et "nous"», in

Dolorès Lyotard, Jean-Claude Milner, et Gérald Sfez (éds.), *Jean-François Lyotard. L'exercice du différend*, PUF, 2001 ; Gérald Sfez, « Lyotard devant Auschwitz », in *Revue d'Histoire de la Shoah*, no. 207, 2017.

（28）アラン・バディウ『倫理――〈悪〉の意識についての試論』長原豊・松本潤一郎訳、河出書房新社、二〇〇四年、四二―三頁。

（29）同右、四五頁。

（30）ただし、バディウはレヴィナスにおける「他者」がそもそも憐憫を誘う「弱者」のような「他者」ではなく、むしろ、まったく文脈もなく突然「私」に襲いかかってくるような存在であったことを忘れてしまっているのかもしれない。

（31）Emmanuel Levinas, « Israël, éthique et politique, entretiens avec S. Malka (avec Alain Finkielkraut) », in *Les Nouveaux Cahiers*, no. 71, 1983.〔「虐殺は誰の責任か――イスラエル：倫理と政治」内田樹訳、『ユリイカ』第一七巻八号、一九八五年〕

（32）Judith Butler, *Parting Ways. Jewishness and the Critique of Zionism*, Columbia University Press, 2012, p. 39.〔ジュディス・バトラー『分かれ道――ユダヤ性とシオニズム批判』大橋洋一・岸まどか訳、青土社、二〇一九年、七九頁〕

（33）*Ibid.*, p. 23.〔同右、四八頁〕

（34）この点については、杉村靖彦・渡名喜庸哲・長坂真澄編『個と普遍――レヴィナス哲学の新たな広がり』（法政大学出版局、二〇二二年）所収の拙論「レヴィナスにおける〈東方〉についての極端な思考――ジュディス・バトラーからの批判に対して」で詳しく論じた。より詳しくは、拙著『レヴィナスのユダヤ性』（勁草書房、近刊）を参照。

（35）Judith Butler, *Parting Ways*, *op. cit.*, p. 40, 43.〔『分かれ道』前掲、八二、八六頁〕

（36）*Ibid.*, p. 46.〔同右、九二頁〕

（37）Slavoj Žižek, "A Plea for Ethical Violence", in *The Bible and Critical Theory*, vol. 1, no. 1, 2004, p. 10-1.

（38）ベニ・レヴィのレヴィナス読解については、以下を参照。Annabel Herzog, “Benny Levy versus Emmanuel Levinas on “Being Jewish””, in *Modern Judaism*, vol. 26, no. 1, 2006.

（39）Benny Lévy, *Être juif. Étude lévinassienne*, Le Livre de poche, p. 20. また以下も参照。Benny Lévy, *La pensée du retour. Après Rosenzweig et Lévinas*, Verdier, 2020.

（40）Benny Lévy, *Le Meurtre du Pasteur. Critique de la vision politique du monde*, Grasset, 2002.

（41）カンタン・メイヤスー『有限性の後で――偶然性の必然性についての試論』千葉雅也・大橋完太郎・星野太訳、人文書院、二〇一六年、八〇頁。

（42）同右。

第2章

（1）たとえば、「倫理としての脱構築」を第一節の、「デリダのレヴィナスに対する借り」を第二節の節題とする以下の論考を参照。John Roffe, “Ethics”, in Jack Reynolds and John Roffe (eds.), *Understanding Derrida*, Continuum, 2004.

（2）このことのインパクトは、それに先立つ時期に書かれた次のような記述を見ると逆に確かめられるだろう。レスクレは、一九九三年公刊の伝記において、この会議には「ユダヤ系の出自をもつフランスの哲学者のなかでも、ジャック・デリダに出くわすことは決してないだろう」と書いていた（Marie-Anne Lescourret, *Emmanuel Lévinas*, Flammarion, 1993, p. 170）。

（3）Jacques Derrida, « Avouer - l’impossible: “Retours”, repentir et réconciliation », in *Comment vivre ensemble ? Actes du XXXVIIe Colloque des intellectuels juifs de langue française*, Albin Michel, 2001 ; *id.*, « Abraham, l’autre », in Joseph Cohen et Raphael Zagury-Orly (éds.), *Judéités. Questions pour Jacques Derrida*, Galilée, 2003. これら二つの講演は以下に収められた。Jacques Derrida, *Le dernier des Juifs*, Galilée, 2014.〔ジャック・デリダ『最後のユダヤ人』渡名喜庸哲訳、未

來社、二〇一六年〕

（4）この点については、とくに以下を参照。小手川正二郎『甦るレヴィナス――『全体性と無限』読解』水声社、二〇一五年。

（5）Jacques Taminiaux, « Arendt et Lévinas, convergence impossible ? », in Anne Kupiec et Étienne Tassin (éds.), *Critique de la politique. Autour de Miguel Abensour*, Sens & Tonka, 2007.『全体性と無限』講談社学術文庫版の藤岡俊博による「訳者解題」も参照（五六一頁）。

（6）Jacques Derrida, *L'écriture et la différence*, Seuil, 1967, p. 117.〔ジャック・デリダ『エクリチュールと差異〈改訳版〉』谷口博史訳、法政大学出版局、二〇二二年、一五五頁〕

（7）Emmanuel Levinas, « Kierkegaard - existence et éthique » [1963], in *Noms propres*, Fata Morgana, 1976.〔エマニュエル・レヴィナス「キルケゴール／実存と倫理」、『固有名』合田正人訳、みすず書房、一九九四年〕。ジャック・ロランも指摘するように、後期レヴィナスに散見されるスピノザの「コナトゥス」概念に対する批判は、この論文ではじめて提示された。Cf. Jacques Rolland, *Parcours de l'autrement. Lecture d'Emmanuel Levinas*, PUF, 2000, p. 163.

（8）Cf. Emmanuel Levinas, *Œuvres complètes, tome 1. Carnets de captivité suivi de Écrits sur la captivité et Notes philosophiques diverses*, volume publié sous la responsabilité de Rodolphe Calin et Catherine Chalier, Grasset-IMEC, 2009, p. 227-242.〔エマニュエル・レヴィナス『レヴィナス著作集1　捕囚手帳ほか未刊著作』ロドルフ・カラン、カトリーヌ・シャリエ監修、三浦直希・渡名喜庸哲・藤岡俊博訳、法政大学出版局、二〇一四年、二六一―二七七頁〕

（9）Jacques Derrida, *L'écriture et la différence*, *op. cit.*, p. 227.〔『エクリチュールと差異』前掲、三〇五頁〕

（10）Jacques Derrida, « Derrida avec Lévinas : entre lui et moi dans l'affection et la confiance partagée », in *Magazine Littéraire*, no. 419, 2003, p. 30.〔「デリダ、レヴィナスを語る――「彼と私は愛情と信頼を分かちあっている」」合田正人訳、『みすず』第五一四号、二〇〇四年〕

（11）以下の拙稿を参照されたい。渡名喜庸哲「エマニュエル・レヴィナス「捕囚手帳」の射程」、『京都ユダヤ思想』第五号、二〇一五年。以下に所収。『レヴィナスの企て——『全体性と無限』と「人間」の多層性』勁草書房、二〇二一年。

（12）「暴力と形而上学」執筆と同じ時期にデリダ自身が行なっていたハイデガーに関するセミネールは、このことと無縁ではあるまい。Cf. Jacques Derrida, *Heidegger : la question de l'Être et l'Histoire. Cours de l'ENS-Ulm (1964-1965)*, Galilée, 2013.〔ジャック・デリダ『ジャック・デリダ講義録　ハイデガー——存在の問いと歴史』亀井大輔・加藤恵介・長坂真澄訳、白水社、二〇二〇年〕

（13）この点については、以下の拙論で問題の要諦を論じたことがある。Yotetsu Tonaki, « Question de l' « œuvre » chez Emmanuel Levinas »,『フランス哲学・思想研究』第一三号、二〇〇八年。

（14）マーティン・ヘグルンド『ラディカル無神論——デリダと生の時間』吉松覚・島田貴史・松田智裕訳、法政大学出版局、二〇一七年、一五六—七頁。

（15）ちなみに、デリダが聴講していたかは定かではないが、哲学コレージュで一九五二年に行なわれたレヴィナスの講演は「書かれたものと口頭のもの」と題され、われわれが先にまとめた議論を展開している。Cf. Emmanuel Levinas, « L'Écrit et l'Oral », in *Œuvres complètes, tome 2. Parole et silence et autres conférences inédites au Collège philosophique*, volume publié sous la responsabilité de Rodolphe Calin et Catherine Chalier, Grasset-IMEC, 2011.〔『レヴィナス著作集２　哲学コレージュ講演集』ロドルフ・カラン、カトリーヌ・シャリエ監修、藤岡俊博・渡名喜庸哲・三浦直希訳、法政大学出版局、二〇一六年〕

（16）Emmanuel Levinas, *En découvrant l'existence avec Husserl et Heidegger*, 2ème éd., 1967, J. Vrin, 2006, p. 266-7.〔エマニュエル・レヴィナス『実存の発見——フッサールとハイデッガーと共に』佐藤真理人・小川昌宏・三谷嗣・河合孝昭訳、法政大学出版局、一九九六年、二七六頁〕なお、この論文は加筆され「意味作用と意義（La signification et le sens）」というタイトルで一九七二年に『他者のユマニスム』に収録されている。

（17）レヴィナスにおける「典礼（liturgie）」の問題は見かけ以上に重要であるが、さしあたり『困難な自由』序文における言及のみをここでは指摘しておこう（DL, 10／xiv-xv）。

（18）この観点では『存在の彼方へ』第二章が重要である。「他者の痕跡」の〈作品〉との関係については、以下を参照されたい。Yotetsu Tonaki, « Question de l'« œuvre » chez Emmanuel Levinas », art. cit.

（19）「他者の痕跡」において「彼性」概念が導入された際、そこには注は付けられていないのだが、同論文の加筆版である「意味作用と意義」では、同じ箇所に付けられた注で「同様に彼性の「概念」に依拠しているロジェ・ラポルト氏の注目すべき著作」への言及がある（HAH, 65, 117-8／一六八）。

（20）「起源の諾（oui）」については、とりわけ以下を参照。Jacques Derrida, *Ulysse gramophone*, Galilée, 1987. またこの点をめぐるデリダとレヴィナスの近しさについては以下も参照。François-David Sebbah, *L'épreuve de la limite. Derrida, Henry, Levinas et la phénoménologie*, PUF, 2001, 3e partie, 4e chapitre. 〔フランソワ＝ダヴィッド・セバー『限界の試練——デリダ、アンリ、レヴィナスと現象学』合田正人訳、法政大学出版局、二〇一三年、第三部第四章〕

（21）Jacques Derrida, « En ce moment même dans cet ouvrage me voici », in François Laruelle (éd.), *Textes pour Emmanuel Lévinas*, Jean-Michel Place, 1980 ; repris in *Psyché. Inventions de l'autre I*, Galilée, 1987. 〔ジャック・デリダ「この作品の、この瞬間に、我ここに」、『プシュケー——他なるものの発明（Ⅰ）』藤本一勇訳、岩波書店、二〇一四年〕

（22）Jacques Derrida, *Les Yeux de la langue. L'abîme et le volcan*, Galilée, 2012.

（23）Jacques Derrida, « *Interpretations at war*. Kant, le Juif, l'Allemand », in *Psyché. Inventions de l'autre II*, Galilée, 2003. 〔ジャック・デリダ「戦争中の諸解釈——カント、ユダヤ人、ドイツ人」、『プシュケー——他なるものの発明（Ⅱ）』藤本一勇訳、岩波書店、二〇一九年〕

（24）これについては、とりわけ以下を参照されたい。Gideon Ofrat, *The Jewish Derrida*, Syrcause University Press, 2001. 増田一夫「エルゴ・ユダエウス・スム——「最後のユダヤ人」としてのデリダ」、別冊『環』第一三号、二〇〇七年。ジゼル・ベルクマン「「最後のユダヤ人」――デリダ、ユダヤ教とアブラハム的なもの」佐藤香織訳、『人文学報』（首都大学東京）第五一一号、二〇一五年。

（25）この点にはじめて言及されるのは、「割礼告白」と題された以下の自伝的テクストである。Jacques Derrida, « Circonfession », in *Jacques Derrida*, avec Geoffrey Bennington, Seuil, 1991.

（26）Jacques Derrida, « Le Siècle et le pardon », in *Foi et Savoir*, Seuil, 2001.〔ジャック・デリダ「世紀と赦し」鵜飼哲訳、『現代思想』第二八巻一三号、二〇〇〇年〕

（27）Jacques Derrida, *Pardonner. L'impardonnable et l'imprescriptible*, Galilée, 2012.〔ジャック・デリダ『赦すこと――赦し得ぬものと時効にかかり得ぬもの』守中高明訳、未來社、二〇一五年〕

（28）Jacques Derrida, *Qu'est-ce qu'une traduction « relevante »* ?, L'Herne, 2005.

（29）Jacques Derrida, *Adieu à Emmanuel Lévinas*, Galilée, 1997, p. 68.〔ジャック・デリダ『アデュー――エマニュエル・レヴィナスへ』藤本一勇訳、岩波文庫、二〇二四年、七一頁〕同邦訳では parjure は「宣約違反」と訳されている。

（30）Jacques Derrida, *Le dernier des Juifs*, *op. cit.*, p. 53.〔『最後のユダヤ人』前掲、五四頁〕

（31）*Ibid.*, p. 57.〔同右、五八頁〕

（32）*Ibid.*, p. 88.〔同右、九四頁〕

（33）これについては、以下を参照されたい。渡名喜庸哲「人は己のユダヤ性から逃れられるか――一九三〇年代のハンナ・アレントにおけるユダヤ性の問題」、『ヨーロッパ研究』第一一号、二〇一一年。

第3章

（1）Emmanuel Levinas, « Politique après ! », in *L'au-delà du verset. Lectures et discours talmudiques*, Minuit, 1982.〔エマニュエル・レヴィナス「政治は後で!」、『聖句の彼方〈新装版〉』合田正人訳、法政大学出版局、二〇一四年〕

（2）この主題に関する主な単行本だけでも以下がある。Howard Caygill, *Levinas and the Political*, Routledge, 2002 ; Olivier Dekens, *Politique de l'autre homme. Levinas et la fonction politique de la philosophie*, Ellipses, 2003 ; Bettina Bergo, *Levinas between Ethics and Politics. For the Beauty That Adorns the Earth*, Duquesne University Press, 2003 ; Asher Horowitz and Gad Horowitz (eds.), *Difficult Justice. Commentaries on Levinas and Politics*, University of Toronto Press, 2006 ; Gérard Bensussan, *Ethique et expérience. Lévinas politique*, La Phocide, 2008 ; Ernst Wolff, *Political Responsibility for a Globalised World. After Levinas' Humanism*, Columbia University Press, 2011 ; Annabel Herzog, *Levinas's Politics. Justice, Mercy, Universality*, University of Pennsylvania Press, 2020. 松葉類『飢えた者たちのデモクラシー――レヴィナス政治哲学のために』人文書院、二〇二三年。

（3）Emmanuel Levinas, "The Paradox of Morality. An Interview with Emmanuel Levinas", in Robert Bernasconi and David Wood (eds.), *The Provocation of Levinas. Rethinking the Other*, Routledge, 1988 ; cf. *id.*, « Le paradoxe de la moralité. Un entretien avec Emmanuel Levinas », in *Philosophie*, no. 112, 2012.

（4）Emmanuel Levinas, « Philosophie, justice et amour. Entretien avec Emmanuel Levinas », in *Esprit*, no. 80/81, 1983.

（5）Miguel Abensour, « L'extravagante hypothèse », in *Rue Descartes*, no. 19, 1998.

（6）カトリーヌ・マラブー『泥棒！――アナキズムと哲学』伊藤潤一郎・吉松覚・横田祐美子訳、青土社、二〇二四年、一四三頁。ここには、レヴィナスの政治観が、ローゼンツヴァイクを介してヘーゲルを一つの参照項としていることも無関係ではないだろう。

（7）この点については拙著で指摘した。渡名喜庸哲『レヴィナスの企て――『全体性と無限』と「人間」の多層性』勁草書房、二〇二一年、第Ⅳ部第1章を参照。

（8）Emmanuel Levinas, « Transcendance et hauteur », in *Liberté et commandement*, Le Livre de poche, 1999, p. 97.

（9）Cf. Slavoj Žižek, "A Plea for Ethical Violence", in *The Bible and Critical Theory*, vol. 1, no. 1, 2004, p. 12. ジジェクは「第三者」が「顔なし（faceless）」であることを「徹底的に反レヴィナス的な結論」と述べるが、むしろ適切な

理解であるように思われる。

（10）Jacques Derrida, *Qu'est-ce qu'une traduction « relevante » ?* [1998], L'Herne, 2005.

（11）Cf. Alain Mayama, *The Turn to the Neighbor. Emmanuel Levinas's Conceptual Affinities with Liberation Theology*, Doctoral dissertation, Duquesne University, 2007 ; Enrique Dussel, *Philosophy of Liberation*, Orbis Books, 1985 ; *id.*, *The Invention of the Americas. The Eclipse of the "Other" and the Myth of Modernity*, Continuum, 1995.

（12）Cf. ヴァーツラフ・ハヴェル『プラハ獄中記——妻オルガへの手紙』飯島周訳、恒文社、一九九五年。またこの点については以下も参照。ジェラール・ベンスーサン「レヴィナスと政治の問い」渡名喜庸哲訳、『現代思想』第四〇巻三号、二〇一二年。

（13）Cf. クロード・ルフォール『民主主義の発明——全体主義の限界』渡名喜庸哲・太田悠介・平田周・赤羽悠訳、勁草書房、二〇一七年。

（14）Cf. Simon Critchley, "Five Problems in Levinas's View of Politics and the Sketch of a Solution to Them", in *Political Theory*, vol. 32, no. 2, 2004.

（15）乙部延剛「エートスの陶冶とは何か？——成熟の理論としての闘技デモクラシー論」、『年報政治学』二〇一九-Ⅱ号。

（16）アルフォンソ・リンギスは、レヴィナスにおける「正義はより高次のエゴイズムにならないか」と問う。Cf. Alphonso Lingis, "Objectivity and of justice. A critique of Emmanuel Levinas' explanation", in *Continental Philosophy Review*, vol. 32, 1999, p. 395.

（17）Cf. Slavoj Žižek, "A Plea for Ethical Violence", art. cit., p. 10.

（18）コリン・デイヴィス『レヴィナス序説』内田樹訳、国文社、二〇〇〇年、一一二頁。

（19）Simon Critchley, "Five Problems in Levinas's View of Politics and the Sketch of a Solution to Them", art. cit.

（20）Peter Atterton and Matthew Calarco (eds.), *Radicalizing Levinas*, State University of New York Press, 2010.

（21）Robert Bernasconi and Simon Critchley (eds.), *The Cambridge Companion to Levinas*, Cambridge University Press, 2002.
（22）Peter Atterton and Matthew Calarco (eds.), *Radicalizing Levinas*, *op. cit.*, p. x.
（23）グローバリゼーション、エコロジー、動物については、それぞれ以下を参照。Ernst Wolff, *Political Responsibility for a Globalised World. After Levinas' Humanism*, *op. cit.* ; William Edelglass, James Hatley, and Christian Diehm (eds.), *Facing Nature. Levinas and Environmental Thought*, Duquesne University Press, 2012 ; Peter Atterton and Tamra Wright (eds.), *Face to Face with Animals. Levinas and the Animal Question*, State University of New York Press, 2019.
（24）Judith Butler, *Parting Ways. Jewishness and the Critique of Zionism*, Columbia University Press, 2012.〔ジュディス・バトラー『分かれ道――ユダヤ性とシオニズム批判』大橋洋一・岸まどか訳、青土社、二〇一九年〕
（25）Emmanuel Levinas, « Israël, éthique et politique, entretiens avec S. Malka (avec Alain Finkielkraut) », in *Les Nouveaux Cahiers*, no. 71, 1983.〔「虐殺は誰の責任か――イスラエル：倫理と政治」内田樹訳、『ユリイカ』第一七巻八号、一九八五年〕
（26）バトラーのレヴィナス読解については、以下の拙稿も参照。渡名喜庸哲「レヴィナスにおける〈東方〉についての極端な思考――ジュディス・バトラーからの批判に対して」、杉村靖彦・渡名喜庸哲・長坂真澄編『個と普遍――レヴィナス哲学の新たな広がり』法政大学出版局、二〇二二年。
（27）John E. Drabinski, *Levinas and the Postcolonial. Race, Nation, Other*, Edinburgh University Press, 2011.
（28）日本語で読めるものとしては以下を参照。小手川正二郎「レヴィナスとポストコロニアリズム」、レヴィナス協会編『レヴィナス読本』法政大学出版局、二〇二二年。
（29）John E. Drabinski, *Levinas and the Postcolonial*, *op. cit.*, p. xvii.
（30）*Ibid.*, p. xiii.

（31）Cf. Beverly R. Voloshin, "The Ethical Turn in French Postmodern Philosophy", in *Pacific Coast Philology*, vol. 33, no. 1, 1998.

（32）Cf. Simon Critchley, *The Ethics of Deconstruction. Derrida and Levinas*, Edinburgh University Press, 1992.

（33）Jacques Derrida, *Force de loi*, Galilée, 1994, p. 35.〔ジャック・デリダ『法の力』堅田研一訳、法政大学出版局、二〇一一年、三四頁〕

（34）以下を参照。TI, 12, 166, 187, 188, 284, 334, 341／二五、二七五、三〇四、三〇五、四五六、五三六、五四七―八。

（35）Jacques Derrida, *Adieu à Emmanuel Lévinas*, Galilée, 1997, p. 45.〔ジャック・デリダ『アデュー――エマニュエル・レヴィナスへ』藤本一勇訳、岩波文庫、二〇二四年、四三―四頁〕

（36）Cf. Jacques Derrida, *Hospitalité*, vol. 1, Seuil, 2021, p. 31.

（37）Jacques Derrida, *De l'hospitalité*, Calmann-Lévy, 1997, p. 71.〔ジャック・デリダ『歓待について――パリ講義の記録』廣瀬浩司訳、ちくま学芸文庫、二〇一八年、一〇六―七頁〕

（38）たとえば以下を参照。松葉祥一「移民・市民権・歓待――サンパピエの運動とバリバール、デリダ」、三浦信孝編『普遍性か差異か――共和主義の臨界、フランス』藤原書店、二〇〇一年。以下に再録。松葉祥一『哲学的なものと政治的なもの――開かれた現象学のために』青土社、二〇一〇年。

（39）Jean-Luc Nancy, *L'Intrus*, Galilée, 2000.〔ジャン＝リュック・ナンシー『侵入者――いま〈生命〉はどこに？』西谷修訳編、以文社、二〇〇〇年〕

（40）ナンシーのこの概念の広がりについては以下も参照。柿並良佑「Mêmaltération――ナンシー、同という他化」、西山雄二・柿並良佑編『ジャン＝リュック・ナンシーの哲学――共同体、意味、世界』読書人、二〇二三年。

（41）Jacques Derrida, *Foi et Savoir. Suivi de Le Siècle et le Pardon*, Seuil, 2001, p. 67-8.〔ジャック・デリダ『信と知――たんなる理性の限界における「宗教」の二源泉』湯浅博雄・大西雅一郎訳、未來社、二〇一六年、一一二―四

頁〕

(42) Jacques Derrida, *Voyous*, Galilée, 2003, p. 59 et sq.〔ジャック・デリダ『ならず者たち』鵜飼哲・高橋哲哉訳、みすず書房、二〇〇九年、七六頁以下〕

(43) ジャコブ・ロゴザンスキー『政治的身体とその〈残りもの〉』松葉祥一編訳、本間義啓訳、法政大学出版局、二〇二二年、四頁。ロゴザンスキーによるレヴィナスの「同のなかの他」批判については以下も参照。Jacob Rogosinski, « De la caresse à la blessure outrance de Levinas », in *Les Temps modernes*, no. 664, 2011.

(44) Cf. Catherine Malabou, *Les nouveaux blessés. De Freud à la neurologie, penser les traumatismes contemporains*, Bayard, 2007.〔カトリーヌ・マラブー『新たなる傷つきし者――フロイトから神経学へ：現代の心的外傷を考える』平野徹訳、河出書房新社、二〇一六年〕この点については、以下も参照。鈴木智之「病いの語りとホロコーストの証言――サヴァイヴァーズ・ナラティヴの社会学のために」、『三田社会学会』第二三号、二〇一八年、鈴木智之「破局的経験と生命の可塑性――クレール・マラン『病い――内なる破局』を中心に」、『社会志林』第六七巻二号、二〇二〇年。

(45) Yves Charles Zarka, « Penser l'hospitalité aujourd'hui », in *Cités*, no. 68, 2016.

(46) Cf. Jacques Derrida, *Le dernier des Juifs*, Galilée, 2014.〔ジャック・デリダ『最後のユダヤ人』渡名喜庸哲訳、未來社、二〇一六年〕。とくに同書前半に収められた「告白する――不可能なものを」は「いかに共に生きるか」を主題として掲げた第三七回フランス語圏ユダヤ人知識人会議でなされたはじめてのデリダの講演である。

第4章

(1) 本章は、二〇一六年に慶應義塾大学教養研究センター主催の読書会「晴読雨読」の課題テクストとしてレヴィナス『倫理と無限』が取り上げられ、一年にわたって読書会が行なわれた後、その報告書に寄せた文章である。読者層としては、大学に入学したばかりの、レヴィナスについての専門的な知識もあまりない学生を想定しているため、若干フランクな物言いになっているところはご容赦願いたい。

（2）Gilles Deleuze, *Différence et répétition*, PUF, 1968, p. 180-2.〔ジル・ドゥルーズ『差異と反復（上）』財津理訳、河出文庫、二〇〇七年、三六九—三七二頁〕

（3）この意味では「顔」はホテルのフロント（つまり「額」）に似ている。ホテルのフロントは、そもそもやってくる相手が「客」であるかどうかわからないにもかかわらず、まずはその未知なる人を受け入れなければならない。「一見さんお断り」等の既存の社会的関係を前提とした店舗であれば、玄関を固く閉ざすことはできる。そこまで閉鎖的でない場合でも玄関を開け広げにして誰でも入れるようにはしないはずだが、少なくとも、元来的な意味での「フロント」をもつお店は、「顔」のようにして「無防備で廉直な仕方で露呈」されていなければならない。商売が顔との関係を前提としていることについては『全体性と無限』第三部「顔と倫理」の章を参照。ここでは、われわれが「殴打」について述べたことと関係して、「戦争」も顔を前提としていることが詳述されている。

（4）Jacques Derrida, *L'écriture et la différence*, Seuil, p. 220.〔ジャック・デリダ『エクリチュールと差異〈改訳版〉』谷口博史訳、法政大学出版局、二〇二二年、二九五頁〕

第5章

（1）Adélie et Jean-Jacques Rassial (éds.), *La psychanalyse est-elle une histoire juive ? Colloque de Montpellier, 1980*, Seuil, 1981.

（2）詳細については、伊原木大祐・伊藤潤一郎「レヴィナスとキリスト教」、レヴィナス協会編『レヴィナス読本』法政大学出版局、二〇二二年、二二三頁以下を参照。

（3）ジャン゠リュック・ナンシー「レヴィナスの文学的な〈筋立て〉」渡名喜庸哲訳、『レヴィナス著作集3　エロス・文学・哲学』ジャン゠リュック・ナンシー、ダニエル・コーエン゠レヴィナス監修、渡名喜庸哲・三浦直希・藤岡俊博訳、法政大学出版局、二〇一八年。

(4) Jean-Luc Nancy, *Une pensée finie*, Galilée, 1990, p. 260.〔ジャン＝リュック・ナンシー『限りある思考』合田正人訳、法政大学出版局、二〇一一年、三〇六頁〕

(5) Jean-Luc Nancy, *Le sens du monde*, Galilée, 1993, p. 123.

(6) *Ibid.*, p. 30.

(7) *Ibid.*, p. 123.

(8) Jean-Luc Nancy, *À l'écoute*, Galilée, 2002, p. 21.

(9) ここで、作曲家のピエール・シェフェールが考案した「アクースマティック (acousmatique)」という言葉を思い浮かべることもできる。音源や意味など外的なものへの参照をもたない音のことである。Cf. Pierre Schaeffer, *Traité des objets musicaux. Essai interdisciplines*, Seuil, 1966. なお、こうした参照項をもたない音の現象学的な側面については、ジョスラン・ブノワがレヴィナスの「音の現象学」に注目しながらその意義を強調している。Cf. Jocelyn Benoist, « Rompre le silence de la phénoménologie », in Corine Pelluchon et Yotetsu Tonaki (éds.), *Levinas et Merleau-Ponty. Le corps et le monde*, Hermann, 2023.

(10) Jean-Luc Nancy, *À l'écoute*, *op. cit.*, p. 33.

(11) Cf. Jean-Luc Nancy, « Ascoltando », in Peter Szendy, *Écoute. Une histoire de nos oreilles*, Minuit, 2001.

(12) Jean-Luc Nancy, « Une voix retentit », in Günther Anders, *Phénoménologie de l'écoute*, Philharmonie de Paris, 2020.

(13) *Ibid.*, p. 11.

(14) *Ibid.*

(15) *Ibid.*, p. 12.

(16) Jean-Luc Nancy, *À l'écoute*, *op. cit.*, p. 37.

(17) *Ibid.*, p. 38.

(18) Jean-Luc Nancy, *Le sens du monde*, *op. cit.*, p. 48.

(19) *Ibid.*, p. 49.

(20) Jean-Luc Nancy, *Corpus*, Anne-Marie Métailié, 1992, p. 25.〔ジャン＝リュック・ナンシー『共同‐体《コルプス》』大西雅一郎訳、松籟社、一九九六年、二一頁〕

(21) Jean-Luc Nancy, *Sexistence*, Galilée, 2017, p. 39.

(22) この点については、三上良太「レヴィナスと芸術／音楽」、レヴィナス協会編『レヴィナス読本』法政大学出版局、二〇二二年、三〇八頁以下がきわめて重要である。

(23) Jean-Luc Nancy, *Sexistence*, *op. cit.*, p. 38.

(24) 渡名喜庸哲「エロス、文学、災厄――バタイユ、レヴィナス、ナンシー」、『多様体』第二号、二〇二〇年。

第6章

(1) Cf. オリエッタ・オンブロージ「犬だけでなく――レヴィナスとデリダの動物誌」馬場智一訳、齋藤元紀・澤田直・渡名喜庸哲・西山雄二編『終わりなきデリダ――ハイデガー、サルトル、レヴィナスとの対話』法政大学出版局、二〇一六年。この論文は、オンブロージがデリダの動物論を主題とした以下の著作にも再録されている。Orietta Ombrosi, *Le bestiaire philosophique de Jacques Derrida*, préface de Corine Pelluchon, PUF, 2022.

(2) Cf. 渡名喜庸哲「「動物以上、人間未満」――レヴィナスにおける「エートスの学」」、『慶應義塾大学日吉紀要フランス語フランス文学』第六〇号、二〇一五年。この論文は、以下にも収められている。『レヴィナスの企て――『全体性と無限』と「人間」の多層性』勁草書房、二〇二一年、第Ⅳ部第2章。

(3) John Llewelyn, *The Middle Voice of Ecological Conscience. A Chiasmic Reading of Responsibility in the Neighborhood of Levinas, Heidegger and Others*, Macmillan, 1991 ; David Clark, "On Being "The Last Kantian in Nazi Germany". Dwelling with Animals after Levinas", in Jennifer Ham and Matthew Senior (eds.), *Animal Acts. Configuring the Human in Western History*, Routledge, 1997 ; H. Peter Steeves, *Animal Others. On Ethics, Ontology, and Animal Life*, State

University of New York Press, 1999 ; Matthew Calarco, *Zoographies. The Question of the Animal from Heidegger to Derrida*, Columbia University Press, 2008 ; Bob Plant, "Welcoming Dogs. Levinas and 'the Animal' Question", in *Philosophy and Social Criticism*, vol. 37, no. 1, 2011 ; Peter Atterton, "Levinas and Our Moral Responsibility toward Other Animals", in *Inquiry*, vol. 54, no. 6, 2011.

（4）たとえば、以下の論集は今述べたような観点から、逆にニーチェ、ハイデガーから、レヴィナス、フーコー、ドゥルーズ、デリダを経てシクスーやイリガライにいたる「大陸哲学」における動物論をまとめたものだが、これに序文を寄せたピーター・シンガーは、あれほど既存の価値観や社会制度に対し批判的なスタンスを保っていた大陸哲学が動物の問いについてはまったく触れていないとし、そこに「怠慢（failure）」を見ている。Peter Singer, "Preface", in Matthew Calarco and Peter Atterton, *Animal Philosophy. Essential Readings in Continental Philosophy*, Continuum, 2004.

（5）Jacques Derrida, *L'animal que donc je suis*, Marie-Louise Mallet (éd.), Galilée, 2006.〔ジャック・デリダ『動物を追う、ゆえに私は（動物で）ある』マリ＝ルイーズ・マレ編、鵜飼哲訳、ちくま学芸文庫、二〇二三年〕以下、ここからの引用は本文中に日本語訳の頁数を示す。

（6）檜垣立哉「デリダの生命／動物論」、『フランス哲学・思想研究』第一九号、二〇一四年。

（7）Jacques Derrida, *L'écriture et la différence*, Seuil, p. 146, 210.〔ジャック・デリダ『エクリチュールと差異〈改訳版〉』谷口博史訳、法政大学出版局、二〇二二年、一九三、二八一頁〕この点については、以下も参照。パトリック・ロレッド「人間の倫理は供犠的か——倫理の脱構築をめぐるデリダとレヴィナスの論争」横田祐美子訳、『人文学報』（首都大学東京）第五一二‐一五号、二〇一六年。

（8）コリーヌ・ペリュション『レヴィナスを理解するために——倫理・ケア・正義』渡名喜庸哲・樋口雄哉・犬飼智仁訳、明石書店、二〇二三年、一〇〇—一頁。また一二二頁以下も参照。

（9）渡名喜庸哲「「動物以上、人間未満」」前掲。

(10) Peter Atterton, "Levinas's Humanism and Anthropocentrism", in Michael L. Morgan (ed.), *The Oxford Handbook of Levinas*, Oxford University Press, 2018.

(11) Emmanuel Levinas, "The Paradox of Morality. An Interview with Emmanuel Levinas", in Robert Bernasconi and David Wood (eds.), *The Provocation of Levinas. Rethinking the Other*, Routledge, 1988.

(12) Emmanuel Levinas, "The Animal Interview", in Peter Atterton and Tamra Wright (eds.), *Face to Face with Animals. Levinas and the Animal Question*, State University of New York Press, 2019.

(13) Edward O.Wilson, *Sociobiology. The New Synthesis*, Harvard University Press, 1975, p. 27.〔エドワード・O・ウィルソン『社会生物学〈合本版〉』伊藤嘉昭監訳、新思索社、一九九九年、三一六頁〕

(14) このインタビューにおけるレヴィナスのダーウィンに関する言及に対して、これがダーウィンの進化論についての誤解であるばかりか、ダーウィンの思想を実際に見てみると、ダーウィンが動物に利他主義的な道徳性を読み取っているというかたちの批判はたびたびなされている。Christian Diehm, "Ethics and Natural History. Levinas and Other-Than-Human Animals", in *Environmental Philosophy*, vol. 3, no. 2, 2006 ; Matthew Calarco, *Zoographies*, *op. cit*. ピーター・アタートンは、こうした進化論的利他主義のほうが、むしろレヴィナスの倫理をよりよく説明するものであるとすら述べる。Cf. Peter Atterton, "Nourishing the Hunger of the Other. A Rapprochement between Levinas and Darwin", in *Symplokē*, vol. 19, no. 1-2, 2011 ; *id*., "Levinas's Humanism and Anthropocentrism", art. cit.

(15) この点については以下の拙稿を参照。渡名喜庸哲「『全体性と無限』におけるビオス——クルト・シリングの注から出発して」、合田正人編『顔とその彼方——レヴィナス『全体性と無限』のプリズム』知泉書館、二〇一四年。

(16) この点については、以下の優れた論考を参照。Robert Bernasconi, "Levinas and the Struggle for Existence", in Eric Sean Nelson, Antje Kapust, and Kent Still (eds.), *Addressing Levinas*, Northwestern University Press, 2005.

(17) Peter Singer, *Practical Ethics*, Cambridge University Press, 2nd ed., 1993.〔ピーター・シンガー『実践の倫理〈新版〉』山内友三郎・塚崎智監訳、昭和堂、一九九九年〕

(18) フレッチャーについては、川本隆「生命の価値とは何か?」、『東洋大学大学院紀要』第五五巻、二〇一九年を、トゥーリーについては、陀安広二「パーソン論とはどのような倫理か――シンガーを中心に」、『医療・生命と倫理・社会』第三巻二号、二〇〇四年を参照。

(19) Michael L. Morgan, "Animals, Levinas, and Moral Imagination", in Peter Atterton and Tamra Wright (eds.), *Face to Face with Animals. Levinas and the Animal Question*, *op. cit.*

(20) Beril İdmen Sözmen, "The Problem of Non-Human Animals in Levinasian Ethics and a Possible Corrective", in *Dialogue*, vol. 54, no. 4, 2016.

(21) Jan-Harm De Villiers, "Thinking-of-the-Animal-Other with Emmanuel Levinas", in *PER/PELJ*, no. 23, 2020.

(22) Cf. Matthew Calarco, *Zoographies*, *op. cit.*, chap. 2: "Facing the Other Animal". なおこの章は、以下とほぼ同内容である。Matthew Calarco, "Faced by Animals", in Peter Atterton and Matthew Calarco (eds.), *Radicalizing Levinas*, State University of New York Press, 2010. 引用は前者から行なう。

(23) カラルコが依拠しているのは主に以下である。Kenneth E. Goodpaster, "On Being Morally Considerable", in *The Journal of Philosophy*, vol. 75, no. 6, 1978 ; Thomas Birch, "Moral Considerability and Universal Consideration", in *Environmental Ethics*, vol. 15, no. 4, 1993.

(24) Matthew Calarco, *Zoographies*, *op. cit.*, p. 69-71.

(25) Bob Plant, "Vulnerable Lives. Levinas, Wittgenstein, and "Animals"", in Peter Atterton and Tamra Wright (eds.), *Face to Face with Animals*, *op. cit.*

(26) ルートヴィヒ・ウィトゲンシュタイン『哲学探究』藤本隆志訳、『ウィトゲンシュタイン全集』第八巻、大修館書店、一九七六年、三五五頁以下。

（27）この点について、以下を参照。丸田健「魂に対する態度――他者とのかかわり・自然とのかかわり」、『大阪大学大学院人間科学研究科紀要』第三六号、二〇一〇年。

（28）石黒浩『アンドロイドは人間になれるか』文春新書、二〇一五年、一八九頁。

（29）同右、一九五頁。

（30）同右、一八七―八頁。

（31）Mark Coeckelbergh, "Robot rights? Towards a Social-Relational Justification of Moral Consideration", in *Ethics and Information Technology*, vol. 12, no. 3, 2010.

（32）Mark Coeckelbergh and David J. Gunkel, "Facing Animals: A Relational, Other-Oriented Approach to Moral Standing", in *Journal of Agricultural and Environmental Ethics*, vol. 27, no. 5, 2014.

（33）David J. Gunkel, *Robot Rights*, MIT Press, 2018, p. 167.

（34）David J. Gunkel, "Mind the Gap. Responsible Robotics and the Problem of Responsibility", in *Ethics and Information Technology*, vol. 22, no. 4, 2020.

（35）岡田美智男『弱いロボット』医学書院、二〇一二年、岡田美智男『〈弱いロボット〉の思考――わたし・身体・コミュニケーション』講談社現代新書、二〇一七年、ドミニク・チェン「非規範的な倫理生成の技術に向けて」、西垣通編『ＡＩ・ロボットと共存の倫理』岩波書店、二〇二二年。

（36）ドミニク・レステル『あなたと動物と機械と――新たな共同体のために』渡辺茂・鷲見洋一監訳、若林美雪訳、ナカニシヤ出版、二〇二二年。原題は『私の友だちの友だち（*Les amis de mes amis*）』である。また、関連する主張として以下も参照。出口康夫『京大哲学講義 ＡＩ親友論』徳間書店、二〇二三年。

第7章

（1）グレゴワール・シャマユー『ドローンの哲学――遠隔テクノロジーと〈無人化〉する戦争』渡名喜庸哲訳、

明石書店、二〇一八年。
（2）映画の成立の背景や概要については以下を参照。Jan Harlan and Jane M. Struthers (eds.), *A.i. Artificial Intelligence. From Stanley Kubrick to Steven Spielberg. The Vision Behind the Film*, Thames & Hudson, 2009. 英語の文献では、映画『A．I．』についての哲学的な考察を試みたものは少なくないが（Cf. Dean A. Kowalski (ed.), *Steven Spielberg and Philosophy. We're Gonna Need a Bigger Book*, University Press of Kentucky, 2008）、「愛」の問題を正面から扱っているものはほとんどない。
（3）C．S．ルイス『四つの愛（C．S．ルイス宗教著作集2）〈新訳〉』佐柳文男訳、新教出版社、二〇一一年。
（4）愛についての哲学的な考察としては、以下が入り口としてはわかりやすい。苫野一徳『愛』講談社現代新書、二〇一九年。西洋文明全体における「愛」のさまざまな姿の変遷については以下を参照。ドニ・ド・ルージュモン『愛について――エロスとアガペ（上・下）』鈴木健郎・川村克己訳、平凡社ライブラリー、一九九三年。
（5）アレクサンドル・コジェーヴ『ヘーゲル読解入門――『精神現象学』を読む』上妻精・今野雅方訳、国文社、一九八七年、一四―五頁。強調は引用者。
（6）ルネ・ジラール『欲望の現象学――ロマンティークの虚偽とロマネスクの真実〈新装版〉』古田幸男訳、法政大学出版局、二〇一〇年。
（7）レヴィナスの「他者」概念は時期によってニュアンスの違いがあるが、ここで念頭に置かれているのは、とりわけレヴィナスが倫理的な「他者」という考えをはじめて定式化した時期の二つの論文、すなわち「存在論は根源的か」と「自由と命令」である。渡名喜庸哲『レヴィナスの企て――『全体性と無限』と「人間」の多層性』勁草書房、二〇二一年、第Ⅳ部第1章を参照。
（8）この点については、モーリス・ブランショが、レヴィナスにおける「他者」との出会いとは「話すか、殺すか」が問題となるような「未知なるもの」との遭遇であると述べていることが参考になる。以下を参照。モーリス・ブランショ『終わりなき対話Ⅰ――複数性の言葉（エクリチュールの言葉）』湯浅博雄・上田和彦・郷原佳以訳、筑摩書房、二〇一六年。

（9）「応答する」ことは、単に返事をすることではない。言葉を発することでも不十分である。そうではなく、コミュニケーションがとれるかどうかも分からない得体の知れない相手を前にし、それでもコミュニケーションをとろうと声をかけてみることである。もちろん、突然やってきた闖入者のように、「他者」は文字通り得体の知れない相手であって、「殺す」備えが必要な場合もある。けれども、その闖入者に対してそれでも声をかけてみることが「応答する」ことだと言える。

（10）ハイデガー『存在と時間』第五八節。

（11）ハイデガーにおいて「死」に対して特権的な地位が認められる一方で「誕生」については考慮されていないことはよく指摘される（たとえば森一郎『死と誕生――ハイデガー・九鬼周造・アーレント』東京大学出版会、二〇〇八年）。なお、レヴィナスもまた、ハイデガーが被投性という概念でもって世界における実存のあり方の「具体的生」を描いたことを評価しつつ、被投性というとき「どこから投げられているか」という問いを不問にしていたとし、そこに「自由」な主体の哲学を見ている。これに対しレヴィナスが対置するのは、「父」と「子」との関係、少なくとも「私」が「子」として「創造されて」あるという事態である。この点については以下の拙著を参照。渡名喜庸哲『レヴィナスの企て』前掲、第Ⅲ部第3章。

（12）自分が数多くいるという問題は、逆に、人間のロボット化ないし機械化の過程においても生じている。広島に原爆を落としたパイロットであるクロード・イーザリーとの対話において、ドイツの哲学者のギュンター・アンダースは、人間が人間的な「責任」を感じなくなるためにはある種の機械装置の一部となる必要があると言いつつ、そのときには「複数のクロード」が生まれると述べている。G・アンデルス、C・イーザリー『ヒロシマわが罪と罰――原爆パイロットの苦悩の手紙』篠原正瑛訳、ちくま文庫、一九八七年。

（13）ジャン＝ピエール・デュピュイ『聖なるものの刻印――科学的合理性はなぜ盲目なのか』西谷修・森元庸介・渡名喜庸哲訳、以文社、二〇一四年、三三二頁。

（14）ハイデガー『存在と時間』第五三節。

（15）レヴィナスにおける「愛」の概念の複雑さおよびその変遷については以下が詳しい。François-David Sebbah, « Ambiguïté d'Eros. À la lumière des Carnets de captivité et d'autres inédits », in *Alter. Revue de phénoménologie*, no. 20, 2012.

（16）ほとんど同様のことが、京都アニメーションによってアニメ化された暁《あかつき》佳奈《かな》によるライトノベル『ヴァイオレット・エヴァーガーデン』についても言えるだろう。主人公の少女ヴァイオレット・エヴァーガーデンはまず「戦闘人形」として名を馳せたが、戦闘で両腕を失い、その後は「自動書記人形《オート・メモリーズ・ドール》」として代筆業を営む。このような戦闘行為ないし筆記行為を代替する「人形」としてのヴァイオレットは、しかしかつての上官ギルベルトの「愛している」の意味をつねに探し求めていく。すでに不在のギルベルトに対して向けられるこの「情欲なき愛」の志向性を欠いていれば、ヴァイオレットはおそらく「人形」のままとどまっていただろう。

第8章

（1）Giorgio Agamben, «Un paese senza volto», in *Quodlibet*, 8 ottobre 2020 : https://www.quodlibet.it/giorgio-agamben-un-paese-senza-volto（二〇二四年一〇月二九日最終閲覧）。以下の英訳も参照した。Giorgio Agamben, «The face and the mask», in Enough 14 : https://www.simplelists.com/nfu/cache/15381263/2.pdf（二〇二四年一〇月二九日最終閲覧）。

（2）梶谷真司「哲学対話と社会的包摂——新たなコミュニティを求めて」、実存思想協会第三六回臨時大会講演（二〇二〇年一〇月二五日）。

（3）France Inter, «Coronavirus : Penser le port du masque avec Lévinas», le 12 mai 2020 ; «Porter un masque : Qu'en aurait-dit Platon ou Lévinas?», le 22 mai 2020. 情報誌『メディアパール』にも同種の記事が見られる。Christophe Courin, «L'autre à travers un masque : lire Levinas», in *Médiapart*, 18 août 2020.

（4）Andreas Lind and Bruno Nobre, "Levinas and the Impact of Mask Wearing on Intersubjective Relationships", in Luísa Magalhães and Cândido Oliveira Martins (eds.), *Masks and Human Connections. Disruptive Meanings and Cultural Challenges*, Springer, 2023.

（5）Robert Zaretsky, "Faces in a Nursing Home", in *The New York Times*, September 14, 2020.

（6）France Inter, « Coronavirus : Penser le port du masque avec Lévinas », art. cit.

（7）この点については、とくに『全体性と無限』第三部B章Ⅱ節「顔と倫理」を参照。

（8）モーリス・ブランショ『終わりなき対話Ⅰ――複数性の言葉（エクリチュールの言葉）』湯浅博雄・上田和彦・郷原佳以訳、筑摩書房、二〇一六年、一五六頁。

（9）シルヴィ・クルティーヌ＝ドゥナミ「「汝像を作るなかれ」――見えないものを聞くレヴィナス」、合田正人編『顔とその彼方――レヴィナス『全体性と無限』のプリズム』知泉書館、二〇一四年。

（10）レヴィナスはプラトン『国家』において、ソクラテスと議論をすることを拒むトラシュマコスがその質問に対し単に首を振るだけにとどめようとする場面に注目する。ここでは、言葉が発せられずとも、首の動きだけで「応答」が成立しているとするのだ。渡名喜庸哲『レヴィナスの企て――『全体性と無限』と「人間」の多層性』勁草書房、二〇二一年、三二四―五頁。

（11）和辻哲郎「面とペルソナ」、坂部恵編『和辻哲郎随筆集』岩波文庫、一九九五年、二七頁。

（12）この点については、以下の拙著を参照。『レヴィナスの企て』前掲。

（13）Grégoire Chamayou, *Théorie du drone*, La Fabrique, 2013.〔グレゴワール・シャマユー『ドローンの哲学――遠隔テクノロジーと〈無人化〉する戦争』渡名喜庸哲訳、明石書店、二〇一八年〕以下ここからの引用はTDの略号を用い本文中で、原著／邦訳の順で頁数を記す。

（14）Grégoire Chamayou, *Les Corps vils. Expérimenter sur les êtres humains aux XVIIIe siècle et XIXe siècle*, La découverte, 2008.〔グレゴワール・シャマユー『人体実験の哲学――「卑しい体」がつくる医学、技術、権力の歴史』加納由起子

訳、明石書店、二〇一八年〕

（15）Grégoire Chamayou, *Les chasses à l'homme*, La Fabrique, 2010.〔グレゴワール・シャマユー『人間狩り――狩猟権力の歴史と哲学』平田周・吉澤英樹・中山俊訳、明石書店、二〇二一年〕

（16）Grégoire Chamayou, *La société ingouvernable. Une généalogie du libéralisme autoritaire*, La Fabrique, 2018.〔グレゴワール・シャマユー『統治不能社会――権威主義的ネオリベラル主義の系譜学』信友建志訳、明石書店、二〇二二年〕

（17）デーヴ・グロスマン『戦争における「人殺し」の心理学』安原和見訳、ちくま学芸文庫、二〇〇四年。

（18）G・アンデルス、C・イーザリー『ヒロシマわが罪と罰――原爆パイロットの苦悩の手紙』篠原正瑛訳、ちくま文庫、一九八七年。

（19）ただし、ミルグラムのテクストにそのような表現はない。

（20）Cf. Daniel Dennett, "Where Am I?", in *Brainstorms. Philosophical Essays on Mind and Psychology*, MIT Press, 1981 ; Jack M. Loomis, "Distal Attribution and Presence", in *Presence: Teleoperators and Virtual Environments*, vol. 1, no. 1, 1992.

（21）この点についてはさらに以下を参照。Luciano Floridi, "The Philosophy of Presence. From Epistemic Failure to Successful Observation", in *Presence: Teleoperators and Virtual Environments*, vol. 14, no. 6, 2005.

（22）軍用ドローンの活用の費用対効果（「コスパ」）に関しては、以下の拙論を参照。渡名喜庸哲「「内戦」時代のドローン――〝人間狩り〟の時代と倫理」、『福音と世界』第七五巻八号、二〇二〇年。

（23）渡名喜庸哲『レヴィナスの企て』前掲。

（24）同右、第Ⅱ部第3章を参照。

（25）同右、第Ⅳ部を参照。

第9章

（1）広井良典編著『福祉の哲学とは何か――ポスト成長時代の幸福・価値・社会構想』ミネルヴァ書房、二〇一七年、九頁。

（2）とくに以下を参照。榊原哲也『医療ケアを問いなおす――患者をトータルにみることの現象学』ちくま新書、二〇一八年。

（3）とくに以下を参照。西村ユミ『語りかける身体――看護ケアの現象学』ゆみる出版、二〇〇一年（講談社学術文庫、二〇一八年）。

（4）佐藤義之『物語とレヴィナスの「顔」――「顔」からの倫理に向けて』晃洋書房、二〇〇四年。

（5）レヴィナス協会編『レヴィナス読本』（法政大学出版局、二〇二二年）所収の「レヴィナスと医療」の項目に加え、杉村靖彦・渡名喜庸哲・長坂真澄編『個と普遍――レヴィナス哲学の新たな広がり』（法政大学出版局、二〇二二年）の、「レヴィナスとケアの倫理」と題された第二部に収められた諸論文を参照。

（6）Richard Hugman, *New Approaches in Ethics for the Caring Professions. Taking Account of Change for Caring Professions*, Palgrave, 2005. Amy Rossiter, "Unsettled Social Work. The Challenge of Levinas's Ethics", in *British Journal of Social Work*, vol. 41, 2011. 日本では、とりわけ中村剛と児島亜紀子の研究が重要である。詳細は以下の註を参照。

（7）中村剛『福祉哲学の構想――福祉の思考空間を切り拓く』みらい、二〇〇九年、中村剛『福祉哲学の継承と再生――社会福祉の経験をいま問い直す』ミネルヴァ書房、二〇一四年、中村剛『福祉哲学に基づく社会福祉学の構想――社会福祉学原論』みらい、二〇一五年。

（8）中村剛『福祉哲学の継承と再生』前掲、とくに第六章。

（9）糸賀一雄『福祉の思想』ＮＨＫブックス、一九六八年。

（10）Ｆ・Ｐ・バイステック『ケースワークの原則――援助関係を形成する技法〈新訳改訂版〉』尾崎新・福田俊子・原田和幸訳、誠信書房、二〇〇六年、第一部。

(11) 阿部志郎『福祉の哲学〈改訂版〉』誠信書房、二〇〇八年。
(12) 中村剛『福祉哲学の構想』前掲、一二二頁。
(13) Amy Rossiter, "Unsettled Social Work. The Challenge of Levinas's Ethics", art. cit.
(14) この点については、レヴィナス『倫理と無限』第七章がわかりやすい。
(15) Corine Pelluchon, *Pour comprendre Levinas. Un philosophe pour notre temps*, Seuil, 2020, p. 95.〔コリーヌ・ペリュション『レヴィナスを理解するために——倫理・ケア・正義』渡名喜庸哲・樋口雄哉・犬飼智仁訳、明石書店、二〇二三年、一一〇—一一頁〕
(16) フローラ・バスティアーニ「倫理的ケアの関係はありうるのか——レヴィナスとともにケアを考える」村上暁子訳、杉村靖彦・渡名喜庸哲・長坂真澄編『個と普遍』前掲。
(17) 児島亜紀子「認識に先立つ召喚——レヴィナスから援助原理へ」、『社會問題研究』第五三巻二号、二〇〇四年。
(18) 児島亜紀子「社会福祉学における主体をめぐる言説とその批判——レヴィナスの他者概念から」、『社會問題研究』第五五巻一号、二〇〇五年。
(19) とりわけエマニュエル・レヴィナス「自由と命令」、合田正人編訳『レヴィナス・コレクション』ちくま学芸文庫、一九九九年、三七三頁を参照。
(20) 児島亜紀子「認識に先立つ召喚——レヴィナスから援助原理へ」前掲、二一頁。
(21) Cf. Paul Michael Garrett, "Encountering the 'Greatest Ethical Philosopher': Emmanuel Levinas and Social Work", in *International Social Work*, vol. 60, no. 6, 2017.
(22) Amy Rossiter, "Unsettled Social Work. The Challenge of Levinas's Ethics", art. cit., p. 990.
(23) 児島亜紀子「「他者の‐ために‐死ぬこと」あるいは苛烈なる原理——レヴィナスから援助原理へ、ふたたび」、『社會問題研究』第五三巻二号、二〇〇四年、九六頁。

(24) この点については以下も参照。児島亜紀子「「顔」への応答を起点とする正義——ソーシャルワーク論とレヴィナス思想の交錯」、『社會問題研究』第六三巻、二〇一四年。

(25) この点については、佐藤義之『物語とレヴィナスの「顔」——「顔」からの倫理に向けて』前掲を参照。

(26) この点についてはこれまでのレヴィナス解釈でも諸説あるが、レヴィナスは「近さ」という倫理的な関係性のほうが、正義における「知」の「根拠」であり「条件」であることを繰り返し主張している（AE, 245-7／三五八—九）。

(27) この点については、以下の拙稿を参照。渡名喜庸哲「脱人間化時代の「責任」について」、『立正大学哲学会紀要』第一九号、二〇二四年。

(28) この点についてはとりわけ以下を参照。François Ewald, *L'Etat providence*, Grasset, 1986.

(29) *Ibid.*, p. 16.

第10章

(1) ペリュションの経歴等については、以下の訳者解題を参照。コリーヌ・ペリュション『レヴィナスを理解するために——倫理・ケア・正義』渡名喜庸哲・樋口雄哉・犬飼智仁訳、明石書店、二〇二三年。

(2) これは別の仕方で言えば、村田純一が「知覚経験のマルチモダリティ」という標語とともに、フッサール、メルロ＝ポンティ、エルヴィン・シュトラウスらを参照して検討している「味わいの現象学」の試みに、レヴィナスも加えることができることを示唆しているだろう。村田純一『味わいの現象学——知覚経験のマルチモダリティ』ぷねうま舎、二〇一九年。

(3) https://www.feel-kobe.jp/all-senses/（二〇二四年九月九日最終閲覧）。

(4) コリーヌ・ペリュション『糧——政治的身体の哲学』服部敬弘・佐藤真人・樋口雄哉・平光佑訳、萌書房、二〇一九年。以下ここからの引用の際は、『糧』の表記とともに本文中で頁数とともに記す。

（5）こうした関心はさらに続く著作『世界を修復する——人間、動物、自然』でも展開されている。この著作については、二〇二三年一二月のペリュションの来日時に行なわれた討議の記録が『Limitrophe（リミトロフ）東京都立大学・西山雄二研究室紀要』第四号（二〇二四年）に収められている。以下を参照。https://nishiyama.fpark.tmu.ac.jp/cn9/pg1042.html（二〇二四年九月九日最終閲覧）。
（6）この点に関しては、藤原辰史『食べるとはどういうことか——世界の見方が変わる三つの質問』農山漁村文化協会、二〇一九年が参考になる。
（7）Corine Pelluchon, *Réparons le monde. Humains, animaux, nature*, Rivages, 2020.
（8）シモーヌ・ド・ボーヴォワール『老い（下）〈新装版〉』朝吹三吉訳、人文書院、二〇一三年、三一五頁。
（9）ただし、のちに見るように、『砕かれた自律』のなかでは一つの節を割いてこの問題を論じている。概してレヴィナスと老いというテーマを結びつけた考察はあまり多くない。日本語で読めるものとして以下の二つが注目に値する。藤本一司『老いから学ぶ哲学——身体の復権』（北樹出版、二〇一二年）は、レヴィナスの「老い」についての記述をもとに「老い」や「身体」そのものに関する哲学的な考察を展開している。古怒田望人「老化の時間的構造——レヴィナスの老いの現象学の解明を通して」（浜渦辰二編『傷つきやすさの現象学』二〇一六年度—二〇一八年度科学研究費基盤研究（B）（一般）「北欧現象学者との共同研究に基づく人間の傷つきやすさと有限性の現象学的研究」研究成果報告書、二〇二〇年）は、レヴィナスの「老い」についての現象学的な考察について、ベルクソンやジャンケレヴィッチの影響を踏まえていっそう本格的に論じている。
（10）平石晃樹「享受と傷——〈同〉の内なる〈他〉としての主体性をめぐって」、杉村靖彦・渡名喜庸哲・長坂真澄編『個と普遍——レヴィナス哲学の新たな広がり』法政大学出版局、二〇二二年。
（11）シモーヌ・ド・ボーヴォワール『老い（上）〈新装版〉』朝吹三吉訳、人文書院、二〇一三年、一五頁。
（12）同右、二〇頁。
（13）ジャン＝リュック・ナンシー『侵入者——いま〈生命〉はどこに？』西谷修訳編、以文社、二〇〇〇年。

（14）以下の拙著を参照。渡名喜庸哲『レヴィナスの企て――『全体性と無限』と「人間」の多層性』勁草書房、二〇二一年、四四八頁以下。

（15）エトムント・フッサール『内的時間意識の現象学』谷徹訳、ちくま学芸文庫、二〇一六年。

（16）モーリス・メルロ＝ポンティ『知覚の現象学（Ⅱ）』竹内芳郎・木田元・宮本忠雄訳、みすず書房、一九七四年、三三三頁。

（17）渡名喜庸哲『レヴィナスの企て』前掲、四五六頁。

（18）Emmanuel Levinas, « Préface », in *Le temps et l'autre* [1948], PUF, coll. « Quadrige », p. 13. この新版への序文は、法政大学出版局の『時間と他者』にも、ちくま学芸文庫の『レヴィナス・コレクション』にも邦訳されていないと思われる。

（19）浜渦辰二「傷つきやすさの現象学にむけて――フッサール現象学における萌芽」、浜渦辰二編『傷つきやすさの現象学』前掲。この論考は、フッサール現象学に焦点を当てたものだが、本稿が追跡したレヴィナスの「食べること」や「老いること」の問題が「傷つきやすさ」の点で結びつくことが、フッサールの試みの延長線上に位置づけられることを示唆しているように思われる。

（20）Corine Pelluchon, *L'autonomie brisée. Bioéthique et philosophie* [2009], PUF, coll. « Quadrige », 2014, p. 37.

（21）*Ibid.*, p. 57.

（22）ペリュションの政治哲学的な著作、たとえば『糧』第二部や、とりわけ『生きものの時代の啓蒙』は、このように再定義された上での「自律」の政治哲学的な意義を今日どのように位置づけるべきかという問いに導かれているとも言えるだろう。Cf. Corine Pelluchon, *Les Lumières à l'âge du vivant*, Seuil, 2021.

（23）Corine Pelluchon, *L'autonomie brisée*, *op. cit.*, p. 289.

（24）Corine Pelluchon, *Réparons le monde*, *op. cit.*, p. 90.

（25）*Ibid.*, p. 98.

（26）*Ibid.*, p. 92-3.

（27）*Ibid.*, p. 93.

（28）*Ibid.*, p. 95.

（29）*Ibid.*, p. 106.

（30）*Ibid.*, p. 105.

（31）稲原美苗・川崎唯史・中澤瞳・宮原優編『フェミニスト現象学入門――経験から「普通」を問い直す』ナカニシヤ出版、二〇二〇年、稲原美苗・川崎唯史・中澤瞳・宮原優編『フェミニスト現象学――経験が響きあう場所へ』ナカニシヤ出版、二〇二三年。また後者に寄せた拙稿も参照。渡名喜庸哲「書評『フェミニスト現象学――経験が響きあう場所へ』」、『レヴィナス研究』第六号、二〇二四年。

むすびに代えて

（1）Emmanuel Levinas, *De l'oblitération, entretien avec Françoise Armengaud à propos de l'œuvre de Sacha Sosno*, La Différence, 1990, p. 20.

（2）ソスノの「打ち消しの技法」については、以下を参照。Françoise Armengaud, *L'art d'oblitération. Essais et entretiens sur l'œuvre de Sacha Sosno*, Kimé, 2000 ; Johannes Bennke, *Obliteration. Für eine partikulare Medienphilosophie nach Emmanuel Levinas*, transcript, 2023.

（3）Emmanuel Levinas, *De l'oblitération*, *op. cit.*

（4）村上靖彦「エマニュエル・レヴィナスにおける芸術作品の現象学」、『年報地域文化研究』第一号、一九九七年、石田圭子「芸術と倫理のあいだ――レヴィナスの芸術論」、『美学』第五五巻一号、二〇〇四年、小手川正二郎「顔と偶像――レヴィナスにおける哲学と芸術（序論）」、『フランス哲学・思想研究』第一三号、二〇〇八年、郷原佳以『文学のミニマル・イメージ――モーリス・ブランショ論』左右社、二〇一一年（とりわけ第一部第二章）、シルヴィ・クルティーヌ＝ドゥナミ「「汝像を作るなかれ」――見えないものを聞くレヴィナス」、合田正人編『顔とその彼方――レヴィナス『全体性と無限』のプリズム』知泉書館、二〇一四年、樋口雄哉・三上良太「レヴィナスと芸術／音楽」、レヴィナス協会編『レヴィナス読本』法政大学出版局、二〇二二年。日本語以外では相当数の研究があるが、まとまったものとしては以下がある。Danielle Cohen-Levinas (dir.), *Le souci de l'art chez Emmanuel Levinas*, Manucius, 2010 ; Johannes Bennke und Dieter Mersch (Hg.), *Levinas und die Künste*, Transcript, 2024.

（5）『実存から実存者へ』の芸術論については、拙著『レヴィナスの企て――『全体性と無限』と「人間」の多層性』勁草書房、二〇一一年、一四一―八頁を参照。

（6）レヴィナスにおける「顔」概念の出現に関しては、拙著『レヴィナスの企て』前掲、第Ⅲ部第2章を参照。

（7）Jacques Derrida, *Atlan. Grand format*, Gallimard, 2001 ; Jean-Luc Nancy, *Atlan. Les Détrempes*, Hazan, 2010.

（8）Emmanuel Levinas, « Jean Atlan et la tension de l'art », in Catherine Chalier et Miguel Abensour (dir.), *Cahier de l'Herne : Emmanuel Lévinas*, Herne, 1991, p. 509.

（9）Michel Ragon, *Atlan, mon ami. 1948-1960*, Galilée, 1989, p. 190.

（10）*Ibid.*, p. 191.

（11）*Ibid.*, p. 192.

（12）Emmanuel Levinas, *De l'oblitération*, *op. cit.*, p. 13.

（13）*Ibid.*, p. 22.

（14）以下に引用。Patrick Amoyel, « L'Infini du fragment Visage-corps et entame de la représentation, dans la sculpture de Sacha Sosno », in *Topique*, no. 104, 2008, p. 154.

（15）*Ibid.*, p. 153.

（16）Emmanuel Levinas, *De l'oblitération*, *op. cit.*, p. 21.

（17）*Ibid.*, p. 11. この点については、以下の論考も参照。Cesare Del Mastro, « Du *mourir* de la statue aux procédés *justes* de l'oblitération : Levinas face à l'œuvre de Sosno », in *Nouvelle revue d'esthétique*, no. 25, 2020.

（18）拙著『レヴィナスの企て』前掲、三九七頁以下を参照。

（19）同右、二〇四頁以下を参照。

（20）この方面ではたとえば以下が参考になる。一つはジョスラン・ブノワがレヴィナスの「音の現象学」に注目しつつ、そこからマルクス・ガブリエルらの新実在論と言われる潮流に向かうかたちで「現象学」の読み替えを試みていることだ。以下を参照。Jocelyn Benoist, *Sans anesthésie. La réalité des apparences*, Vrin, 2024. もう一つは村上靖彦『交わらないリズム――出会いとすれ違いの現象学』（青土社、二〇二一年）である。村上はレヴィナスの専門家でありつつ、リズムの問題はもとより、とりわけケアの問題にも通じているが、レヴィナスとリズム、レヴィナスとケアというかたちで論じたことは、管見の及ぶかぎりこれまでないように思われる。ぜひ今後の考察を期待したい。

（21）Sylvie Courtine-Denamy, *Le Visage en question. De l'image à l'éthique*, La Différence, 2004.

初出一覧

第1章　『現代思想』第四九巻七号、二〇二一年。
第2章　齋藤元紀・澤田直・渡名喜庸哲・西山雄二編『終わりなきデリダ――ハイデガー、サルトル、レヴィナスとの対話』法政大学出版局、二〇一六年。
第3章　『レヴィナス研究』第六号、二〇二四年。
第4章　『教養研究センター主催読書会「晴読雨読」報告書　エマニュエル・レヴィナス著『倫理と無限 フィリップ・ネモとの対話』を読む』慶應義塾大学教養研究センター、二〇一八年。
第5章　西山雄二・柿並良佑編『ジャン＝リュック・ナンシーの哲学――共同性、意味、世界』読書人、二〇二三年。
第6章　書き下ろし。
第7章　吉川孝・横地徳広・池田喬編著『映画で考える生命環境倫理学』勁草書房、二〇一九年。
第8章　『現代思想』第四九巻一号、二〇二一年、ならびに『フランス哲学・思想研究』第二六号、二〇二一年。
第9章　レヴィナス協会編『レヴィナス読本』法政大学出版局、二〇二二年。
第10章　書き下ろし。

人名索引

ア行
アイヒマン、アドルフ（Eichmann, Adolf） 229
暁佳奈 348
アガンベン、ジョルジョ（Agamben, Giorgio） 215, 217, 218
東浩紀 23
アタートン、ピーター（Atterton, Peter） 82, 343
アトラン、ジャン＝ミシェル（Atlan, Jean-Michel） 313, 314, 316, 320, 321
アドルノ、テオドール（Adorno, Theodor） 128, 129, 134
アバンスール、ミゲル（Abensour, Miguel） 77, 80
荒井ママレ 255
アルチュセール、ルイ（Althusser, Louis） 30
アルマンゴー、フランソワーズ（Armengaud, Françoise） 310
アーレント、ハンナ（Arendt, Hannah） 30, 62, 64, 71, 215
アンダース、ギュンター（Anders, Günter） 128-130, 229, 347
イーグルストン、ロバート（Eaglestone, Robert） 31
イーザリー、クロード（Eatherly, Claude） 230, 347
石黒浩 180, 181
糸賀一雄 247
イリガライ、リュス（Irigaray, Luce） 342
ヴァール、ジャン（Wahl, Jean） 52
ヴァレリー、ポール（Valéry, Paul） 137
ヴィヴィオルカ、ミシェル（Wieviorka, Michel） 63
ヴィダル＝ナケ、ピエール（Vidal-Naquet, Pierre） 31
ウィトゲンシュタイン、ルートヴィヒ（Wittgenstein, Ludwig） 43, 178, 179
ウィルソン、エドワード・O（Wilson, Edward O.） 165
ヴィルヌーヴ、ドゥニ（Villeneuve, Denis） 220
エヴァルド、フランソワ（Ewald, François） 268
オンブロージ、オリエッタ（Ombrosi, Orietta） 148, 341

カ行
カフカ、フランツ（Kafka, Franz） 62
ガブリエル、マルクス（Gabriel, Markus） 358

サ行

タ行

ナ行

ハ行

マ行

ヤ行

ラ行

ワ行

渡名喜庸哲（となき・ようてつ）
1980年、福島県生まれ。東京大学大学院総合文化研究科博士課程単位取得退学。パリ第7大学社会科学部博士課程修了。慶應義塾大学商学部准教授などを経て、現在、立教大学文学部教授。専門は現代フランス哲学、社会思想。主な著書に『レヴィナスの企て――『全体性と無限』と「人間」の多層性』（勁草書房、2021年、表象文化論学会学会賞受賞）、『現代フランス哲学』（ちくま新書、2023年）。『レヴィナス著作集』（法政大学出版局、2014年－）、サロモン・マルカ『評伝レヴィナス――生と痕跡』（慶應義塾大学出版会、2016年）、コリーヌ・ペリュション『レヴィナスを理解するために――倫理・ケア・正義』（明石書店、2023年）など、レヴィナスに関する著作の翻訳も多数。

レヴィナス 顔《かお》の向《む》こうに

2024年11月10日　第1刷印刷
2024年11月30日　第1刷発行

著　者　　渡名喜庸哲
発行者　　清水一人
発行所　　青土社
〒101-0051　東京都千代田区神田神保町1-29　市瀬ビル
電話　03-3291-9831（編集）　03-3294-7829（営業）
振替　00190-7-192955

印刷・製本　双文社印刷
組　版　　フレックスアート
装　丁　　アルビレオ
カバー・表紙装画
サシャ・ソスノ《四方の風にさらされた頭》（1980年、個人蔵）
写真：François Fernandez

ISBN978-4-7917-7682-5　Printed in Japan